gong.conects.com

김용재 편저

김용재
100개 빈출 패턴
공무원

회계학

[핵심기출요약집]

수석 합격자가 직접 선정한
100개 빈출 패턴 수록!

최신개정판

https://hmstory.kr

Preface • 머리말

공무원 시험 합격을 위한 김용재의 공무원 회계학 커리큘럼

구분	강의수	일정	교재	내용
1. 회계원리	16	5월	코어 회계학 회계원리편	회계학 입문
2. 재무회계 기본	40	7-8월	코어 회계학 재무회계편	재무회계 중요 내용
3. 원가관리회계	24		코어 회계학 원가관리회계편	원가관리회계
4. 재무회계 심화	52	9-10월	파워 회계학 재무회계편	재무회계 중요 내용의 심화 문제 & 심화 내용
5. 정부회계	12		코어 회계학 정부회계편	정부회계
6. 요약노트	16	추석특강	코어 회계학 요약노트 필다나	공무원 회계학 전체 내용 요약
7. 100개 패턴	32	11월	100개 빈출 패턴 회계학	100개 빈출 패턴
8. 특수주제	16	11월	7급 대비 파이널 회계학	지엽적인 주제 특강
9. 연도별 기출	32	12월	연도별 기출문제집 기다나	17~22 9급 연도별 기출문제
10. 진도별 모의	32	1월	공무원 회계학 진도별 모의고사	진도별 모의고사 16회분
11. 동형모의	32	2월	공무원 회계학 동형모의고사	동형모의고사 16회분
12. 연도별 심화 기출	24	4월	7급 대비 파이널 회계학	서울시 9/7급, 국가직 7급 연도별 기출문제

1. 패턴의 중요성

'회계학은 기출이 반이다.'라고 해도 과언이 아닐 정도로, 대부분의 문제가 그동안 자주 출제되었던 문제에서 반복해서 출제됩니다. 다시 말해서, 공무원 회계학에는 자주 출제되는 '정형화된 패턴'이 있습니다. 그 패턴을 숙지하는 것이 회계학 고득점의 핵심입니다.

'이 패턴은 이렇게 풀어야지' **패턴별 풀이법을 미리 계획해놓지 않고서는 실전에서 제한된 시간 안에 빠르고 정확하게 문제를 풀 수 없습니다.** 시험 현장에서 문제를 보고, 그제서야 어떻게 풀지 고민해서 풀면 늦습니다. 저는 10년간의 공무원 기출문제를 분석하여 가장 자주 나오는 출제 유형 100개를 선정하였습니다. 그리고 이 **100개 패턴들에 대해서 풀이법을 상세히 설명할 것입니다.** 패턴 회계학은 전부 풀이법에 대한 책입니다. 계산문제의 경우 표를 어떻게 그려서 원하는 금액을 어떻게 도출하는지, 말문제의 경우 어떤 내용이 오답으로 많이 나왔으며, 어떻게 외우면 쉽게 외우고, 오랫동안 기억할 수 있는지를 중심으로 설명할 것입니다.

2. 중요 주제에 집중

여러분이 지금 어느 신분인지 잘 생각해보세요. **여러분은 '학자'가 아니라 '수험생'입니다.** 기존 강의나 교재에서 다루던 모든 내용을 다 알면 물론 좋을 겁니다. 하지만 시험에 거의 나오지 않는 주제가 차지하는 비중이 비정상적으로 높습니다. 그래서 여러분들 공부하실 때 정작 시험에 잘 나오는 중요한 내용에는 집중하기 어려웠습니다. 이렇게 되면 아는 건 많아지겠지만, 합격은 늦어질 수밖에 없습니다. 1년 안에 합격하는 '공단기'가 아닌 '공상기'가 되는 것입니다. **시험 합격 전까지는 시험에 자주 나오는 주제들을 위주로 공부하시고, 나머지 주제들은 시험 합격 이후에 배우셔도 전혀 늦지 않습니다.**

책이 얇다고 불안해하지 마세요. 불안함이 든다면, 두꺼운 교재로 공부하는 주위 수험생에게 물어보세요. 그 책에 있는 모든 내용 다 알고 있느냐고. 대부분의 수험생이 패턴 회계학에 실려 있는 주요 주제도 잘 파악하지도 못한 채, 심화 주제를 공부하고 있을 것입니다. 책이 얇기에 여러분은 핵심을 더 잘 기억할 수 있는 것입니다.

3. 패턴 회계학의 구성

(1) 핵심 요약집+기출문제집

이 책은 핵심 요약집과 기출문제집의 중간 형태에 있는 책입니다. 빠르게 볼 수 있는 핵심 요약집의 장점과, 다양한 유형의 기출 문제들을 볼 수 있는 기출문제집의 장점을 모두 갖고 있습니다. 각 패턴별 풀이법을 설명한 뒤, 각 패턴의 풀이법을 연습해볼 수 있는 문제를 패턴별로 2문제씩 약 200문제를 선별하였습니다. 1문제로도 충분히 정리할 수 있는 패턴은 1문제만 실었고, 2문제로 정리하기 어려운 패턴은 3문제까지 실어놓았습니다.

4. 계리사 기출문제 수록

패턴 회계학에는 계리사 기출문제가 다수 수록되어 있습니다. '공무원 교재에 왠 계리사 문제?'라고 의아해 하실 수도 있을 것입니다. 제가 계리사 문제를 활용하는 이유는 두 가지입니다.

첫 번째는 난이도입니다. **계리사 문제는 공무원 7급 시험과 난이도가 비슷합니다.** 제가 계리사 기출 해설강의를 했더니, 한 분께서는 이런 질문을 올리셨습니다. **'계리사 문제가 시중 모의고사에 비해 엄청 쉬운데, 이게 진짜 공무원 시험이랑 난이도가 비슷해요?'** 네 맞습니다. **현재 시중 모의고사는 난이도가 너무나도 어렵습니다.** 수험생 여러분이 쉽게 못 풀어야 강의를 듣기 때문에 강의 수입을 높이기 위해 시중 모의고사를 어렵게 출제하는 것입니다. **기출문제만큼 실제 난이도를 정확히 반영하고 있는 문제는 없습니다.** 시중 모의고사를 풀면서 멘붕 당하지 마시고, 실제 난이도와 같은 문제들로 공부하시길 바랍니다.

두 번째는 **계리사 시험에서 출제되었던 문제가 공무원 시험에 출제된 사례가 많습니다.** 일례로, 계리사 문제를 숫자 뒤에 '000'만 붙여서 공무원 시험에 출제된 적도 있습니다. 난이도 자체가 공무원 시험과 비슷하기 때문에 출제진들이 계리사 기출문제를 많이 참고합니다. 패턴 회계학에 있는 계리사 문제들은 이후에 얼마든지 공무원 시험에 출제될 가능성이 있으니 주의 깊게 보시길 바랍니다.

패턴 회계학 공부법

1. 1회독: 30일 공부법

패턴 회계학은 100개의 패턴을 하루 분량으로 나누어 놓았습니다. 하루에 3~5개의 패턴씩 공부하시면 30일이 걸립니다. 푸는 문제가 패턴당 2문제씩이기 때문에 하루에 푸는 문제가 6~10개입니다. 풀이법까지 같이 읽더라도 2시간이면 하루 분량을 충분히 끝낼 수 있을 것입니다.

2. 2회독: 하루 공부법

패턴 회계학에 실려있는 문제가 총 200문제밖에 되지 않기 때문에 시험 직전에 하루 안에 전부 푸는 것도 가능합니다. 실전에서는 20문제를 20분 안에 풀어야 하기 때문에, 200문제면 200분 안에 풀 수 있는 분량입니다. 시험 직전에 하루 날을 잡아 오전에 200문제를 전부 풀고, 오후에 오답 풀이를 하면 하루 안에 회계학 전 범위를 볼 수 있습니다.

두 번째 푸는 것이기 때문에 교재에 답이 표시되어 있는 것이 신경 쓰이는 분들도 있을 것입니다. 답이 표시되어 있어도 상관없습니다. 답이 몇 번인지는 전혀 중요하지 않습니다. 중요한 것은 답에 도달하는 과정입니다. 다시 풀었을 때도 똑같은 과정을 거쳐 정답을 골라낼 수 있다면 공부를 잘 해오신 것입니다. 답이 표시되어 있는 것이 정 불편하신 분들은 책을 다시 구입해서 풀 것을 권합니다.

3. 코어 회계학 및 파워 회계학 활용

패턴 회계학은 유형별로 2문제씩밖에 달아놓지 않았기 때문에 훈련을 하기에는 문제 수가 부족하다고 느낄 수도 있습니다. 여러분께 한 가지 말씀드리고 싶은 것이 있습니다. 많은 문제를 푸는 것보다, 단 한 문제를 풀더라도, 올바른 풀이법을 제대로 파악하고 푸는 것이 훨씬 낫습니다.

많은 분이 제 합격 수기를 보면서 놀라는 것이, 저는 기출문제집을 한 번에서 두 번밖에 보지 않았다는 것입니다. 다른 분들은 같은 문제집을 3번에서 많이 보시는 분들은 5번까지 보기도 합니다. 그런데 그렇게 많이 봐도 여전히 어렵다고 말씀을 많이 하십니다. 그러면서 '회독 수가 부족해서 그런 것인가?' 생각합니다.

문제를 많이 풀었음에도 불구하고 실력이 늘지 않는 이유는, 패턴별 풀이법을 정확하게 잡지 않은 상태에서 문제만 반복해서 풀었기 때문입니다. 패턴별 풀이법을 정확히 습득하고 그 다음에 많은 문제를 풀어야 시간이 적게 걸립니다. 풀이법을 모르는 상태에서는 아무리 많은 문제를 풀어도 실력이 늘지 않습니다.

우선은 패턴 회계학에 있는 100개 패턴의 풀이법을 완벽히 외우세요. 예를 들어, '교환'이라는 패턴을 생각했을 때 각 상황별 풀이법이 떠오르는 상태까지 만드셔야 합니다. 이 상태가 되지 않은 상태에서 많은 문제를 푸는 것은 무의미합니다.

각 패턴별 풀이법을 완벽히 숙지한 이후에, 많은 문제가 실려있는 기출문제집을 푸세요. 풀이법이 완벽하다면 강의 없이도 충분히 풀릴 것입니다. 저는 코어 회계학 및 파워 회계학을 구입하여 푸실 것을 권합니다. 코어 회계학과 파워 회계학은 기본이론 강의와 심화이론 강의에서 사용하는 교재로 10년간의 9급 및 7급 공무원 회계학 기출문제를 담고 있습니다. 이미 이 교재에 실려있는 문제만으로도 훈련이 충분히 가능하다고 생각합니다.

카카오톡 오픈카톡방

카카오톡 오픈카톡방을 운영하고 있습니다. 공부하시다가 질문 있으시면 편하게 질문해주세요. 교재를 보시다가 모르는 문제가 있으면 찍어서 올려주세요. 무엇이든 물어보세요. 회계와 무관한 수험생활 고민 상담도 가능하고, 타 선생님 교재에 수록된 문제여도 상관없습니다. '김용재의 공무원 회계학'을 검색해보세요. 아래 QR코드로 입장하셔도 됩니다. 비밀번호는 0000입니다.

끝으로, 모든 수험생 여러분께

책을 하나 사서 끝까지 보는 것은 엄청난 끈기와 노력을 필요로 하는 일입니다. 처음에 책을 폈을 때에는 의욕도 넘치고, 체력이나 멘탈도 좋기 때문에 대부분의 학생들이 열심히 합니다. 하지만 점차 시간이 지날수록 지치고, 어려운 내용을 맞닥뜨릴 때마다 포기하고 싶은 생각이 들 것입니다.

저도 공부를 하면서 힘들 때가 많았습니다. 저는 힘들 때마다 이렇게 생각했습니다. '아무리 공부하는 게 힘들어도 아버지보다는 내가 덜 힘들지 않나.'

저희 아버지께서는 경동시장에서 오토바이로 배달 일을 하십니다. 공부에 지칠 때면 매일 새벽 3시만 되면 일어나서 시장으로 나가시는 아버지의 모습을 떠올리며 다시 마음을 다잡았습니다.

오늘 공부가 끝나면 부모님의 손을 한 번 보세요. 상처도 있고, 주름도 있고, 아마 예쁘지 않을 것입니다. 그리고 여러분의 손을 한 번 보세요. 곱고 예쁠 것입니다. 저는 이 둘이 '원인과 결과'라고 생각합니다. 우리의 부모님이 당신께서 손이 그렇게 험해질 만큼 희생을 했기 때문에 우리는 고운 손을 가질 수 있었던 것입니다.

오늘도 부모님은 우리를 위해 계속 늙어가는 중입니다. 그런 부모님께 우리가 드릴 수 있는 가장 큰 선물은 여러분의 '단기 합격'입니다. 여러분, 그리고 여러분을 위해 묵묵히 응원해주시는 부모님 모두를 위해 단기 합격의 꿈을 꼭 이루셨으면 좋겠습니다. 오늘도 외롭고 힘든 싸움을 하고 있을 모든 수험생에게 이 책을 바칩니다.

-여러분의 인생에 이 책이 작은 도움이라도 되길 바랍니다. **김용재** 회계사 올림.

Contents • 목 차

Part 01

재무회계

 재무회계 전체 67개 주제 중 중요 주제 26개, 심화 주제 11
개를 뽑았다. 시간이 얼마 남지 않았다면 심화 주제를 제외한
나머지 주제들만 보고, 시험 직전에는 중요 26개 주제 위주로
보자.

패턴 01 재무제표 표시 방법

1 재무상태표 표시방법: 유동·비유동 배열법 vs 유동성 순서 배열법

유동·비유동 배열법	유동성 순서 배열법
유동항목과 비유동항목을 구분하여 표시	유동성이 높은 항목부터 차례로 표시
유동항목이 반드시 먼저 표시될 필요는 없음	
유동성 순서 배열법이 더욱 목적적합한 경우를 제외하고 유동·비유동 배열법 적용	

(1) 이연법인세자산(부채) : 유동자산(부채)으로 분류하지 않음

유동항목으로 분류하기 위해서는 1년 안에 실현되거나, 결제되어야 한다. 하지만 이연법인세자산(부채)은 실현 시점을 통제할 수 없으므로 **비유동 항목**으로 분류한다.

2 손익계산서 표시방법: 기능별 분류 vs 성격별 분류

기능별 분류(=매출원가법)	성격별 분류
더욱 목적적합한 정보를 제공	미래 현금흐름 예측에 용이
자의적인 판단 개입	
기능별 분류 시 **성격별** 분류 정보를 추가로 주석에 공시	

> **김수석의 꿀팁** **'매출원가'가 등장했다면 기능별 분류**
>
> 기능별 분류의 또 다른 이름은 '매출원가법'이다. 매출원가가 등장하면 기능별 분류이다. 매출원가에 대한 언급이 없다면 성격별 분류이다.

> **김수석의 Why** **기능별 분류 시 성격별 분류를 공시하는 이유: 판단 개입**
>
> **기능별 분류 시** 비용을 **매출원가**와 판관비로 구분하는 과정에서 판단이 개입된다. 이로 인해 성격별 분류를 공시하는 것이지, 그 반대가 아님에 주의하자.

> **▼주의** **기업은 B/S, I/S 모두 두 가지 표시방법 가운데 선택 가능!**
>
> 재무상태표의 표시방법에는 유동·비유동 배열법과 유동성 순서 배열법이 있으며, 손익계산서의 표시방법에는 기능별 분류와 성격별 분류가 있다.
>
> 기업은 손익계산서의 두 가지 표시방법 가운데 더 신뢰성 있고 목적적합한 방법을 선택하여 적용할 수 있다. 재무상태표는 유동성 순서 배열법이 더욱 목적적합한 경우를 제외하고 유동·비유동 배열법 적용한다는 규정이 있지만, 원칙적으로 두 방법 모두 허용한다. 따라서 재무상태표나 손익계산서를 '반드시 어떠한 방법으로 표시해야 한다.'라는 문장이 제시된다면 틀린 선지이다. **재무상태표와 손익계산서 모두 두 가지 방법 가운데 선택 가능하다.**

01. 연습문제
Practice Questions

01 재무상태표에 대한 설명으로 옳지 않은 것은? 2020. 국가직 7급 수정

① 기업이 재무상태표에 유동자산과 비유동자산, 그리고 유동부채와 비유동부채로 구분하여 표시하는 경우, 이연법인세자산(부채)은 유동자산(부채)으로 분류하지 아니한다.

② 유동성 순서에 따른 표시방법이 신뢰성 있고 더욱 목적적합한 정보를 제공하는 경우를 제외하고는 유동자산과 비유동자산, 유동부채와 비유동부채로 재무상태표에 구분하여 표시한다.

③ 자산과 부채를 각각 유동과 비유동으로 구분하는 경우 유동성이 큰 항목부터 배열한다.

④ 보고기간 후 12개월 이상 결제를 연기할 수 있는 무조건의 권리를 가지고 있지 않으면 유동부채로 분류한다.

02 비용의 성격별 분류와 기능별 분류에 대한 설명으로 옳은 것은? 2018. 국가직 7급 수정

① 비용의 성격별 분류는 기능별 분류보다 재무제표 이용자에게 더욱 목적적합한 정보를 제공할 수 있다.

② 비용의 성격별 분류는 기능별 분류보다 비용을 배분하는 데 자의성과 상당한 정도의 판단이 개입될 수 있다.

③ 비용을 기능별로 분류하는 기업은 감가상각비, 종업원급여비용 등을 포함하여 비용의 성격별 분류에 대한 추가 정보를 제공한다.

④ 비용의 기능별 분류는 성격별 분류보다 미래현금흐름을 예측하는 데 더 유용하다.

 **해 설**

01. 답 ③
유동·비유동 배열법을 적용하더라도 '유동-비유동'의 순서로 표시할 필요는 없다. '비유동-유동'의 순서로 표시하더라도 상관없다.
① 이연법인세자산(부채)은 비유동자산(부채)으로 분류한다. (O)
② 유동성 순서 배열법이 더욱 목적적합한 경우를 제외하고는 유동·비유동 배열법을 적용한다. (O)
④ 보고기간 후 12개월 이상 결제를 연기할 수 있는 '무조건의' 권리를 갖고 있어야만 비유동부채로 분류할 수 있다. 무조건의 권리를 가지고 있지 않으면 유동부채로 분류한다. (O)

02. 답 ③
① 기능별 분류가 더욱 목적적합한 정보를 제공한다.
② 기능별 분류가 비용 배분의 자의성과 판단이 개입된다.
④ 성격별 분류가 미래현금흐름 예측에 용이하다.

이 패턴의 핵심 Key   **기타포괄이익 항목(OCI): 잉지재, 채해위 OCI XO**

구분	재분류조정 여부
재평가**잉**여금: 유무형자산의 재평가모형	X
FVOCI 선택 금융자산 **지**분상품 평가손익	
재측정요소: 확정급여제도(DB형)의 보험수리적손익	
FVOCI 금융자산 **채**무상품 평가손익	O
해외사업장환산차이: 기능통화 재무제표의 표시통화로 환산 ※주의: 화폐성항목의 외화환산손익은 당기손익 항목임!	
위험회피적립금: 현금흐름위험회피 파생상품평가손익(효과적인 부분)	

02. 연습문제
Practice Questions

01 단일 포괄손익계산서를 작성할 때, 당기순손익의 산정 이후에 포함될 수 있는 것만을 모두 고른 것은?

2016. 지방직 9급 수정

> ㄱ. 당기손익-공정가치 측정 금융자산평가이익
> ㄴ. 기타포괄손익-공정가치 측정 금융자산평가손실
> ㄷ. 해외사업장 환산외환차이　　　　　　　ㄹ. 유형자산손상차손
> ㅁ. 확정급여제도의 재측정요소　　　　　　ㅂ. 중단영업손익

① ㄱ, ㄴ, ㄹ　　　　　　　　② ㄴ, ㄷ, ㅁ
③ ㄴ, ㄷ, ㅂ　　　　　　　　④ ㄷ, ㅁ, ㅂ

02 기타포괄손익 중 재분류조정이 가능한 것은?

2019. 서울시 7급

① 유형자산의 재평가잉여금

② 확정급여제도의 재측정요소

③ 기타포괄손익-공정가치 측정항목으로 지정한 지분상품의 평가손익

④ 기타포괄손익-공정가치 측정 채무상품의 평가손익

 해 설

01. 답 ②
ㄱ, ㄴ. FVOCI 금융자산평가손익은 기타포괄손익 항목이지만, FVPL 금융자산평가손익은 당기손익 항목이다.
ㅂ. 중단영업손익은 계속영업이익 하단에 표시되는 항목으로, 당기손익 항목이다.

02. 답 ④
같은 FVOCI 금융자산이라 하더라도 ③번의 지분상품과 달리 ④번의 채무상품의 OCI는 재분류조정이 가능하다.

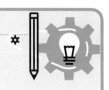

(1) 계속기업 가정	① 계속기업 가정의 정의: 보고기업이 예측가능한 미래에 영업을 계속할 것이라는 가정 (재무제표 작성의 기본 전제) ② 경영진에 의한 계속기업 가정 평가: 경영진은 적어도 보고기간말로부터 향후 **12개월** 기간에 대하여 이용가능한 모든 정보를 고려 ③ 계속기업으로서의 존속능력에 대한 중요한 불확실성을 알게 된 경우 경영진은 그러한 **불확실성 공시** ④ 재무제표가 계속기업의 기준하에 작성되지 않는 경우에는 그 **사실**과 함께 재무제표가 작성된 **기준** 및 그 기업을 계속기업으로 보지 않는 이유를 공시 ⑤ 계속기업 가정을 전제로 한 회계정책: 수익·비용 대응, 역사적 원가 및 감가상각, 유동 및 비유동 구분 심화
(2) 특별손익	(주석에도) 표시 **불가!**
(3) 부적절한 회계정책	공시나 주석 또는 보충 자료를 통해 설명하더라도 **정당화 불가!**
(4) 구분과 통합	① 유사한 항목: **중요성 분류**에 따라 구분 표시 ② 상이한 항목: 구분 표시. 다만, 중요하지 않은 것은 통합 표시 '가능' (강제 X)
(5) 상계	① IFRS에서 요구하거나 허용하지 않는 한 상계하지 않음. ② **평가충당금을 차감하여 순액으로 측정하는 것은 상계 X** ex)재고자산평가충당금, 대손충당금 ★중요!
(6) 발생주의	기업은 **'현금흐름 정보를 제외하고는'** 발생기준 회계를 사용하여 재무제표를 작성 (모든 재무제표가 발생기준만 사용하는 것 X)
(7) 비교정보 심화	서술형 정보도 비교정보를 포함
(8) 보고빈도 심화	보고기간종료일을 변경하는 경우에는 **보고기간이 1년을 초과하거나 미달할 수 있음**

(1) 계속기업 가정이 깨지면 다른 기준으로 작성한다. 이 경우 공시해야 할 세 가지(사실, 기준, 이유) 를 '사기이'로 외우자.

(2), (3) **'특별손익, 부적절한 회계정책은 불가능!'**이라고 같이 기억하면 쉽다.

(4) ①번 문장은 자주 출제되었던 문장이므로 꼭 기억하자. 유사한 항목은 '중요성'을 기준으로 하여 구분 표시한다.

　② 중요하지 않은 것은 통합 표시 '가능'하다. 통합 표시하는 경우 신뢰성이 저해되기 때문에 강제 하는 것이 아니라 하고 싶으면 하라고 허용한 것이다.

(5) ②번 문장은 자주 출제되었던 문장이므로 꼭 기억하자. 재고자산평가충당금, 대손충당금은 상계에 해당하지 않으므로 기준서에서 허용한다. 기준서에서 허용한 것이기 때문에 우리가 배운 것이다.

(6) '모든 재무제표는 발생기준을 적용한다'라고 제시되면 틀린 문장이다. 현금흐름표는 현금주의를 적용하기 때문이다. 많이 출제되었던 문장이니 꼭 기억하자.

03. 연습문제
Practice Questions

01 '재무제표의 표시'의 일반사항에 대한 설명으로 옳지 않은 것은? 2020. 지방직 9급 수정

① 매출채권에 대해 대손충당금을 차감하여 순액으로 측정하는 것은 상계표시에 해당한다.

② 경영진이 기업을 청산하거나 경영활동을 중단할 의도를 가지고 있지 않거나, 청산 또는 경영활동의 중단 외에 다른 현실적 대안이 없는 경우가 아니면 계속기업을 전제로 재무제표를 작성한다.

③ 계속기업으로서의 존속능력에 유의적인 의문이 제기될 수 있는 사건이나 상황과 관련된 중요한 불확실성을 알게 된 경우, 경영진은 그러한 불확실성을 공시하여야 한다.

④ 재무제표가 계속기업의 기준하에 작성되지 않는 경우에는 그 사실과 함께 재무제표가 작성된 기준 및 그 기업을 계속기업으로 보지 않는 이유를 공시하여야 한다.

02 재무제표의 표시에 대한 설명으로 가장 옳은 것은? 2019. 서울시 7급 수정

① 한국채택국제회계기준에서 요구하거나 허용하지 않는 한 자산과 부채 그리고 수익과 비용은 상계처리하지 아니한다.

② 부적절한 회계정책을 적용할 경우 공시나 주석 또는 보충자료를 통해 설명한다면 정당하다.

③ 기업은 발생기준 회계를 사용하여 모든 재무제표를 작성한다.

④ 수익과 비용의 특별손익 항목은 주석에 표시한다.

해 설

01. 답 ①
대손충당금 순액 측정은 상계에 해당하지 않는다.
② 계속기업은 재무제표 작성의 기본 가정이다. 기업을 청산하거나 중단할 의도를 갖고 있지 않다면 계속기업 가정을 전제로 재무제표를 작성한다. (O)
③ 계속기업 가정이 충족되지 않는 경우 그러한 불확실성을 공시해야 한다. (O)
④ 계속기업 가정이 충족되지 않는 경우 '사기이'를 공시해야 한다. (O)

02. 답 ①
② 부적절한 회계정책은 설명을 통해서도 정당화되지 않는다.
③ 현금흐름표에 대해서는 현금기준을 적용한다.
④ 특별손익은 표시하지 않는다.

04 시산표의 작성으로 발견할 수 있는 오류

이 패턴의 핵심 Key 대차가 일치하지 않는 오류!

검증 가능(대차 불일치)	검증 불가(대차 일치)
(1) 한 변만 전기를 누락 (2) 한 변에만 분개 (3) 한 변만 금액이 틀림	(1) 하나의 거래를 두 번 기록 (2) 잘못된 계정과목으로 기록 (3) 실제 금액과는 다르지만, 양변에 같은 금액을 기록 (4) 대차를 서로 반대로 기록

시산표는 재무제표를 작성하기 전 '자산+비용=부채+자본+수익'의 형태로 작성하는 표이다. 시산표를 작성하였을 때 대차가 일치하지 않는다면 오류가 있었다는 것을 알 수 있다. 따라서 시산표의 작성으로 발견할 수 있는 오류를 묻는다면 **대차가 일치하지 않는 오류**를 찾으면 된다. 오류가 있더라도 대차가 일치한다면 시산표의 작성을 통해서는 발견할 수 없다.

04. 연습문제
Practice Questions

01 시산표를 작성함으로써 발견할 수 있는 오류는?

2015. 국가직 9급

① 상품을 판매한 거래에 대하여 두 번 분개한 경우

② 거래를 분개함에 있어서 차입금 계정의 차변에 기록하여야 하는데 대여금 계정의 차변에 기록한 경우

③ 실제 거래한 금액과 다르게 대변과 차변에 동일한 금액을 전기한 경우

④ 매출채권 계정의 차변에 전기해야 하는데 대변으로 전기한 경우

02 시산표에 의해 발견되지 않는 오류는?

2012. 지방직 9급 수정

① 매출채권 ₩720,000을 회수하고, 현금계정 ₩720,000을 차변 기입하고, 매출채권계정 ₩702,000을 대변 기입하다.

② 매출채권 ₩300,000을 회수하고, 현금계정 ₩300,000을 차변 기입하고, 매출채권계정 ₩300,000을 차변 기입하다.

③ 매출채권 ₩550,000을 회수하고, 현금계정 ₩550,000을 차변 기입하고, 매출채권계정 대신 매입채무계정에 ₩550,000을 대변 기입하다.

④ 대여금 ₩100,000을 현금으로 회수하면서 현금계정에 ₩100,000 차기하고, 대여금계정에 ₩200,000 대기하였다.

해 설

01. 답 ④

① 같은 거래를 두 번 분개하더라도 대차는 일치한다.

② 계정을 잘못 적었더라도 같은 변에 기록했으므로 대차는 일치한다.

③ 실제 금액과 다르더라도 양변에 같은 금액을 적었다면 대차는 일치한다.

④ 전기를 반대 변에 적은 경우 대차는 일치하지 않는다.

02. 답 ③

③ 계정을 잘못 적었더라도 올바른 변에 기록했으므로 대차는 일치한다.

① 한 변만 금액을 잘못 적은 경우 대차는 일치하지 않는다.

②, ④ 한 변에만 금액을 적은 경우 대차는 일치하지 않는다.

Day 2. 자본의 증감 및 재무비율

패턴 05 자본의 증감 ★중요!

1 OCI가 없는 경우 (기본형)

기초 자본	+NI	+유상증자	−현금배당	=기말 자본
자산	수익			자산
부채	비용			부채

> **이 패턴의 핵심 Key** **무상증자, 주식배당은 자본에 영향을 미치지 않음!**

무상증자와 주식배당은 자본에 영향을 미치지 않으므로, 자본의 증감 문제에서는 유상증자와 현금배당만 고려해야 한다.

2 OCI가 있는 경우: NI 자리를 CI로 대체!

기초 자본	+CI	+유상증자	−현금배당	=기말 자본
자산	NI			자산
부채	OCI			부채

> **김수석의 꿀팁**

문제에서 OCI가 있을지, 없을지는 문제를 읽어봐야 한다. 따라서 자본의 증감 문제라는 것을 파악하고 나서는 다음 줄을 쓴 뒤, 문제의 자료를 채워넣자.

기초 자본	+CI	+유상증자	−현금배당	=기말 자본

문제에서 OCI가 있다면 2번 양식대로 풀면되고, '수익, 비용'이 제시되면 1번 양식대로 CI 아래에 수익과 비용을 채워넣어 다음과 같이 풀자.

기초 자본	+CI	+유상증자	−현금배당	=기말 자본
자산	수익			자산
부채	비용			부채

05. 연습문제
Practice Questions

01 다음 자료에 의한 당기순이익은?

• 기초자산총액	₩30,000
• 기초부채총액	₩26,000
• 기말자산총액	₩35,000
• 기말부채총액	₩28,000
• 당기 중의 유상증자액	₩3,000
• 당기 중의 현금배당액	₩1,000
• 당기 중의 주식배당액	₩2,000

① ₩1,000   ② ₩2,000

③ ₩3,000   ④ ₩4,000

02 ㈜서울의 2018년 초와 2018년 말의 총자산은 각각 ₩150,000과 ₩270,000이며, 2018년 초와 2018년 말의 총부채는 각각 ₩80,000과 ₩120,000이다. ㈜서울은 2018년 중 ₩50,000의 유상증자를 실시하고 현금배당 ₩10,000과 주식배당 ₩7,000을 실시하였다. ㈜서울의 2018년 기타포괄손익이 ₩10,000인 경우 2018년 포괄손익계산서의 당기순이익은?

① ₩30,000   ② ₩37,000

③ ₩40,000   ④ ₩47,000

해 설

01. 답 ①

기초 자본	+NI	+유상증자	-현금배당	=기말 자본
자산 30,000	수익			자산 35,000
부채 26,000	비용			부채 28,000
4,000	**1,000**	3,000	1,000	7,000

주식배당은 자본에 영향을 미치지 않으므로 고려하지 않아야 한다.

02. 답 ①

기초 자본	+CI	+유상증자	-현금배당	=기말 자본
자산 150,000	**NI 30,000**			자산 270,000
부채 80,000	OCI 10,000			부채 120,000
70,000	40,000	50,000	10,000	150,000

패턴 05. 자본의 증감 | 23

06 재무비율-계산문제

안전성 비율	수익성 비율	활동성 비율
(1) 유동비율 =유동자산/유동부채 **(2) 당좌비율** =당좌자산/유동부채 (당좌자산=유동자산-재고자산) **(3) 부채비율**=부채/자본 (4) 이자보상비율 =영업이익/이자비용	**(1) 매출액순이익률** =당기순이익/매출액 (2) 총자산이익률 =당기순이익/평균 자산 **(3) 자기자본이익률** =당기순이익/평균 자기자본	**(1) 총자산회전율** =매출액/평균 자산 (2) 매출채권회전율 =매출액/평균 매출채권 (3) 재고자산회전율 =매출원가/평균 재고자산 (4) 매입채무회전율 =매입액/평균 매입채무

굵은 색으로 표시해놓은 비율은 출제빈도가 높은 재무비율을 의미한다. 표시된 비율 위주로 공부하자.

> **김수석의 꿀팁** **유동비율과 당좌비율을 활용하여 재고자산 구하기**
>
> 재고자산=(유동비율-당좌비율)×유동부채

> **김수석의 꿀팁** **재무비율 계산문제 풀이방법**
>
> 공식이 'A/B'의 형태일 텐데, 문제에서 일부 금액을 직접적으로 제시하지 않고 숨겨놓는 경우가 많다. A를 숨겨놓았을 때, 다음의 순서로 문제를 풀자.

Step 1. 문제에서 물어본 재무비율의 공식 쓰기 (A/B)
가장 먼저 할 일은 **'문제에서 물어본 비율의 공식을 쓰는 것'**이다. 공식이 생각나지 않는다면 문제를 풀 수 없다. 위의 공식을 반드시 외우자. 실전에서 공식이 생각나지 않는다면 과감히 포기하자.

Step 2. 문제에서 제시하지 않은 금액이 들어간 다른 재무비율 찾기 (C/A)
A를 구해야 하므로, A가 들어간 재무비율을 찾는다.

Step 3. 그 재무비율에서 필요한 금액 (A) 구하기
문제에서는 C와 해당 비율의 값 (C/A)을 제시하므로, 이를 이용하여 A를 구할 수 있다.

Step 4. 구한 금액(A)을 문제에서 물어본 재무비율에 대입하기
A를 구했기 때문에, Step 1에서 적은 공식에 대입하면 답을 구할 수 있다. 이러한 방식으로 답을 구할 수 있는 '길'이 보인다면 문제풀이를 시작하고, 그렇지 않다면 넘긴 후에 다시 돌아와서 풀자.

06. 연습문제
Practice Questions

01 ㈜한국의 2013년도 자료가 다음과 같을 때, ㈜한국의 2013년도 자기자본순이익률(ROE = 당기순이익÷자기자본)은? (단, 기타포괄손익은 없다고 가정한다) 2014. 관세직 9급

> • 자산총액 : ₩2,000억 (배당으로 인해 기초와 기말 금액이 동일함)
> • 매출액순이익률 : 10%
> • 총자산회전율 : 0.5
> • 부채비율(= 부채÷자기자본) : 300%

① 5% ② 10% ③ 15% ④ 20%

02 ㈜한국의 20X1년 매출액은 ₩3,000,000이고, 기초재고자산은 ₩100,000이었다. 20X1년 말 유동부채는 ₩100,000, 유동비율은 400%, 당좌비율은 100%이다. 또한, 재고자산평균처리기간이 36일이라면 매출총이익은? (단, 재고자산은 상품으로만 구성되어 있고, 1년은 360일로 계산한다) 2021. 국가직 9급

① ₩0 ② ₩500,000 ③ ₩1,000,000 ④ ₩2,000,000

해 설

01. ④
자기자본이익률 = 당기순이익/자기자본
(1) 당기순이익 : 매출액순이익률 = NI/매출액 = 10%
(1)-1 매출액 : 총자산회전율 = 매출액/평균 자산 = 0.5회
　　　매출액 = 2,000억×0.5회 = 1,000억
매출액을 매출액순이익률에 대입하면
당기순이익 : 1,000억×10% = 100억

(2) 자기자본 : 부채비율 = 부채/자본 = 300%
= 부채/(자산-부채) = 부채/(2,000억-부채) = 300%
→ 부채 = 1,500억, 자기자본 = 500억

(3) ROE = 100억/500억 = 20%

02. ③
1. 재고자산평균처리기간: 360/재고자산회전율 = 36일
　 → 재고자산회전율 = 10회
2. 재고자산회전율 = 매출원가/평균 재고자산 = 10회
　(1) X1년 말 재고자산: 300,000
　　　=(유동비율-당좌비율)×유동부채
　　　=(400%-100%)×100,000=300,000
　• 문제에서 'X1년 말' 유동부채, 유동비율, 당좌비율을 제시했으므로 비율 계산 시 전부 기말 금액을 사용한다.
　(2) 평균 재고자산: (100,000+300,000)/2=200,000
　(3) 매출원가: 200,000×10회=2,000,000
3. 매출총이익: 3,000,000-2,000,000 = **1,000,000**

패턴 07 재무비율-비율에 미치는 영향 ★중요!

김수석의 꿀팁 분자와 분모가 동일하게 변동하는 경우: 분자, 분모에 같은 금액을 더하면 1에 가까워진다

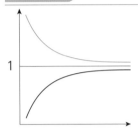

유동비율, 당좌비율은 자산/부채의 형태를 띠고 있기 때문에 자산과 부채가 같이 증가하거나, 같이 감소하는 회계처리를 인식하게 되면 비율의 분자와 분모가 동일하게 변동한다. 분자, 분모가 같은 방향으로 움직일 땐 위 그림을 기억하자. **분자, 분모에 같은 금액을 더하면 1에 가까워진다.**

(1) 비율 〉 100%

$$\frac{200+X}{100+X}$$

위의 식에서 X가 0일 땐 2이다. 하지만 X가 무한대로 커지면 점차 작아져 1에 가까워진다.

(2) 비율 〈 100%

$$\frac{100+X}{200+X}$$

위의 식에서 X가 0일 땐 0.5이다. 하지만 X가 무한대로 커지면 점차 커져 1에 가까워진다.

	분자, 분모가 증가	분자, 분모가 감소
비율이 100% 이상	감소	증가
비율이 100% 이하	증가	감소

분자, 분모에 같은 값을 더하면 1에 가까워지므로, 기존 비율이 100% 이상이었으면 감소할 것이고, 100% 이하였으면 증가할 것이다. 분자, 분모에 같은 값을 빼면 그 반대로 움직인다.

01 ㈜한국의 현재 유동비율은 130%, 당좌비율은 80%이다. 매입채무를 현금으로 상환하였을 때 유동비율과 당좌비율에 각각 미치는 영향은?

2015. 지방직 9급

	유동비율	당좌비율		유동비율	당좌비율
①	감소	영향 없음	②	증가	영향 없음
③	감소	증가	④	증가	감소

02 유동비율의 증가 혹은 감소에 관한 설명으로 옳은 것은?

2017. 서울시 7급

① 취득 이후 3년 간 감가상각한 기계장치를 장부가액으로 처분하면 유동비율에 변화가 없다.

② 유동비율이 150%인 상황에서 미지급배당금을 현금으로 지급하면 유동비율이 감소한다.

③ 유동비율이 90%인 상황에서 매입채무를 현금으로 상환하면 유동비율이 증가한다.

④ 보통주를 액면가액보다 낮은 가액으로 발행하여 현금을 조달하면 유동비율이 증가한다.

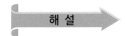
해 설

01. 답 ④

회계처리 : 매입채무   XXX   현금   XXX

매입채무 상환으로 인해 유동부채와 유동자산이 동일한 금액으로 감소한다.
따라서 유동비율과 당좌비율의 분자와 분모 모두 동일한 금액으로 감소한다.
유동비율은 100% 이상이므로 증가하고, 당좌비율은 100% 이하이므로 감소한다.

02. 답 ④

회계처리

① (차) 현금	XXX	(대) 기계장치	XXX		
② (차) 미지급배당금	XXX	(대) 현금	XXX		
③ (차) 매입채무	XXX	(대) 현금	XXX		
④ (차) 현금	XXX	(대) 자본금	XXX		
주할차	XXX				

	분자: 유동자산	분모: 유동부채	비율
①	증가	불변	증가
②	감소	감소	증가
③	감소	감소	감소
④	증가	불변	**증가**

②, ③번 모두 분자와 분모가 동일한 금액만큼 감소하지만 변경 전 비율이 100% 이상이냐, 이하이냐에 따라서 비율 변화 방향이 달라진다. ②번은 비율이 150%이므로 분자, 분모 모두 감소하면 더 증가하고, ③번은 비율이 90%이므로 분자, 분모 모두 감소하면 더 감소한다.

패턴 08 개념체계의 질적 특성-보강적 특성*

★중요!

| 이 패턴의 핵심 Key | 목표, 비검적이 : 개념체계 상 순서이므로 문제도 이 순서대로 출제됨! |

근본적 특성	목적적합성	예측가치, 확인가치, 중요성
	표현충실성	완전한 **서술**, 중립적 **서술**, 오류 없는 **서술**
보강적 특성	비교가능성	**유사점**과 **차이점**을 식별하고 이해
	검증가능성	표현충실성에 있어 **합의**에 이를 수 있음
	적시성	정보를 **제때에** 이용가능하게 하는 것
	이해가능성	정보를 **명확**하고 간결하게 분류하고, 특징지으며, 표시하는 것
보강적 질적특성의 적용 : 근본적 질적특성 우선!		

▼주의 **발문 잘 읽기!**

① **근본적** 특성을 물었다면 **보강적** 특성에 대한 옳은 문장이 제시되더라도 틀린 문장임!
② **보강적** 특성을 물었다면 **근본적** 특성에 대한 옳은 문장이 제시되더라도 틀린 문장임!

1 비교가능성

(1) 정의 : **유사점과 차이점**을 식별하고 이해할 수 있게 하는 질적 특성
(2) 하나의 경제적 현상에 대해 대체적인 회계처리방법을 허용하면 비교가능성은 **감소**
(3) **일관성, 통일성**은 비교가능성과 관련은 있지만 **동일한 개념은 아님!**

2 검증가능성

(1) 정의 : 서로 다른 관찰자가 표현충실성에 있어 **합의**에 이를 수 있다는 것 (누가 보더라도 비슷한 결론에 도달할 수 있다)
(2) 계량화된 정보가 검증가능하기 위해서 **단일 점추정치이어야 할 필요는 없음**

3 적시성

(1) 정의 : 정보를 **제때에** 이용가능하게 하는 것

4 이해가능성

(1) 정의 : 정보를 명확하고 간결하게 분류하고, 특징지으며, 표시하는 것

5 보강적 질적특성의 적용 : 근본적 질적특성 우선!

(1) 근본적 질적 특성은 보강적 질적 특성에 우선한다.
   보강적 질적 특성은, 정보가 목적적합하지 않거나 나타내고자 하는 바를 충실하게 표현하지 않으면 그 정보를 유용하게 할 수 없다.
(2) 보강적 질적특성을 적용하는 것은 어떤 규정된 순서를 따르지 않는 반복적인 과정이다.
   때로는 하나의 보강적 질적특성이 다른 질적특성의 극대화를 위해 감소되어야 할 수도 있다.

01 유용한 재무정보의 보강적 질적 특성에 대한 설명으로 옳지 않은 것은? 2012. 지방직 9급

① 보고기업에 대한 정보는 다른 기업에 대한 유사한 정보와 비교할 수 있어야 한다.

② 재무보고서는 나타내고자 하는 현상을 완전하고, 중립적이며, 오류가 없이 서술하여야 한다.

③ 의사결정에 영향을 미칠 수 있도록 의사결정자가 정보를 제때에 이용가능하게 하여야 한다.

④ 정보는 의사결정자가 이해가능하도록 명확하고 간결하게 분류하고, 특징지으며, 표시하여야 한다.

02 재무보고를 위한 개념체계 중 목적적합하고 충실하게 표현된 정보의 유용성을 보강시키는 질적 특성에 대한 설명으로 가장 옳지 않은 것은? 2018. 서울시 7급

① 적시성은 의사결정에 영향을 미칠 수 있도록 의사결정자가 정보를 제때에 이용가능하게 하는 것을 의미한다.

② 보강적 질적 특성을 적용하는 것은 어떤 규정된 순서를 따르지 않는 반복적인 과정이다. 때로는 하나의 보강적 질적 특성이 다른 질적 특성의 극대화를 위해 감소되어야 할 수도 있다.

③ 중립적 서술은 합리적인 판단력이 있고 독립적인 서로 다른 관찰자가 어떤 서술이 충실한 표현이라는 데 대체로 의견이 일치할 수 있다는 것을 의미한다.

④ 보강적 질적 특성은 정보가 목적적합하지 않거나 충실하게 표현되지 않으면, 개별적으로든 집단적으로든 그 정보를 유용하게 할 수 없다.

> **해 설**

01. 답 ②
① 비교가능성에 대한 설명이다.
② 충실한 표현에 대한 설명이다. 이는 근본적 질적 특성이다. 해당 문제에서도 ①~④번의 선지가 '비검적이' 순서대로 제시되었다.
③ 적시성에 대한 설명이다.
④ 이해가능성에 대한 설명이다.

02. 답 ③
중립적 서술은 근본적 질적 특성에 해당하는 표현충실성에 대한 설명이다. 문제에서 보강적 질적 특성에 대한 설명을 물었기 때문에 답이 될 수 없다. 설명 또한 틀렸다. 해당 내용은 검증가능성에 대한 설명이다.
① '제때에'가 포함되어 있으므로 적시성에 대한 설명이다. (O)
② 보강적 질적 특성끼리는 우선순위가 동일하기 때문에 서로 감소시킬 수 있다. (O)
④ 보강적 질적 특성은 근본적 질적 특성이 충족되지 않으면 무의미하다. (O)

1 기준서>개념체계

: '개념체계'의 어떠한 내용도 회계기준이나 회계기준의 요구사항에 우선하지 아니한다.

2 목적적합성

(1) 목적적합한 재무정보는 정보이용자의 **의사결정에 차이가 나도록 할 수 있다.**
(2) 재무정보에 예측가치, 확인가치 또는 이 둘 모두가 있다면 그 재무정보는 의사결정에 차이가 나도록 할 수 있다.
(3) 예측가치
　① 이용자들이 미래 결과를 예측하기 위해 사용하는 절차의 투입요소로 재무정보가 사용될 수 있다면, 그 재무정보는 예측가치를 갖는다.
　② 재무정보가 예측가치를 갖기 위해서 **그 자체가 예측치일 필요는 없다.**
(4) 확인가치: 재무정보가 과거 평가에 대해 피드백을 제공한다면 확인가치를 갖는다.
(5) **중요성: 기업에 특유한 측면의 목적적합성**
　• 중요성은 회계기준위원회에서 사전에 획일적으로 정해놓을 수 없음!

3 표현충실성

(1) 완전한 서술 : 필요한 모든 정보를 포함하는 것
(2) 중립적 서술 : **목적이 없거나 행동에 대한 영향력이 없는 정보를 의미하지 않는다.**
(3) 오류 없는 서술 : 표현충실성은 **모든 면에서 정확한 것을 의미하지는 않는다.**

09. 연습문제
Practice Questions

01 한국채택국제회계기준의 『재무보고를 위한 개념체계』에서 규정한 유용한 재무정보의 질적 특성의 내용으로 옳지 않은 것은?

2016. 국가직 9급

① 목적적합한 재무정보는 정보이용자의 의사결정에 차이가 나도록 할 수 있다.

② 정보이용자들이 미래 결과를 예측하기 위해 사용하는 절차의 투입요소로 재무정보가 사용될 수 있다면, 그 재무정보는 예측가치를 갖는다.

③ 중립적 서술은 재무정보의 선택이나 표시에 편의가 없는 것을 의미하는 것으로, 중립적 정보는 목적이 없고 행동에 대한 영향력이 없는 정보를 의미한다.

④ 완전한 서술은 필요한 기술과 설명을 포함하여 정보이용자가 서술되는 현상을 이해하는 데 필요한 모든 정보를 포함하는 것이다.

02 유용한 재무정보의 근본적 질적 특성에 대한 설명으로 옳은 것은?

2014. 지방직 9급

① 정보이용자가 항목 간의 유사점과 차이점을 식별하고 이해할 수 있어야 한다.

② 합리적인 판단력이 있고 독립적인 서로 다른 관찰자가 어떤 서술이 충실한 표현이라는데, 비록 반드시 완전히 일치하지는 못하더라도 의견이 일치할 수 있다.

③ 의사결정에 영향을 미칠 수 있도록 의사결정자가 정보를 제때에 이용가능해야 한다.

④ 완벽하게 충실한 표현을 하기 위해서 서술은 완전하고, 중립적이며, 오류가 없어야 한다.

해 설

01. 답 ③
중립적 정보는 목적이 없거나 행동에 대한 영향력이 없는 정보를 의미하지 않는다.

02. 답 ④
① 보강적 질적 특성인 비교가능성에 대한 설명이다.
② 정의에 '충실한 표현'이 있지만 검증가능성에 대한 설명이므로 주의하길 바란다.
③ 적시성에 대한 설명이다.
④ 충실한 표현의 3가지 요소를 정확히 언급하고 있다. '완벽하게'라는 표현이 다소 어색하지만, 기준서 원문이다. 나머지는 모두 보강적 특성에 대해 언급하고 있으며, '근본적' 특성에 대해 언급하고 있는 선택지는 4번밖에 없다. 해당 문제에서도 ①~④번의 선지가 '비검적이' 순서대로 제시되었다.

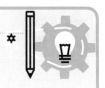

10 재무정보의 측정 기준 심화

김수석의 꿀팁 측정 기준 암기법-취득과 처분의 의미, 시점

	취득 (~원가)	처분 (~가치)
과거	역사적원가	
현재	현행원가	공정가치
미래		사용가치

(1) 원가 : 자산 취득, 현금 지급

원가는 일반적으로 비용과 동일한 의미이기 때문에, '돈이 나간다'라고 기억하면 쉽다. 돈이 나가기 때문에 반대로 자산은 들어올 것이다. 따라서 취득 시에 지급하는 금액을 의미한다.

① 역사적원가 : 과거 취득시 지급한 금액

② 현행원가 : 현재 취득시 지급해야 할 금액

(2) 가치 : 자산 처분, 현금 수령

가치는 일반적으로 잠재적 수익을 의미하기 때문에, '돈이 들어온다'고 기억하면 쉽다. 돈이 들어오기 때문에 반대로 자산은 나갈 것이다. 따라서 처분 시에 수령하는 금액을 의미한다.

① 공정가치 : 현재 처분시 수령할 수 있는 금액

② 사용가치 : 추가 사용 및 처분으로 수령할 수 있는 금액

1 역사적 원가

(1) 정의 : 자산의 취득에 발생한 원가의 가치로서, 자산을 취득하기 위하여 지급한 대가와 거래원가를 포함, 가치 변동 반영 X

(2) 가장 **보편적**으로 사용하는 측정기준

(3) 사례 : **상각후원가** ★중요

2 현행원가

(1) 정의 : 자산의 현행원가는 측정일 현재 동등한 자산의 원가로서 측정일에 지급할 대가와 그 날에 발생할 거래원가를 포함

(2) **측정일**의 조건 반영 (↔ 역사적원가 : 가치 변동 반영 X)

3 공정가치(FV)

(1) 정의 : 측정일에 **시장참여자 사이의 정상거래**에서 자산을 매도할 때 받거나 부채를 이전할 때 지급하게 될 가격

(2) **시장참여자**의 관점 반영

4 사용가치(자산) 및 이행가치(부채)

(1) 정의 : 기업이 자산의 사용과 궁극적인 처분으로 얻을 것으로 기대하는 현금흐름 또는 그 밖의 경제적효익의 현재가치

(2) **기업 특유**의 가정 반영 (↔ 공정가치 : 시장참여자의 관점 반영)

10. 연습문제
Practice Questions

01 자산의 측정에 대한 설명으로 옳지 않은 것은? 2012. 국가직 9급 수정

① 역사적원가는 자산의 보유에 따라 발생하는 가치의 변동을 반영하지 않는다.

② 취득시점에서 취득원가로 기록한 후 자산이나 부채의 기간 경과에 따라 조정하는 상각후원가는 현행원가의 범주에 속한다.

③ 자산의 현행원가는 측정일 현재 동등한 자산의 원가로서 측정일에 지급할 대가와 그 날에 발생할 거래원가를 포함한다.

④ 기업이 가장 보편적으로 사용하는 측정 기준은 역사적원가이며 이러한 역사적원가는 다른 측정 기준과 함께 사용되기도 한다.

02 「재무보고를 위한 개념체계」에서 제시된 '측정'에 대한 설명으로 옳지 않은 것은? 2020. 국가직 7급 수정

① 재무제표를 작성할 때 기업이 가장 보편적으로 채택하고 있는 측정기준은 역사적원가이다. 상각후원가는 이에 대한 적절한 예가 될 수 있다.

② 자산을 취득하거나 창출할 때의 역사적 원가는 자산의 취득 또는 창출에 발생한 원가의 가치로서, 자산을 취득 또는 창출하기 위하여 지급한 대가와 거래원가를 포함한다.

③ 자산의 공정가치는 측정일 현재 동등한 자산의 원가로서 측정일에 지급할 대가와 그날에 발생할 거래원가를 포함한다.

④ 사용가치는 기업이 자산의 사용과 궁극적인 처분으로 얻을 것으로 기대하는 현금흐름 또는 그 밖의 경제적효익의 현재가치이다.

해 설

01. 답 ②

상각후원가는 역사적원가의 범주에 속한다.

① 역사적원가는 과거에 구입한 가격이므로 가치의 변동을 반영하지 않는다. (O)

③ '지급할 대가'이므로 '~원가'이다. '측정일 현재'이기 때문에 역사적원가가 아닌 현행원가가 맞다. (O)

④ 가장 보편적으로 사용하는 측정 기준은 역사적원가이다. (O)

02. 답 ③

현행원가에 대한 설명이다. '지급하는 대가'는 '~원가'라는 것을 기억한다면 쉽게 답을 고를 수 있었다. '~가치'는 유입되는 금액을 의미한다.

① 기업이 가장 보편적으로 채택하고 있는 측정기준은 역사적원가이며, 상각후원가는 역사적원가의 사례이다. (O)

④ 사용가치의 정의를 정확히 서술하고 있다. (O)

Day 4. 재고자산

패턴 11 재고자산 항등식

1 재고자산 관련 공식

> 순매입액 = 매입가액 + 취득 부대비용 – 에누리, 할인, 환출
> (순)매출액 = 총매출액 – 에누리, 할인, 환입
> 매출원가 = 기초 재고자산 + 매입액 – 기말 재고자산
> 매출총이익 = 매출액 – 매출원가

	매입	매출
관련비용 (EX) 운임)	매입에 가산	매출과 무관 (당기비용)
에누리, 할인, 환입/환출	매입 및 매출 차감	

▼주의 **관련비용 처리 방법 : 매출과는 무관!**

매입과 달리 **매출 시에는 관련 비용이 매출액에 영향을 미치지 않는다**는 것을 기억하자.

2 재고자산에 포함될 항목

이 패턴의 핵심 Key

미착품	선적지 인도조건 시 구매자, 도착지 인도조건 시 판매자의 재고	
적송품	수탁자가 팔기 전까지는 위탁자의 재고	창고 밖에 있지만 재고에 포함
시송품	고객이 구매 의사를 밝히기 전까지는 판매자의 재고	
저당상품	대여자가 보관해도 차입자의 재고로 인식	
할부판매상품	인도 시점에 소유권 이전 (대금 지급 여부와 무관)	

(1) 미착품

	구매자	판매자
선적지 인도	O	X
도착지 인도	X	O

① 문제에 제시된 기업이 구매자(매입)인지, 판매자(매출)인지 구분하기
② 선적지 인도조건인지, 도착지 인도조건인지 구분하기

(2) 시송품–반환 금액의 추정

① 반환금액이 추정 가능한 경우 : **반품 예상금액**만큼 판매자의 재고자산에 가산
② 반환금액이 추정 불가능한 경우 : **시송품 전체**를 판매자의 재고자산에 가산

(3) 할부판매상품

대금 지급이 이루어지지 않았더라도 무조건 구매자의 재고이다. 스마트폰 할부 판매를 생각해보면 이해하기 쉽다. 할부 대금 지급이 완료되지 않더라도 사용자의 소유이다.

11. 연습문제
Practice Questions

01 상품매매 기업인 ㈜우리의 결산시점에서 각 계정의 잔액이 다음과 같을 때 매출총이익과 영업이익은?

2014. 지방직 9급 수정

• 기초재고	₩48,000	• 당기총매입	₩320,000
• 매입에누리	₩3,000	• 매입할인	₩2,000
• 매입운임	₩1,000	• 매입환출	₩4,000
• 당기총매출	₩700,000	• 매출할인	₩16,000
• 매출에누리	₩18,000	• 매출환입	₩6,000
• 매출운임	₩1,000	• 광고비	₩39,000
• 급여	₩60,000	• 수선유지비	₩5,000
• 기말재고	₩30,000	• 이자비용	₩2,000

	매출총이익	영업이익
①	₩331,000	₩224,000
②	₩330,000	₩225,000
③	₩328,000	₩223,000
④	₩362,000	₩230,000

02 다음은 ㈜한국의 20×1년 1월 1일부터 12월 31일까지 재고자산 관련 자료이다. 20×1년 ㈜한국의 매출원가는?

2020. 국가직 7급 수정

- 기초 재고자산 ₩200,000
- 당기 매입액 ₩1,000,000
- 기말 재고자산 ₩100,000 (창고보관분 실사 금액)
- 미착상품 ₩60,000 (도착지 인도조건으로 매입하여 12월 31일 현재 운송 중)
- 적송품 ₩200,000 (이 중 12월 31일 현재 80% 판매 완료)
- 시송품 ₩60,000 (이 중 12월 31일 현재 고객이 매입의사표시를 한 금액 ₩20,000)
- 할부판매상품 ₩100,000 (이 중 12월 31일 현재 고객으로부터 회수한 금액 ₩50,000)

① ₩780,000   ② ₩820,000

③ ₩920,000   ④ ₩1,020,000

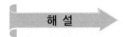

11. 연습문제
Practice Questions

해 설

01. 🗂 ②

순매입 : 320,000(총매입) − 3,000(에누리) − 2,000(할인) + 1,000(운임) − 4,000(환출) = 312,000

매출원가 : 48,000(기초) + 312,000(순매입) − 30,000(기말) = 330,000

순매출 : 700,000(총매출) − 16,000(할인) − 18,000(에누리) − 6,000(환입) = 660,000

매출총이익 : 660,000 − 330,000(매출원가) = 330,000

영업이익: 330,000 − 1,000(매출운임) − 60,000(급여) − 39,000(광고비) − 5,000(수선유지비) = 225,000

매입운임은 재고자산 취득원가에 가산되어 매출원가로 계상되지만 매출운임은 매출액을 차감하지 않는 것이 아니라 당기비용으로 분류된다는 것에 주의한다.

이자비용은 영업외비용이므로 영업이익 계산 시 차감하지 않는다.

02. 🗂 ④

실사 재고자산	100,000
적송품	200,000 × 0.2 = 40,000
시송품	60,000 − 20,000 = 40,000
정확한 기말 재고자산	180,000

매출원가 : 200,000(기초) + 1,000,000(매입) − 180,000(기말) = **1,020,000**

미착상품은 도착지 인도조건으로 매입하여, 아직 도착하지 않았으므로 재고자산에 가산하지 않는다.

할부판매상품은 판매하는 순간 소유권이 이전되므로 더 이상 판매자의 재고자산이 아니다.

원가흐름의 가정

이 패턴의 핵심 Key

	실지재고조사법	계속기록법
FIFO	FIFO	
평균법	총평균법	이동평균법

FIFO : 먼저 산 건 매출원가, 늦게 산 건 기말 재고
총평균법 : 기초 + Σ매입을 전체 매출 수량으로 한 번에 매출원가 구하기
이동평균법 : 넘기고, 마지막에 풀기

1 선입선출법 (FIFO)

(1) 먼저 구입한 순서대로 먼저 판매되었다고 가정 (실제 물량흐름과 가장 비슷한 방법)
(2) 선입선출법 풀이법
　① 매출원가 = 기초 재고부터 매입액을 순차적으로 가산
　② 기말 재고자산 = 가장 마지막 매입부터 역순으로 가산
(3) 계속기록법을 적용하든, 실지재고조사법을 적용하든 동일함

2 총평균법 (평균법-실지재고조사법)

(1) 기초 재고와 총 매입 재고 전체(= 판매가능상품)를 평균
　→기말 재고와 매출원가의 단가가 동일
(2) 총평균법 풀이법
① 평균 단가 구하기 = 판매가능상품 금액/판매가능상품 수량
② 기말 재고자산 = 평균 단가×**기말** 수량, 매출원가 = 평균 단가×**판매** 수량

3 이동평균법 (평균법-계속기록법)

(1) 매출 시점까지 존재한 재고를 평균
(2) 실전에서 이동평균법이 출제되면 넘기고, 마지막에 풀 것

01 ㈜갑의 10월 한 달간의 상품매입과 매출에 관한 자료는 아래와 같다. 회사는 실사법에 의해 기말재고 수량을 파악하고, 원가흐름에 대한 가정으로 선입선출법을 적용한다. 10월 31일 현재 실사결과 상품 재고수량은 100개로 파악되었다. ㈜갑의 10월 31일 현재 상품재고액은? 2010. 관세직 9급

일자별	내역	수량	매입(또는 판매) 단가	금액
10월 1일	전월이월	100개	₩1,000	₩100,000
10월 10일	매입	300개	₩1,200	₩360,000
10월 11일	매입에누리(10월10일 매입상품)			₩30,000
10월 20일	매출	350개	₩2,000	₩700,000
10월 25일	매입	50개	₩1,300	₩65,000

① ₩65,000　　　② ₩75,000　　　③ ₩120,000　　　④ ₩125,000

02 다음은 ㈜한국의 2013년 1월의 재고자산 입고 및 판매와 관련된 자료이다. 실지재고조사법을 사용하고 평균법을 적용할 경우 기말재고액과 매출원가는? 2013. 지방직 9급

일자	입고		판매량
1. 1	1,000개	₩11	
1. 5	1,000개	13	
1.10	1,000개	15	
1.15			2,500개
1.25	1,000개	17	

	기말재고액	매출원가		기말재고액	매출원가
①	₩21,000	₩31,500	②	₩21,000	₩35,000
③	₩24,500	₩31,500	④	₩24,500	₩35,000

해설

01. 답 ③

기말 재고량이 100개이므로 기말 재고액은 마지막 매입부터 역으로 가산하면 된다.

10.25 매입분 50개 : 65,000

10.10 매입분 50개 : (360,000 – 30,000)×50/300 = 55,000

기말 재고액 : 65,000 + 55,000 = **120,000**

02. 답 ②

판매가능상품 : 1,000개 × (11 + 13 + 15 + 17) = 56,000

단위당 원가 : 56,000/4,000 = 14

기말 재고 : 14 × 1,500개 = 21,000

매출원가 : 14 × 2,500개 = 35,000

본 문제는 단가가 11, 13, 15, 17로 2씩 차이가 나며, 기초 및 각 매입 수량이 1,000개로 동일하기 때문에 평균인 14원을 계산하기 용이하였다.

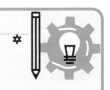

재고자산 관련 비율-이익률

이 패턴의 핵심 Key

매출총이익률 = 매출총이익/매출액

원가 기준 이익률 = 매출총이익/매출원가

김수석의 꿀팁 **매출총이익률**이 제시되면 **매출액이 1**, **원가 기준 이익률**이 제시되면 **매출원가가 1**이라고 생각하자!

예 매출총이익률 : 20%, 원가 기준 이익률 : 25%

		매출총이익률	원가 기준 이익률
매출액	100	1	1.25
매출총이익	20	0.2	0.25
매출원가	80	0.8	1

		매출총이익률	원가 기준 이익률
매출액	100	80 ÷ 0.8	80 × 1.25
매출원가	80	100 × 0.8	100 ÷ 1.25

이익률을 이용해서 매출액과 매출원가를 서로 변환할 수 있는데, 이때 각 이익률의 분모를 1로 보면 된다. **매출총이익률이 제시된 경우 매출액을 1로 보고**, 매출원가가 '1 − 0.2 = 0.8'이 된다. 문제에서 매출원가를 제시했다면 0.8로 나누어 매출액을 구할 수 있고, 반대로 매출액을 제시했다면 0.8을 곱해 매출원가를 구할 수 있다.
원가 기준 이익률이 제시된 경우 매출원가를 1로 보고, 매출액이 '1 + 0.25 = 1.25'이 된다. 문제에서 매출원가를 제시했다면 1.25를 곱해 매출액을 구할 수 있고, 반대로 매출액을 제시했다면 1.25로 나누어 매출원가를 구할 수 있다.

01 다음은 상품거래와 관련된 자료이다. 매출원가 대비 매출총이익률이 25%인 경우 기말상품재고액은?

2013. 지방직 9급

• 총매출액	₩1,755,000	• 매출에누리	₩180,000
• 총매입액	900,000	• 매입에누리	45,000
• 기초상품재고액	990,000		

① ₩461,250   ② ₩506,250   ③ ₩585,000   ④ ₩615,000

02 ㈜한국의 2016년 재고자산 자료가 다음과 같을 때, ㈜한국의 2016년 매출액은?

2016. 국가직 9급

• 기초상품재고	₩2,000
• 당기매입액	₩10,000
• 기말상품재고	₩4,000
• 매출원가에 가산되는 이익률	10%

① ₩6,600   ② ₩7,200   ③ ₩8,000   ④ ₩8,800

해 설

01. 답 ③
순매출액 : 1,755,000-180,000 = 1,575,000
순매입액 : 900,000-45,000 = 855,000
매출원가 : 1,575,000/1.25 = 1,260,000
기말 재고액 : 990,000 + 855,000-1,260,000 = 585,000

		〈원가 기준 이익률〉
매출액	1,575,000	1.25
매출총이익		0.25
매출원가	1,260,000	1

02. 답 ④
매출원가 = 2,000 + 10,000-4,000 = 8,000
매출액 = 8,000 × 1.1 = 8,800

		〈원가 기준 이익률〉
매출액	8,800	1.1
매출총이익		0.1
매출원가	8,000	1

패턴 14 재고자산 관련 비율-화재, 도난 등 ★중요!

화재, 도난 등이 발생한 상황에서 손실액을 묻는 문제가 상당히 자주 출제된다. 이 유형은 다음의 순서로 풀면 된다.

Step 1. 매출원가 구하기

손실액 문제에서는 **매출원가**를 구하는 것이 관건이다. 매출원가를 구하기 위해서는 이익률을 잘 활용해야 한다. 문제에서 매출총이익률 혹은 원가 기준 이익률을 제시할 텐데, 패턴 16에서 자세히 설명한 팁을 이용해서 매출원가를 구하자.

> 매출원가 = 매출액×(1-매출총이익률)
> or
> 매출원가 = 매출액/(1 + 원가 기준 이익률)

Step 2. 손실 전 재고자산 구하기

> 손실 전 재고자산 = 기초 재고자산 + 매입액-매출원가

Step 1에서 계산한 매출원가를 위 재고자산 항등식에 대입하면 손실 전 재고자산을 계산할 수 있다.

Step 3. 손실액 구하기

> 손실액 = 손실 전 재고자산-손실 후 남은 재고자산
> or
> 손실액 = 손실 전 재고자산×손실률

일반적으로는 손실 후 남은 재고자산을 제시해준다. 남은 재고자산을 손실 전 재고자산에서 빼면 손실액을 계산할 수 있다.

가끔 손실 후 남은 재고자산을 제시하는 것이 아니라, '손실 전 재고의 몇%가 소실되었다.'
라고 제시하는 문제가 있다. 이 경우 손실액은 손실 전 재고자산에 손실률을 곱한 금액이 된다.

01 2009년 7월 1일 ㈜갑의 한 창고에서 화재가 발생하였으나 신속한 화재진압으로 보관 중인 상품 중 60%는 피해를 입지 않았다. 2009년도 기초상품재고액은 ₩5,000이었으며, 화재직전까지의 매입액과 매출액은 각각 ₩17,000과 ₩20,000이었다. 이 회사의 평균 매출총이익률이 20%라고 할 때, 화재로 인한 재고손실액을 추정하면?　　　　　　　　　　　　　　　2010. 관세직 9급

① ₩2,400　　　　　　　　　　　　　　② ₩4,000

③ ₩5,000　　　　　　　　　　　　　　④ ₩6,000

02 재고자산과 관련된 자료가 다음과 같을 때, 화재로 소실된 상품의 추정원가는?　　2014. 관세직 9급

- 2013년 4월 30일 화재가 발생하여 보유하고 있던 상품 중 ₩350,000(원가)만 남고 모두 소실되었다.
- 2013년 1월 1일 기초재고원가는 ₩440,000이다.
- 2013년 1월 1일부터 2013년 4월 29일까지의 매입액은 ₩900,000이다.
- 2013년 1월 1일부터 2013년 4월 29일까지의 매출액은 ₩1,000,000이다.
- 해당 상품의 매출원가 기준 매출총이익률(= 매출총이익 ÷ 매출원가)은 25%이다.

① ₩150,000　　　　　　　　　　　　② ₩190,000

③ ₩200,000　　　　　　　　　　　　④ ₩240,000

해 설

01. 답 ①
매출원가 : 20,000×(1-20%) = 16,000
화재 전 재고액 : 5,000 + 17,000-16,000 = 6,000
재고 손실액 : 6,000×40% = 2,400

02. 답 ②
매출원가 : 1,000,000/1.25 = 800,000
소실 전 재고(기말 재고) : 440,000 + 900,000-800,000 = 540,000
소실액 : 540,000-350,000 = 190,000

패턴
15 재고자산 관련 비율-회전율과 회수기간

1 회전율

> 매출채권회전율 = 매출액/(평균)매출채권
> 재고자산회전율 = 매출원가/(평균)재고자산

2 회수기간

> 매출채권회수기간 = 365일 ÷ 매출채권회전율
> 재고자산처리기간 = 365일 ÷ 재고자산회전율
> 정상영업주기 = 매출채권회수기간 + 재고자산처리기간

회수기간은 365일을 회전율로 나눈 기간을 의미한다. 두 기간을 더하면 '정상영업주기'가 계산된다.

01 ㈜한국의 당기 매출은 외상 거래만 있었다고 할 때, 다음 자료를 이용한 활동성 비율분석의 해석으로 옳지 않은 것은? (단, 활동성 비율 계산 시 분모는 기초잔액과 기말잔액의 평균금액을 이용하며, 1년을 360일로 계산한다) 2020. 관세직 9급 수정

매출채권				재고자산			
기초	₩1,000	현금	₩47,000	기초	₩1,000	매출원가	₩25,000
매출액	₩50,000			매입채무	₩20,000		
				현금	₩8,000		

① 매출채권회전율은 20회이다.
② 재고자산회전율은 12회이다.
③ 매출채권의 평균회수기간은 18일이다.
④ ㈜한국의 정상영업주기는 54일이다.

02 다음 자료를 이용할 경우 재고자산회전율은? (단, 재고자산회전율과 매입채무회전율의 분모 계산 시 기초와 기말의 평균값을 이용한다.) 2017. 관세직 9급

- 기초재고자산 ₩700,000
- 기말재고자산 ₩500,000
- 기초매입채무 ₩340,000
- 기말매입채무 ₩160,000
- 매입채무회전율 4회

① 4회　　　　② 3회　　　　③ 2회　　　　④ 1회

해 설

01. 답 ②
① 매출채권회전율 : 50,000/2,500 = 20회 (O)
　기말 매출채권 : 1,000 + 50,000 − 47,000 = 4,000
　평균 매출채권 : (1,000 + 4,000)/2 = 2,500
② 재고자산회전율 : 25,000/2,500 = **10회** (X)
　기말 재고자산 : 1,000 + 20,000 + 8,000−25,000 = 4,000
　평균 매출채권 : (1,000 + 4,000)/2 = 2,500
③ 매출채권의 평균회수기간 : 360/20회 = 18일 (O)
④ 재고자산의 평균판매기간 : 360/10회 = 36일, 정상영업주기 : 18 + 36 = 54일 (O)

02. 답 ③
평균 매입채무 : (340,000 + 160,000)/2 = 250,000
매입액 : 250,000×4회(매입채무회전율) = 1,000,000

매출원가 : 700,000 + 1,000,000 − 500,000 = 1,200,000
평균 재고자산 : (700,000 + 500,000)/2 = 600,000
재고자산회전율 : 1,200,000/600,000 = 2회

Day 5. 재고자산의 개별 회계처리

패턴 16 소매재고법 〔심화〕

이 패턴의 출제 경향

소매재고법의 출제 형태는 일반형과 단순형으로 나뉜다. 그동안 대부분의 문제는 단순형으로 출제되었다. 소매재고법은 자주 출제되는 주제는 아니므로, 일반형이 어렵다면 단순형만 대비하는 것도 좋은 전략일 수 있다.

Step 1. 표 그리기 : 〈순순비, 정종, 순비는 (-), 정종은 (+)〉

일반형 (모든 요소 포함)

	원가	매가		원가	매가
기초	XXX	XXX	매출	⑤	XXX
매입	XXX	XXX	**정**상		XXX
순인상		XXX	**종업원할인**		XXX
순인하		(XXX)			
비정상		(XXX)	기말	④	③XXX
계	①XXX	①XXX	계	②XXX	②XXX

단순형 (일반형에 비해 일부 요소가 없는 경우, 보다 자주 출제되는 형태임)

	원가	매가		원가	매가
기초	XXX	XXX	매출	⑤	XXX
매입	XXX	XXX	기말	④	③XXX
계	①XXX	①XXX	계	②XXX	②XXX

Step 2. 기말 재고 매가 구하기

①원가 금액 = ②원가 금액

①매가 금액 = ②매가 금액

③기말 매가 금액 구하기

Step 3. 원가율 구하기

평균법 : ①원가 총계/①매가 총계

FIFO : (①원가 총계-기초 원가)/(①매가 총계-기초 매가)

-문제에서 FIFO인지, 평균법인지 언급이 없다면 **평균법** 가정

김수석의 꿀팁 원가율이 나누어 떨어지지 않는다면 과감히 제끼자!

원가율을 계산했을 때 숫자가 나누어 떨어지지 않을 수 있다. 2018년 기출문제에서 원가율이 '14,900/20,000 = 74.5%'로 제시된 적이 있었다. 실전에서 이런 문제가 출제된다면 과감히 제끼자. Step 4에서 이 원가율에 기말 재고자산 금액을 곱해야 하는데, 실전에서 제한된 시간에 이렇게 복잡한 계산을 하는 것은 사실상 불가능하다.

Step 4. 기말 재고 및 매출원가 구하기

④기말 재고자산 원가 = ③기말 재고자산 매가 × 원가율

⑤매출원가 = ②원가 총계-④기말 재고자산 원가

01 ㈜한국은 소매재고법을 적용하여 재고자산 회계처리를 하고 있다. 다음은 20X1년도 재고자산과 관련된 자료이다. 평균원가(원가기준 가중평균) 소매재고법을 적용한다고 가정할 경우 ㈜한국의 20X1년도 매출원가는 얼마인가?　　　　　　　　　　　　　　　　2016. 계리사 수정

	원가	판매가
● 기초재고자산	₩200	₩500
● 당기매입액	17,800	29,000
● 매출액		25,000
● 순인상액		700
● 순인하액		200

① ₩14,000　　　② ₩15,000　　　③ ₩15,700　　　④ ₩16,400

02 선입선출소매재고법을 적용하여 추정한 기말재고자산은?　　　　2013. 지방직 9급

	원가	판매가격
기초재고	₩30,000	₩40,000
당기매입	50,000	60,000
매출액		70,000

① ₩24,000　　　② ₩25,000　　　③ ₩30,000　　　④ ₩35,000

해 설

01. 답②

	원가	매가		원가	매가
기초	200	500	매출	⑤15,000	25,000
매입	17,800	29,000	종업원할인		
순인상		700			
순인하		(200)	기말	④3,000	③5,000
계	①18,000	①30,000	계	②18,000	②30,000

원가율 : 18,000/30,000 = 60%　　기말 재고자산 원가 : 5,000×60% = 3,000　　매출원가 : 18,000-3,000 = 15,000

02. 답②

	원가	매가		원가	매가
기초	₩30,000	₩40,000	매출		₩70,000
매입	50,000	60,000	기말	④25,000	③30,000
계	①80,000	①100,000	계		②100,000

원가율(FIFO) : 50,000/60,000 = 5/6　　기말 재고자산 : 30,000 × 5/6 = 25,000
- 문제에서 묻는 '기말 재고자산'은 매가가 아닌 원가를 의미한다.

패턴 17 저가법 ★중요!

1 저가법 계산 방법

BQ×BP	= XXX	
↓		〉 감모손실 (매출원가 or 기타비용)
AQ×BP	= XXX	
↓		〉 평가충당금
AQ×저가	= XXX	

Step 1. 수량, 단가 채우기

(1) BQ : Book Quantity, 장부상 수량
(2) AQ : Actual Quantity, 실사 결과 실제 수량
(3) BP : Book Price, 장부상 취득원가
(4) 저가 : min[BP, 순실현가능가치(NRV)]
- NRV = 예상 판매가격-추가 완성원가, 판매비

▼주의 **NRV가 취득원가보다 더 큰 경우 : 저가 = BP!**

저가는 BP와 NRV 중 **작은** 금액이다. 많은 수험생들이 NRV가 저가라고 생각한다. NRV가 취득원가보다 더 큰 경우 저가는 **취득원가가** 되며, **평가손실은 없다.**

Step 2. 감모손실

문제의 지시 사항에 따라 매출원가 or 기타비용으로 분류

2 저가법 평가 단위 : 총계 적용은 불가

저가법의 항목별, 조별 적용은 허용하나, 전체 재고를 한 번에 적용하는 **총계 적용은 불가능**하다. 저가법은 말문제로 거의 출제되지 않지만, 간단한 내용이므로 알아두자.

Step 3. 평가손실 : 기초 충당금 확인할 것!

(1) NRV가 BP보다 큰 경우 저가는 취득원가, 평가손실 인식X
(2) 평가손실 = 기말 평가충당금-기초 평가충당금

(기초 평가충당금이 없는 경우 : 평가손실 = 기말 충당금)

가운데 줄과 마지막 줄의 차이는 '충당금 잔액'이다. 평가충당금은 평가손실의 누적액이므로 기초 충당금이 있는 경우 증가분만 당기 손실로 인식해야 한다. 대부분의 문제는 **기초 충당금이 없는데, 이 경우에는 기말 충당금이 곧 평가손실이 된다.**

Step 4. 답 구하기

(1) 기말 재고 : **마지막 줄 금액** (AQ × 저가)
(2) 매출원가 = 기초 재고(순액) + 매입액-기말 재고(순액)-기타비용

재고자산

기초(순액)	①XXX	**매출원가**	⑤XXX
		기타비용	④XXX
매입	①XXX	기말(순액)	④XXX
계	②XXX	계	③XXX

① **기초 재고** 금액을 적는다. 단, 기초 충당금이 있는 경우 충당금을 차감한 **순액을 적는다.**
② 기초 재고액에 매입액을 가산하여 **판매가능상품(기초 + 매입)** 금액을 구한다.
③ 대변에도 판매가능상품액을 적는다.
④ 앞에서 구한 기타비용과 기말 재고 순액(마지막 줄 금액)을 적는다.
⑤ 대변에 빈 금액을 매출원가로 채워주면 끝!

17 연습문제

Practice Questions

01 **다음은 ㈜한국의 20X1년도 기말재고자산과 관련된 자료이다.**

• 기초상품재고액	₩60,000
• 당기매입액	₩300,000
• 장부상 기말재고 수량	1,200개
• 실제 기말재고 수량	1,000개
• 단위당 취득원가	₩100
• 단위당 순실현가능가액	₩80

㈜한국은 정상감모손실과 평가손실은 매출원가로 처리하고, 비정상감모손실은 기타비용으로 처리하는 회계정책을 채택하고 있다. 재고감모분 중 20%는 정상적으로 발생한 감모분이며, 나머지는 비정상적으로 발생한 감모분이다. ㈜한국의 20X1년도 매출원가는 얼마인가? 2016. 계리사 수정

① ₩252,000　　② ₩264,000

③ ₩276,000　　④ ₩280,000

02 **㈜서울의 2016년 기말상품재고원가는 ₩100,000, 순실현가능가치는 ₩95,000이다. 2017년 당기매입액은 ₩850,000이고, 기말재고자산 평가와 관련된 자료는 다음과 같다. ㈜서울은 재고자산 감모손실을 제외한 금액을 매출원가로 인식할 때, 2017년 매출원가는 얼마인가? (단, 2016년 말 재고자산은 2017년도에 모두 판매되었다.)** 2017. 서울시 7급

장부수량	실시재고수량	취득원가	단위당 순실현가능가치
100개	95개	₩1,100	₩1,000

① ₩844,500　　② ₩849,500

③ ₩850,000　　④ ₩855,000

17. 연습문제
Practice Questions

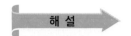
01. 답 ②

BQ × BP	1,200개 × @100 = 120,000	
		> 감모손실 20,000 < 정상(매출원가) : 4,000 비정상(기타비용) : 16,000
AQ × BP	1,000개 × @100 = 100,000	
		> 평가손실 20,000
AQ × 저가	1,000개 × @80 = 80,000	

재고자산

기초(순액)	60,000	매출원가	**264,000**
		기타비용	16,000
매입	300,000	기말(순액)	80,000
계	360,000	계	360,000

매출원가 : 60,000(기초 순액) + 300,000-80,000(기말 순액)-16,000(비정상) = 264,000

문제에서 '㈜한국은 정상감모손실과 평가손실은 매출원가로 처리하고, 비정상감모손실은 기타비용으로 처리'한다는 조건이 있으므로 매출원가 계산 시 비정상감모를 제외한다.

02. 답 ①

BQ × BP	100개 × @1,100 = 110,000	
		> 감모손실(기타비용) 5,500
AQ × BP	95개 × @1,100 = 104,500	
		> 평가충당금 9,500, 평가손실 4,500
AQ × 저가	95개 × @1,000 = 95,000	

기초 평가충당금 : 100,000 − 95,000 = 5,000

– 16년말 재고는 17년초 재고가 된다. 16년 기말 재고 원가(BQ×BP=AQ×BP)는 100,000이다. 수량에 대한 언급이 없으므로 BQ와 AQ가 같다고 보며, 문제에 제시된 100,000과 95,000을 단위당 금액이 아닌 총액으로 본다. 순실현가능가치(AQ×NRV)가 95,000이므로 기초 재고 순액(AQ×저가)는 95,000이 된다.

평가손실 : 9,500 − 5,000 = 4,500

재고자산

기초(순액)	95,000	매출원가	**844,500**
		기타비용	5,500
매입	850,000	기말(순액)	95,000
계	945,000	계	945,000

매출원가 : 95,000(기초 순액) + 850,000-95,000(기말 순액)-5,500(감모) = 844,500

문제에서 '재고자산감모손실을 제외한 금액을 매출원가로 인식'한다는 조건이 있으므로 매출원가 계산 시 감모손실을 제외한다.

패턴 18 원재료의 저가법 적용 심화

(1) 완성될 제품이 원가 이상으로 판매되는 경우 감액하지 않는다.
(2) 원재료는 NRV 대신 **현행대체원가** 사용

김수석의 꿀팁 **원재료 저가법 풀이 순서**

① 원재료가 투입되는 제품이 원가 이상으로 판매되는지 확인–YES→원재료 평가손실 X

   ↓ NO

② 현행대체원가와 비교하여 저가법 적용!

원재료는 다른 재고자산과 다르게 순실현가치가 아닌 현행대체원가와 취득원가를 비교하여 작은 금액이 저가가 된다. 수험생들이 현행대체원가는 기억하는데, 시험 현장에서 (1)번 규정을 적용하지 못한다. 애초에 원재료가 투입되는 제품이 원가 이상으로 판매된다면 원재료는 평가손실을 인식하지 않는다. 따라서 **원재료의 현행대체원가가 제시된다 하더라도 바로 달려들지 말고, 제품의 평가손실을 먼저 계산해야 한다. 제품의 평가손실이 없다면 원재료도 평가손실이 없다.**

01 ㈜한국은 20X1년 초에 영업을 개시하여 단일 제품만을 생산·판매하고 있다. ㈜한국의 기말재고자산과 관련된 자료가 다음과 같을 경우, ㈜한국이 20X1년에 인식할 재고자산평가손실은 얼마인가?

2019. 계리사 수정

구분	수량	단위당 금액				
		취득원가	현행대체원가	판매가격	추가완성원가	판매비용
원재료	10	110	105	250*	145	5
재공품	5	200	–	250*	50	5
제품	20	240	–	250	–	5

× 원재료 및 재공품의 판매가격은 추가 가공 후 완제품으로 시장에서 판매되는 가격임.

① ₩0

② ₩25

③ ₩50

④ ₩75

해 설

01. 답 ②

	원재료	재공품		제품
BQ×BP				
AQ×BP		5×200	〉25	20×240
AQ×저가		5×195		20×240
	손실X ←			(손실X)

본 문제처럼 '단일 제품만을 생산'한다는 가정이 제시되면 원재료를 이용해서 제품을 만들었다는 것을 의미한다. 따라서 제품이 평가손실을 인식하지 않는 경우(BP < NRV) 원재료도 평가손실을 인식하지 않는다. 본 규정은 원재료에만 적용되므로 재공품은 평가손실을 인식한다.

참고

만약 문제의 가정과 다르게 제품이 평가손실을 인식하였다면 원재료도 평가손실을 인식해야 하는데, 이때 원재료의 저가는 NRV(100 = 250-145-5)가 아닌 현행대체원가(105)이다.

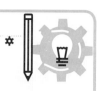

Day 6. 유형자산의 취득

패턴 19 유형자산의 취득원가

이 패턴의 핵심 Key

취득원가 가산 항목	당기 비용 항목
(1) 관세 및 취득록세, 설치원가, 조립원가, 전문가에게 지급하는 수수료	(1) 재산세, 수선유지비, 보험료, 교육훈련비, 광고선전비
(2) 설치장소 준비 원가	**(2) 새로운 시설을 개설하는 데 소요되는 원가**
(3) 시운전원가	(3) 시제품의 원가 및 매각액
(4) 규제로 인해 설치하는 설비원가	(4) 재배치, 재편성 원가, 초기 가동손실, 완전조업도에 미치지 못하는 원가
(5) 복구예상비용	(5) 건설 시작 전에 건설용지를 주차장으로 사용하여 발생한 손익
(6) 국공채의 취득원가와 현재가치의 차이	(6) 장기후불조건 매입 시 총 지급액과 현금 구입 가격의 차이

김수석의 꿀팁 '설치장소 준비원가 취득원가'

표의 왼편에 있는 (2) '설치장소 준비 원가'가 '준비 원가' 4글자로 끝나기 때문에 취득원가(4글자)라고 외우자. **'설치장소 준비원가 취득원가'**를 10번만 읽어보자. 입에 잘 붙으면서, 문제에 제시된 '설치장소 준비 원가'를 보면 나도 모르게 '취득원가'를 되뇌이고 있을 것이다. 오른편에 있는 '새로운 시설을 ~원가'는 마지막이 '원가' 2글자로 끝나기 때문에 '비용'(2글자)으로 외우자. 이때, 설치장소 준비 원가도 마지막이 '원가' 2글자로 끝나는데, 앞에 뭐가 붙어 있는지 꼭 확인하자. **준비 원가면 취득원가, 그냥 원가면 비용이다.**

김수석의 꿀팁 애매하면 자본적 지출로 보자!

(1) 자본적 지출 : 취득원가 가산 항목
(2) 수익적 지출 : 당기비용 항목

기준서에 자본적 지출과 수익적 지출의 사례가 제시되어 있지만, 그것까지 외우는 것은 현실적으로 불가능하다. 자산과 관련한 추가 지출이 발생했다면 기본적으로 **자본적 지출**이라고 생각하는 것이 편하다. **수익적 지출**이라면 출제자가 출제 오류를 막기 위해 **'일상적'**, **'사소한'** 등의 뉘앙스를 적극적으로 풍길 것이다.

19. 연습문제
Practice Questions

01 유형자산의 취득원가를 인식할 때 경영진이 의도하는 방식으로 자산을 가동하기 위해 필요한 장소와 상태에 이르게 하는 데 직접 관련되는 원가의 예로 옳지 않은 것은? 2013. 국가직 7급

① 설치장소 준비 원가

② 최초의 운송 및 취급관련 원가

③ 새로운 시설을 개설하는 데 소요되는 원가

④ 전문가에게 지급하는 수수료

02 ㈜한국은 20X1년 한 해 동안 영업사업부 건물의 일상적인 수선 및 유지를 위해 ₩5,300을 지출하였다. 이 중 ₩3,000은 도색비용이고 ₩2,300은 소모품 교체 비용이다. 또한, 해당 건물의 승강기 설치에 ₩6,400을 지출하였으며 새로운 비품을 ₩9,300에 구입하였다. 위의 거래 중 20X1년 12월 31일 재무상태표에 자산으로 기록할 수 있는 지출의 총액은? 2020. 국가직 9급

① ₩11,700   ② ₩15,700

③ ₩18,000   ④ ₩21,000

해설

01. 답 ③

발문에 '경영진이 의도하는 방식으로 자산을 가동하기 위해 필요한 장소와 상태에 이르게 하는 데 직접 관련되는 원가'가 취득원가를 뜻하는 것인데, 이것을 몰랐어도 문제를 푸는 데 지장이 없다. 3개가 취득원가 가산 항목이고 1개만 비용 항목이기 때문이다. 새로운 시설을 개설하는 데 소요되는 '원가'만 비용 항목이다. 2글자로 끝나니 비용(2글자)으로 외우자. '설치장소 준비 원가'도 원가로 끝나긴 하지만 '준비'까지 붙여서 4글자로 보자.

02. 답 ②

₩5,300은 '일상적인 수선 및 유지를 위해' 지출한 것이므로 수익적 지출에 해당한다. '도색비용, 소모품 교체 비용'을 보고 수익적 지출임을 판단하도록 출제한 것이 아니었다. 소모품의 경우 자산화 하는 경우도 있기 때문에 문제의 상황을 보아야 한다. 승강기 설치나 비품은 일상적인 수선을 위해 지출한다는 언급이 없으므로 자본적 지출을 의도하고 제시한 것으로 보아야 한다. 승강기가 애매했더라도, 비품은 자산 계정이므로 ₩9,300은 무조건 들어가야 한다. 하지만 선지에 ₩9,300이 없으므로 승강기 설치비용까지 가산한 ₩15,700이 답이다.

20 일괄취득 및 토지에 대한 지출

1 일괄취득

(1) **모두 사용 : 공정가치 비율로 안분**

(2) 토지만 사용

　① 건물을 즉시 철거 : **토지의 취득원가 = 일괄구입가격 + 철거비용 − 폐자재 처분 수입**

　　　　　　 − 건물에는 취득원가 배부 X

　② 건물을 사용하다가 철거 : 건물 감가상각

　　　　　　　→ 처분손실 = '건물 미상각 잔액 + 철거비용 − 폐자재 처분 수입'

　▼주의 **건물을 즉시 철거하기 위해 일괄취득하면서 공정가치가 제시된 경우 − 안분 X!**

　일괄취득 문제에서 공정가치가 제시되면 많은 수험생들이 공정가치 비율로 안분하려고 한다. 하지만 건물을 즉시 철거하기 위해 일괄취득했다면 건물에는 취득원가가 배부되어서는 안 된다. 이 경우 문제에 제시된 공정가치는 함정이므로 낚이지 말자.

　김수석의 핵심콕 **건물 철거 시점에 따른 철거비용의 처리방법**

① 건물을 즉시 철거	토지 취득원가에 가산
② 건물을 사용하다가 철거	처분손실

(3) 토지의 취득원가에 가산하는 지출

　① 구획정리비용: 토지의 구획을 명확히 하기 위해서 발생하는 비용
　② 토지정지비용: 토지의 높이를 원하는 높이로 맞추는데 드는 비용

2 토지에 대한 지출

내용연수	보수 담당	계정 과목
무한	지자체	**토지**
유한	회사	**구축물**

문제에서 토지에 대한 지출을 자료로 제시한 후, 토지의 취득원가를 묻는 경우가 많으므로, 어느 경우에 토지로 분류하는지를 중심으로 기억하자.

연습문제
Practice Questions

01 ㈜한국은 20X1년 초 토지, 건물 및 기계장치를 일괄취득하고 현금 ₩1,500,000을 지급하였다. 취득일 현재 자산의 장부금액과 공정가치가 다음과 같을 때, 각 자산의 취득원가는? (단, 취득자산은 철거 혹은 용도변경 없이 계속 사용한다)

2019. 국가직 9급

구분	장부금액	공정가치
토지	₩1,095,000	₩1,350,000
건물	₩630,000	₩420,000
기계장치	₩380,000	₩230,000

	토지	건물	기계장치
①	₩1,350,000	₩420,000	₩230,000
②	₩1,095,000	₩630,000	₩380,000
③	₩1,095,000	₩315,000	₩162,500
④	₩1,012,500	₩315,000	₩172,500

02 ㈜한국은 20X9년 공장을 신축하기 위해 토지를 취득하였다. 취득한 토지에는 철거예정인 건물이 있었으며 20X9년 관련 자료는 다음과 같다.

- 토지와 건물 일괄 취득가격 ₩1,000,000(토지와 건물의 상대적 공정가치 비율 3 : 1)
- 토지 취득세 및 등기비용 ₩100,000
- 공장신축 전 토지를 운영하여 발생한 수입 ₩80,000
- 건물 철거비용 ₩50,000
- 건물 철거 시 발생한 폐자재 처분수입 ₩40,000
- 영구적으로 사용 가능한 하수도 공사비 ₩100,000

㈜한국의 20X9년 토지 취득원가는?

2019. 국가직 7급

① ₩960,000 ② ₩1,110,000

③ ₩1,130,000 ④ ₩1,210,000

03 ㈜한국은 20×1년 1월 1일에 토지와 토지 위의 건물을 일괄하여 ₩1,000,000에 취득하고 토지와 건물을 계속 사용하였다. 취득시점 토지의 공정가치는 ₩750,000이며 건물의 공정가치는 ₩500,000이다. 건물의 내용연수는 5년, 잔존가치는 ₩100,000이며, 정액법을 적용하여 건물을 감가상각한다(월할 상각, 원가모형 적용). 20×3년 1월 1일 ㈜한국은 더 이상 건물을 사용할 수 없어 해당 건물을 철거하였다. 건물의 철거와 관련하여 철거비용이 발생하지 않았을 경우, 20×3년 1월 1일에 인식하는 손실은?

2022. 관세직 9급

① ₩120,000　　　　　　　② ₩280,000

③ ₩360,000　　　　　　　④ ₩400,000

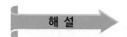

20. 연습문제
Practice Questions

해 설

01. 답 ④

일괄취득 시 취득원가는 공정가치 비율로 안분한다.

토지 : 1,500,000 × 1,350,000/2,000,000 = 1,012,500

건물 : 1,500,000 × 420,000/2,000,000 = 315,000

기계장치 : 1,500,000 × 230,000/2,000,000 = 172,500

자료상 '장부금액'은 문제 풀이와 전혀 관련이 없다. 취득원가는 공정가치 비율로 안분하므로 우리는 공정가치만 궁금하다. 나머지 자료에 관심을 갖지 말자. 참고로, 이 문제의 경우 토지, 건물, 기계장치의 취득원가를 모두 구하는 것이 아니라, 4개의 선택지가 다 다른 기계장치만 구해도 정답을 골라낼 수 있다.

02. 답 ④

일괄구입대금	1,000,000
취득세 등	100,000
건물 철거비용	50,000
철거로 인한 폐자재 수입	(40,000)
영구적 공사비	100,000
	1,210,000

기존 건물을 철거하고 신축하기 위해서 토지와 건물을 일괄취득한 경우 철거될 건물에는 취득원가를 배부하지 않고, 전부 토지의 취득원가로 본다. 자산의 공정가치가 제시되더라도 공정가치 비율로 안분하지 않도록 주의하자.

건설 시작 전에 건설용지를 사용하여 발생한 손익은 취득원가에 가산하지 않는다.

03. 답 ②

(1) 건물의 취득원가: 1,000,000*500,000/(500,000+750,000)=400,000

  – 토지와 건물을 일괄취득한 후, 계속 사용하였으므로 취득 시점의 공정가치 비율대로 안분한다.

(2) X3.1.1 처분손실=건물의 X3.1.1 장부금액=400,000-(400,000-100,000)*2/5=280,000

  – 사용하던 건물을 철거하는 경우 처분손실은 '건물의 처분 시점 장부금액+철거비용'이나 철거비용이 발생하지 않았으므로 건물의 처분 시점 장부금액이 처분손실이 된다.

Day 7. 감가상각

패턴 21 감가상각비

이 패턴의 출제 경향

감가상각은 대부분 계산문제로 출제되지만, 가끔씩 말문제로도 출제된다. 다음은 그동안 나왔던 말문제 선지 가운데 자주 출제되었던 선지들을 모은 것이다. 이 정도는 꼭 기억하자.

1 감가상각 말문제 출제사항

(1) 감가상각은 취득원가의 배분 과정이다. (회계상 **감가상각은 실제 가치 변동과 무관**)

(2) 유형자산의 감가상각비는 다른 자산의 장부금액에 포함되는 경우가 아니라면 **당기손익**으로 인식

(3) 유형자산을 구성하는 일부가 전체에 비해 유의적이라면, 그 부분은 별도로 구분하여 감가상각

> **예** 항공기의 엔진-항공기에서 엔진만 따로 상각 가능

(4) 감가상각은 자산이 **사용가능한 때부터** 시작

(5) 자산이 운휴(작동 X) 중이거나 적극적인 사용상태가 아니어도 감가상각이 완전히 이루어지기 전까지는 **감가상각 중단 X**

(6) 감가상각방법은 해당 자산에 내재되어 있는 **미래경제적효익의 예상 소비형태**를 가장 잘 반영하는 방법에 따라 선택

2 감가상각방법 ★중요!

정액법, 연수합계법	(취득원가-잔존가치)×상각률
정률법, 이중체감법	미상각잔액×상각률

(1) 정액법 : (취득원가-잔존가치) ÷ 내용연수

(2) 연수합계법 : (취득원가-잔존가치)×내용연수를 역수로 표시한 당년도 수 ÷ 내용연수 합계

김수석의 꿀팁   내용연수가 4년인 경우 상각률의 분모 : 10 (= 4 + 3 + 2 + 1)

상각방법이 연수합계법으로 출제되는 경우 계산의 편의를 위해 대부분 내용연수가 4년으로 출제된다. 이 때 상각률의 분모가 10이라는 것을 반드시 기억하자.

(3) 정률법 : (취득원가-기초 감가상각누계액)×감가상각률

(4) 이중체감법 : (취득원가-기초 감가상각누계액)×2/내용연수

이 패턴의 핵심 Key   특정 시점(X3말)의 장부금액을 빠르게 구하기

(1) 정액법, 연수합계법 : 감누→BV 순

(2) 정률법, 이중체감법 : BV→감누 순

	X3말 감누	X3말 장부금액
1. 정액법	①(취득원가-잔존가치)×3/n	②취득원가 -X3말 감가상각누계액
2. 연수합계법 (n = 4 가정 시)	①(취득원가-잔존가치)×(4 + 3 + 2)/10	
3. 정률법, 이중체감법	②취득원가-X3말 장부금액	①취득원가×$(1-상각률)^3$

21. 연습문제
Practice Questions

01 ㈜한국은 2010년 1월 1일에 기계장치를 ₩5,000,000에 매입하였다. 기계장치의 잔존가치는 ₩500,000이고, 내용연수는 5년이다. 매년 12월 31일에 감가상각을 실시하며, 2012년 12월 31일에 해당 기계를 ₩2,000,000에 매각했다. 해당 기계를 연수합계법으로 감가상각할 때, 매각시 인식할 유형자산처분손익은?

2012. 관세직 9급

① 유형자산처분이익 ₩500,000
② 유형자산처분이익 ₩600,000
③ 유형자산처분손실 ₩500,000
④ 유형자산처분손실 ₩600,000

02 ㈜대한과 ㈜한국은 2010년 1월 1일에 각각 동일한 기계를 ₩100,000에 취득하였다. 두 회사 모두 기계의 내용연수는 4년이고, 잔존가치는 ₩10,000으로 추정한다. 이 기계의 감가상각을 위하여 ㈜대한은 상각률 40%의 정률법을 적용하고, ㈜한국은 연수합계법을 적용한다면, 두 회사의 2011년 12월 31일 재무상태표에 보고되는 이 기계에 대한 감가상각누계액의 차이는?

2012. 지방직 9급

① ₩1,000
② ₩4,000
③ ₩5,400
④ ₩6,000

해 설

01. 답 ②
09 5,000,000 n = 5, s = 500,000 연수합계법
　　↓ 3,600,000 = (5,000,000−500,000) × 12/15
12 **1,400,000**

처분손익 : 2,000,000−1,400,000 = 600,000 이익
취득한 10년 초부터 처분한 12년 말까지 3개년을 상각해야 된다. 내용연수가 5년이므로 상각률의 분모는 '5×6/2 = 15'이고, 분자는 '5 + 4 + 3 = 12'이다.

02. 답 ①
(1) ㈜대한 (정률법)
　　11년 말 장부금액 : 100,000 × (1 − 40%)^2 = 36,000
　　11년 말 감가상각누계액 : 100,000 − 36,000 = 64,000

(2) ㈜한국 (연수합계법)
　　11년 말 감가상각누계액 : (100,000 − 10,000) × (4 + 3)/(4 + 3 + 2 + 1) = 63,000

(3) 감가상각누계액의 차이 : 64,000 − 63,000 = 1,000

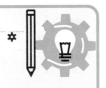

패턴 22 기중 취득 및 기중 처분

이 패턴의 핵심 Key 상각자산의 취득 및 처분 시점을 항상 확인할 것!

모든 자산의 취득, 처분이 1월 1일이나 12월 31일에 이루어지는 것이 아니므로 취득 및 처분 시점을 항상 확인해야 한다. 각 상각방법에 따른 처리 방법은 다음과 같다.

일반 사항 (정액법)	취득한 해, 처분한 해에는 보유 기간만큼 월할 상각
정률법 및 이중체감법	기본식(**기초 미상각잔액×상각률**)으로 상각
연수합계법	얘만 연도가 걸쳐 있으면 나눠서 계산

(1) 일반 사항 (정액법)

정액법은 매년 상각비가 동일하므로 취득, 처분하는 해만 월할 상각 해주면 된다.

(2) 정률법 및 이중체감법

정률법 및 이중체감법은 취득한 해에만 보유 기간만큼 월할 상각한 뒤, 다음 해부터는 기본식으로 상각하면 된다. 왜 이게 가능한지는 파워 회계학을 참고하자. 사례를 들어 자세히 서술해놓았으니 참고하자. 기중 취득 혹은 기중 처분은 정률법이나 이중체감법으로 출제될 가능성이 높지 않으니 넘어가도 괜찮다.

(3) 연수합계법

연수합계법은 상각률이 '4/10, 3/10, …'의 방식으로 매년 달라진다. 기중 취득으로 인해 연도가 걸쳐져 있는 경우 상각률을 보유 기간에 따라 월할 상각해야 한다. 가령, X1.10.1에 취득했다면, 상각률이 4/10인 기간은 X1년에 3달, X2년에 9달 걸쳐져 있다. 그 이후에 상각률이 3/10인 기간은 X2년에 3달, X3년에 9달 걸쳐져 있다.

상각률	4/10	3/10
X1년	3달	
X2년	9달	3달
X3년		9달

따라서 X2년도 감가상각비는 '(취득원가−잔존가치)×(4/10×9/12 + 3/10×3/12)'의 방식으로 계산된다.

22. 연습문제
Practice Questions

01 ㈜대한은 2010년 7월 1일에 취득원가 ₩650,000, 잔존가치 ₩50,000의 기계장치를 취득한 후 사용해오고 있다. 이 기계장치의 내용연수가 3년이고, 기계장치에 대한 감가상각방법으로 정액법을 사용한다고 할 때, 2011년 말 재무상태표에 보고되어야 할 이 기계장치의 장부금액은? 2011. 지방직 9급

① ₩300,000   ② ₩350,000

③ ₩400,000   ④ ₩450,000

02 ㈜한국은 20X1년 10월 1일에 기계장치를 ₩1,200,000(내용연수 4년, 잔존가치 ₩200,000)에 취득하고 연수합계법을 적용하여 감가상각하고 있다. 20X2년 말 포괄손익계산서와 재무상태표에 보고할 감가상각비와 감가상각누계액은? (단, 감가상각비는 월할 계산한다) 2018. 국가직 9급

① 감가상각비 ₩375,000   감가상각누계액 ₩475,000

② 감가상각비 ₩375,000   감가상각누계액 ₩570,000

③ 감가상각비 ₩450,000   감가상각누계액 ₩475,000

④ 감가상각비 ₩450,000   감가상각누계액 ₩570,000

해 설 ▶

01. 답 ②
10년도 상각비 : (650,000−50,000) × 1/3 × 6/12 = 100,000
11년도 상각비 : (650,000−50,000) × 1/3 = 200,000
11년 말 감가상각누계액 : 100,000 + 200,000 = 300,000
11년 말 장부금액 : 650,000−300,000 = 350,000

별해

10년 7월 1일에 취득하므로 월할 상각해야 함에 주의한다. 정액법이므로 다음과 같이 11년 말 감가상각누계액을 빠르게 구할 수도 있다.
11년 말 감가상각누계액 : (650,000−50,000) × 1.5/3 = 300,000
3년 중에 1.5년이 지났으므로 상각률을 1.5/3으로 한 번에 곱할 수도 있다.

02. 답 ①
감가상각비 : (1,200,000−200,000) × (4/10 × 9/12 + 3/10 × 3/12) = 375,000
감가상각누계액 : (1,200,000−200,000) × (4/10 + 3/10 × 3/12) = 475,000
계산식이 복잡해 계산기 없이 푸는 것이 까다로웠던 문제이다. 감가상각비는 X2년도 분만 계상하는 것에 비해, 감가상각누계액은 X1년도 분부터 누적으로 계상하는 것에 유의한다.
참고로, X1년도 감가상각비는 100,000인데, X2년도 감가상각비와 감누가 100,000 차이나는 것이 1번밖에 없다.

23 감가상각의 변경 ★중요!

1 감가상각의 변경 말문제

(1) 감가상각의 변경은 회계**추정**의 변경 (전진법)
(2) 잔존가치, 내용연수, 감가상각방법은 적어도 **매 회계연도 말**에 재검토해야 함

2 계산문제

(1) 자본적 지출 vs 수익적 지출

구분	처리 방법	키워드
자본적 지출	장부금액에 가산	'생산능력 증대', '대규모'
수익적 지출	당기비용 처리	'일상적인 수선 및 유지'

• 자본적 지출이 발생하는 경우 장부금액에 가산하고, 그 가산된 금액을 기준으로 감가상각
• 문제에 일상적이라는 언급이 있을 때만 수익적 지출로 보고, 언급이 없다면 **자본적 지출**로 보자!

(2) 상각 방법 변경

'남은 금액을, 남은 기간동안' 새로운 상각 방법으로 상각

▼주의 **뭐라도 바뀌면 n, s 확인!**

(1) n(내용연수) : '잔여'내용연수 확인!
   내용연수가 바뀌는 경우, 이미 지나간 기간은 차감한 **수정된 '잔여'내용연수**로 상각한다.
   내용연수가 바뀌지 않더라도, 이미 지나간 기간으로 인해 상각률이 바뀌니 주의하자.
(2) s(잔존가치) : 0이 아닌지 항상 확인!
   대부분의 문제에서는 잔존가치를 0으로 제시하지만, 잔존가치가 0이 아닐 수도 있으므로 항상 주의하자.

▼주의 **감가상각요소 변경 시 연수합계법을 적용하는 경우 상각률**

: '남은 기간을 대상으로 변경 시점이 X1초인 것처럼' 상각
연수합계법의 상각률은 '4/10, 3/10, …'의 방식으로 줄어든다. 기존에 연수합계법을 적용하다가 감가상각요소가 변경할 수도 있고, 새로이 연수합계법을 적용할 수도 있다. 어느 상황이든 무언가가 바뀌면 지나간 것은 무시하고 남은 기간만을 대상으로 상각률을 구하자. 잔여내용연수가 3년이면 3/6, 4년이면 4/10과 같이 말이다. **잔여내용연수만 보고 변경 시점이 상각 첫해라고 생각하면 된다.**

01 ㈜한국은 20X1년 1월 1일에 기계장치를 ₩450,000에 취득하면서 운송비와 설치비로 ₩50,000을 지출하였다. 이 기계장치는 내용연수 5년, 잔존가치 ₩0으로 정액법을 적용하여 감가상각하고 있다. 20X3년 1월 1일 사용 중이던 동 기계장치의 생산능력을 높이고 사용기간을 연장하기 위해 ₩100,000을 지출하였으며, 일상적인 수선을 위해 ₩5,000을 지출하였다. 지출의 결과로 기계장치의 내용연수는 5년에서 7년으로 연장되었으며 잔존가치는 ₩50,000으로 변경되었다. ㈜한국이 20X3년도에 인식해야 할 감가상각비는?(단, 원가모형을 적용하며 손상차손은 없다) 2019. 국가직 9급

① ₩50,000　　　　② ₩60,000　　　　③ ₩70,000　　　　④ ₩80,000

02 다음은 ㈜한국의 기계장치와 관련된 자료이다. 2013년도 감가상각비는? 2013. 지방직 9급

> ㈜한국은 2011년 1월 1일에 기계장치를 ₩100,000(내용연수 4년, 잔존가액 ₩20,000)에 취득하여 정액법으로 상각하였다. 2013년 1월 1일에 이 기계에 부속장치를 설치하기 위하여 ₩40,000을 추가 지출하였으며, 이로 인하여 기계의 잔존 내용연수가 2년 증가하였고 2013년도부터 연수합계법을 적용하기로 하였다. (단, 감가상각방법 변경은 전진법으로 회계처리한다)

① ₩20,000　　　　② ₩24,000　　　　③ ₩28,000　　　　④ ₩32,000

해 설

01. 답 ③
X0　500,000 n = 5, s = 0
X1　↓　(200,000) = (500,000−0) × 2/5
X2　300,000
　　400,000 n = 7 − 2 = 5, s = 50,000

X1초 운송비와 설치비는 취득부대비용이므로 취득원가에 가산한다. X3초 사용기간을 연장하기 위한 지출은 자본적 지출로 취득원가에 가산하지만, 일상적인 수선은 당기비용 처리한다.
X3년도 감가상각비 : (400,000 − 50,000)/5 = 70,000
내용연수가 5년에서 7년으로 연장되었는데, 7로 나누는 것이 아니라, 경과연수 2년을 고려하여 5로 나눈다는 것에 주의한다. 출제자는 7로 나누었을 때 계산되는 50,000도 ①번에 함정으로 끼워 놓았다.

02. 답 ④
10　100,000 n = 4, s = 20,000
11　↓　(40,000)
12　60,000
　　100,000 n = 2 + 2 = 4, s = 20,000

13년도 감가상각비 : (100,000 − 20,000) × 4/10 = 32,000
연수합계법으로 감가상각방법을 변경하는 경우 잔존내용연수를 기준으로 '올해가 1기인 것처럼' 상각률을 다시 구한다.(4/10)

패턴 24 원가모형 손상차손 ★중요!

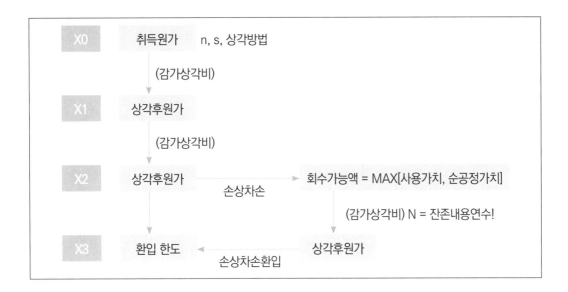

Step 1. 1차 상각 : 문제에 제시된 방법으로 감가상각한다.

문제에 제시된 감가상각 요소에 따라 손상징후 발생 or 회수가능액 제시 시점까지 상각

Step 2. 손상 : 무조건 큰 거!

회수가능가액 = MAX[사용가치, 순공정가치]

① 숫자 하나만 제시하면 : 그 금액

② 숫자 두 개를 제시하면 : 한글 읽을 필요 없이 무조건 큰 금액!

　회수가능가액 〉 상각 후 원가: 손상차손 X 심화

Step 3. 2차 상각 : 잔존내용연수, 잔존가치 주의!

(1) 잔존내용연수

다시 상각을 시작할 때 정액법이라 하더라도, '잔존내용연수'를 이용하기 때문에 상각률이 달라진다.

지나간 기간은 차감하고 상각률을 다시 구하자.

(2) 잔존가치

대부분의 문제에서는 잔존가치를 0으로 제시하지만, 0이 아닐수도 있으니 잔존가치도 항상 주의하자.

Step 4. 손상차손환입 : 한도 주의! ★중요!

> **손상차손환입 한도 = 손상을 인식하지 않았을 경우의 장부금액**
> = 손상 인식 이전 금액에서 한 번 더 상각한 금액

기준서 상 손상차손환입 한도는 '손상을 인식하지 않았을 경우의 장부금액'이다. 이를 구하기 위해서는 손상차손을 인식하기 전 장부금액에서 한 번 더 상각한 금액을 구하면 된다. 풀이법에서 X2 장부금액에서 X3년까지 한 번 더 상각한 금액이 손상차손환입 한도이다.

참고 손상차손 회계처리

손상 : (차) 손상차손   XXX   (대) 손상차손누계액   XXX
환입 : (차) 손상차손누계액   XXX   (대) 손상차손환입   XXX

김수석의 꿀팁 **원가모형 손상차손 문제의 환입 후 장부금액**

손상차손과 환입이 발생하지 않았다고 생각하고 바로 해당 연도의 장부금액을 구할 것!

문제에서 환입 후 장부금액을 묻는 경우가 있다. 이때는 손상차손과 환입이 발생하지 않았다고 생각하고 바로 해당 연도의 장부금액을 구하자. 어차피 환입 후 장부금액은 손상차손환입 한도일 것이다.

01 ㈜한국은 2012년 1월 1일에 기계장치(내용연수는 5년, 잔존가치는 없음)를 ₩100,000에 취득하였다. ㈜한국은 당해 기계장치에 대하여 원가모형을 적용하고 있으며, 감가상각방법으로 정액법을 사용한다. 2012년 말 동 기계장치의 회수가능액이 ₩40,000으로 하락하여 손상차손을 인식하였다. 그러나 2013년 말 동 기계장치의 회수가능액이 ₩70,000으로 회복되었다. 2013년 말에 인식할 손상차손환입액은?

2014. 국가직 7급

① ₩20,000　　　　② ₩30,000　　　　③ ₩40,000　　　　④ ₩50,000

02 다음은 20X1년 12월 31일 현재 기계(취득 20X1년 1월 1일, 내용연수 10년, 잔존가치 없음, 정액법 상각) 관련 부분재무상태표이다. 20X2년 12월 31일의 기계의 회수가능액이 ₩420억인 경우에 다음 중 옳지 않은 것은? (단, 언급된 기계는 원가모형을 적용하여 회계처리한다고 가정한다.)

2015. 서울시 9급

기계	₩500억	
감가상각누계액	(₩50억)	
손상차손누계액	(₩90억)	₩360억

① 20X2년 말의 기계 장부금액은 ₩420억이다.

② 20X2년의 감가상각비는 ₩40억이다.

③ 20X2년 말 현재 손상차손을 인식하지 않았다고 가정했을 경우, 기계의 장부금액은 ₩400억이다.

④ 20X2년에는 손상차손 환입으로 ₩80억을 계상해야 한다.

해 설

01. 답 ②
11 100,000 n = 5, s = 0, 정액법
　　↓ (20,000) = (100,000 − 0) × 1/5
12 80,000　→　40,000 n = 5 − 1 = 4
　　↓ 손상 (40,000)　↓ (10,000) = (40,000 − 0) × 1/4
13 60,000(한도)　←　30,000
　　환입 30,000

02. 답 ①
X0 500 n = 10, s = 0, 정액법
　　↓ (50) = (500−0)/10
X1 450　→　360 n = 9, s = 0
　　↓　　↓ (40) = (360−0)/9
X2 **400**　←　320

X2년 말 장부금액은 400억이다. ③번에서 언급한 '손상차손을 인식하지 않았다고 가정했을 경우 장부금액'이 원가모형 적용 시 손상차손환입 한도를 의미한다.

패턴 25 재평가모형-토지

1 재평가모형 계정과목

	OCI(기타포괄손익)	PL(당기손익)
평가이익	재평가잉여금	재평가이익
평가손실		재평가손실

2 재평가논리 : "올라가면 OCI, 내려가면 PL, 상대방 것이 있다면 제거 후 초과분만 인식"

1차 평가	2차 평가	
이익	이익	OCI
(OCI)	손실	OCI 제거 후, 초과분 PL
손실	이익	PL 제거 후, 초과분 OCI
(PL)	손실	PL

이 패턴의 핵심 Key 재평가모형-토지 : 상각 없이 매년 평가만

1,100,000 ▶ 1,300,000 ▶ 500,000

⊕ 200,000　　　⊖ 200,000

　　　　　　　(−) 600,000

⊕ : OCI 증가
⊖ : OCI 감소
(−) : PL 감소

이 패턴의 출제 경향

공무원 회계학에서는 재평가모형을 대부분 토지로 출제한다. 상각할 필요 없이 재평가만 적용하면 되기 때문이다. 상각할 필요가 없으므로 상각자산과 달리 아래로 뻗을 필요 없이, 오른쪽으로만 화살표를 뻗으며 공정가치 평가만 수행해주면 된다.

3 재평가모형 적용 시 유형자산의 처분손익

유형자산처분손익(PL) = 처분가액−장부금액 (재평가잉여금은 재분류조정 대상 X)

감누	감누	유형자산	취득원가
현금	처분가액		
처분 손익 = 처분가액−장부금액			
(재평가잉여금	XXX	이익잉여금	XXX)

김수석의 Why '유형자산처분손익(PL) = 처분가액−장부금액'인 이유 : 재평가잉여금은 재분류조정 X

유형자산처분손익이 처분가액에서 장부금액을 차감해서 계산되는 이유는 재평가잉여금이 재분류조정 대상이 아니기 때문이다. 단, 재평가잉여금의 이익잉여금 직접 대체는 가능하다.

25. 연습문제
Practice Questions

01 ㈜서울은 토지를 취득한 후 재평가모형에 의하여 토지에 대한 회계처리를 한다. 토지의 취득원가와 각 회기 말 토지의 공정가치는 〈보기〉와 같다. 토지의 재평가와 관련하여 ㈜서울이 20X3년에 인식할 당기손실과 총포괄손실은? (단, 법인세 효과는 고려하지 않는다.)　2018. 서울시 7급

보기

구분	취득원가	각 회계기간 말 공정가치		
	20X1년 초	20X1년 말	20X2년 말	20X3년 말
토지	₩2,500	₩3,000	₩2,700	₩2,300

① 당기손실 ₩400　　　총포괄손실 ₩0
② 당기손실 ₩300　　　총포괄손실 ₩100
③ 당기손실 ₩300　　　총포괄손실 ₩400
④ 당기손실 ₩200　　　총포괄손실 ₩400

02 ㈜한국은 20X1년 초에 토지를 ₩500에 취득하였으며, 매 보고기간마다 재평가모형을 적용하기로 하였다. 20X1년 말 이 토지의 공정가치는 ₩550이었으며, ㈜한국은 20X2년 중 이 토지 전부를 ₩560에 처분하였다. 이 토지의 회계처리에 대한 다음 설명 중 옳은 것은?　2014. 계리사

① 20X1년 말 토지 재평가시 재평가잉여금 ₩50을 당기손익으로 인식한다.
② 20X1년 말 토지 재평가시 20X1년도 총포괄손익의 변동은 없다.
③ 20x2년 중 토지 처분시 유형자산처분이익 ₩10을 당기손익으로 인식한다.
④ 20x2년 중 토지 처분시 20X1년 말 인식한 재평가잉여금 ₩50을 제거한다.

해 설

01. 답 ④

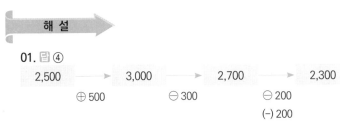

PL : (−)200, OCI : (−)200
→ 총포괄손실 400

02. 답 ③

```
500  ────→  550
     ⊕50
```

① 재평가잉여금은 OCI로 인식한다.　　② 재평가 시 총포괄손익은 50 증가한다.
④ 재평가잉여금은 재분류조정되지 않는다. 이잉으로 직접 대체는 '가능'하다. '제거할 수 있다.'로 수정해야 한다.

패턴 26 교환 ★중요!

이 패턴의 출제 경향

교환 문제에서는 **신 자산의 취득원가**, 혹은 **처분손익**을 주로 묻는다. 그림 풀이법과 회계처리 가운데 편한 방법을 골라서 풀자.

1 상업적 실질이 있는 경우

	현금 지급 시	현금 수령 시
상황	나 → (1. 구자산 FV) → 너 나 ← (2. 현금 지급액) ← 너 3. 신 자산 취득원가	나 → (1. 구자산 FV) → 너 나 ← (2. 현금 수취액) 3. 신 자산 취득원가
처분손익	구 자산 공정가치(FV) − 구 자산 장부금액(BV)	
신 자산의 취득원가	구 자산 FV + 현금 지급액	구 자산 FV − 현금 수취액

2 상업적 실질이 결여 되었거나, 공정가치를 신뢰성 있게 측정할 수 없는 경우

	현금 지급 시	현금 수령 시
상황	나 → (1. 구자산 BV) → 너 나 → (2. 현금 지급액) → 너 3. 신 자산 취득원가	나 → (1. 구자산 BV) → 너 나 ← (2. 현금 수취액) 3. 신 자산 취득원가
처분손익	0	
신 자산의 취득원가	구 자산 BV + 현금 지급액	구 자산 BV − 현금 수취액

김수석의 핵심콕 교환 요약

	1. 상업적 실질이 있는 경우	2. 상업적 실질이 결여된 경우
(1) 처분손익	구자산 FV−구자산 BV	0
(2) 신자산의 취득원가	구자산 FV±현금 수수액	구자산 BV±현금 수수액

3 FV의 신뢰성에 따른 교환 문제 풀이 순서 심화

FV의 신뢰성	문제에서 쓰는 값	직접 구하는 값
구 자산 〉 신 자산	구 자산의 FV 사용하여	신 자산의 FV를 구하기
구 자산 = 신 자산		
구 자산 〈 신 자산	신 자산의 FV 사용하여	구 자산의 FV를 구하기

문제에서 더 신뢰성이 있다고 한 자산은 자료에 제시한 FV를 그대로 갖다 쓰고, 현금 수수액을 반영하여 나머지 자산의 FV를 다시 구하면 된다. **두 자산의 공정가치가 '모두 명백'하거나, 신뢰성에 대한 언급이 없는 경우에는 구 자산의 FV가 더 신뢰성 있다**고 생각하고 문제를 풀자.

01 2014년 1월 1일 ㈜한국은 당사의 기계장치 X를 ㈜민국의 기계장치 Y와 교환하고, ㈜한국은 ㈜민국으로부터 현금 ₩100,000을 수령하였다. 각 회사의 기계장치의 장부가액과 공정가치에 대한 정보는 다음과 같다.

구분	기계장치 X	기계장치 Y
장부가액	₩400,000	₩300,000
공정가치	₩700,000	₩600,000

기계장치 X와 기계장치 Y의 교환거래가 상업적 실질이 있는 경우와 상업적 실질이 없는 경우 각각에 대하여 ㈜한국이 교환으로 취득한 기계장치 Y의 취득원가를 계산하면?   2015. 국가직 9급

	상업적 실질이 있는 경우	상업적 실질이 없는 경우
①	₩300,000	₩600,000
②	₩500,000	₩200,000
③	₩600,000	₩300,000
④	₩700,000	₩400,000

02 ㈜한국과 ㈜대한은 기계장치를 교환하였으며, 동 교환과 관련하여 ㈜한국은 ㈜대한으로부터 ₩300,000을 수령하였다. ㈜한국이 보유한 기계장치의 공정가치가 ㈜대한이 보유한 기계장치의 공정가치보다 더 명백한 경우, 동 교환과 관련하여 두 회사가 인식할 처분손익은? (단, 동 거래는 상업적 실질이 존재한다.)   2018. 계리사

구분	㈜한국		㈜대한	
	장부금액	공정가치	장부금액	공정가치
기계장치	₩6,000,000	₩5,400,000	₩5,000,000	₩5,500,000

	㈜한국		㈜대한	
①	이익	₩100,000	손실	₩600,000
②	이익	₩600,000	손실	₩100,000
③	손실	₩100,000	이익	₩600,000
④	손실	₩600,000	이익	₩100,000

26 · 연습문제
Practice Questions

01. 답 ③

1. 상업적 실질이 있는 경우

현금	②100,000	기계장치(X)	①400,000
		유형자산 처분이익	③300,000
기계장치(Y)	④**600,000**		

처분이익 = 700,000(FV)−400,000(BV) = 300,000

2. 상업적 실질이 결여된 경우

현금	②100,000	기계장치(X)	①400,000
		유형자산 처분이익	③0
기계장치(Y)	④**300,000**		

처분이익 = 0 (상업적 실질 결여)

26 · 연습문제
Practice Questions

해 설

02. 답 ④

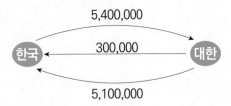

㈜한국이 보유한 기계장치의 공정가치가 더 명백하므로 ㈜한국의 공정가치는 문제에서 제시한 금액을 갖다 쓰고, ㈜대한은 공정가치를 다시 계산해야 한다.

㈜대한의 FV : 5,400,000−300,000 = 5,100,000

처분손익 = FV−BV
(1) 한국 : 5,400,000−6,000,000 = (−)600,000 손실
(2) 대한 : 5,100,000−5,000,000 = 100,000 이익

참고 회계처리

㈜한국

		기계장치(구)	①6,000,000
현금	②300,000		
유형자산			
처분손실	③**600,000**		
기계장치(신)	④5,100,000		

㈜대한

		기계장치(구)	①5,000,000
		현금	②300,000
		유형자산	
		처분이익	③**100,000**
기계장치(신)	④5,400,000		

패턴 27 정부보조금 (심화)

	원가차감법				이연수익법			
자산 취득 시	유형자산	총 취득원가	현금	XXX	유형자산	총 취득원가	현금	XXX
			정부보조금 (유형자산)	보조금			정부보조금 (이연수익)	보조금
매기말	감가비	총 감가비	감누	총 감가비	감가비	총 감가비	감누	총 감가비
	정부보조금	보조금 환입액	**감가상각비**	보조금 환입액	정부보조금	보조금 환입액	**기타수익**	보조금 환입액
자산 처분 시	현금	처분가액	유형자산	총 취득원가	현금	처분가액	유형자산	총 취득원가
	감누	누적 감가비			감누	누적 감가비		
	정부보조금 (유형자산)	보조금 잔액			정부보조금 (이연수익)	보조금 잔액		
	처분손익 XXX (방법 무관)				처분손익 XXX (방법 무관)			

1 정부보조금 환입액

$$정부보조금\ 환입액 = 정부보조금 \times 정부보조금\ 환입률$$
$$= 정부보조금 \times 감가상각비\ /\ (취득원가 - 잔존가치)$$

2 정부보조금 요약

	원가차감법	이연수익법
정부보조금 처리 방법	자산의 차감 → 감가비와 상계	부채 → 수익
장부금액	취득원가 – 감누 – **보조금 잔액**	취득원가 – 감누
감가상각비	감가상각비 – **보조금 환입액**	감가상각비
유형자산처분손익	처분가액 – (취득원가 – 감누 – 보조금 잔액)	

장부금액과 감가상각비는 회계처리 방법에 따라 달라지지만, **처분손익은 어느 방법을 적용하더라도 같게 계산된다.**

김수석의 꿀팁 **원가차감법을 적용하고, 정액법이나 연수합계법으로 상각 시 간편법**

정부보조금을 차감한 금액을 취득원가로 볼 것! ★중요!

$$취득원가\ 순액\ =\ 취득원가\ 총액\ -\ 정부보조금$$

정부보조금 문제는 주로 원가차감법을 적용하고, 정액법이나 연수합계법으로 상각하는 경우로 출제된다. 이 경우 **취득원가 총액에서 정부보조금을 차감한 금액을 취득원가로 보고** 감가상각비, 장부금액 등 **문제의 요구사항을 구하면 된다.**

가령, 유형자산을 100원에 취득 시 10원의 보조금을 받았다면 취득원가를 90원으로 보고 감가상각비, 장부금액, 처분손익을 구하면 된다.

27. 연습문제
Practice Questions

01 20×1년 7월 1일 ㈜한국은 취득원가 ₩1,000,000의 설비자산을 취득하고, 내용연수와 잔존가치를 각각 4년과 ₩200,000으로 추정하고 감가상각방법은 연수합계법(월할상각)을 적용한다. 동 자산의 취득과 관련하여 20×1년 7월 1일 정부로부터 보조금 ₩200,000을 수령하여 전액 설비자산의 취득에만 사용하였다. 동 자산과 관련하여 20×2년도에 인식할 당기손익은? 2015. CTA

① ₩140,000 이익　　　　　　　　② ₩160,000 이익

③ ₩180,000 손실　　　　　　　　④ ₩210,000 손실

⑤ ₩280,000 손실

02 ㈜ABC는 방위산업 회사로서 20×1년 6월 30일 방위산업설비에 필요한 기계장치를 ₩500,000에 취득하면서 정부로부터 ₩50,000을 현금으로 보조 받았다. 정부보조금은 기계장치를 1년 이상 사용한다면 정부에 상환할 의무가 없다. 취득한 기계장치의 추정내용연수는 10년이고 추정잔존가치는 없으며, 감가상각은 정액법을 사용한다. ㈜ABC는 기계장치를 취득한 후 만 3년 후인 20×4년 7월 1일에 동 기계장치를 ₩300,000에 처분하였다. 기계장치의 처분과 관련하여 유형자산처분손익은 얼마인가? 단, 기계장치의 장부금액을 결정할 때 취득원가에서 정부보조금을 차감하는 원가차감법을 사용한다. 2014. CPA

① 처분손실 ₩ 10,000　　　　　　② 처분이익 ₩ 10,000

③ 처분손실 ₩ 15,000　　　　　　④ 처분이익 ₩ 15,000

⑤ 처분손실 ₩ 20,000

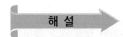 해 설

01. 답 ④

X2년도 당기손익 : 정부보조금 환입액 − 감가상각비 = 70,000 − 280,000 = **(−)210,000 손실**

− X2년도 감가상각비 : $(1,000,000 − 200,000) \times (4/10 \times 6/12 + 3/10 \times 6/12) = 280,000$

− X2년도 정부보조금 환입액 : $200,000 \times 280,000/(1,000,000 − 200,000) = 70,000$

빠른 풀이법 〉

취득원가 순액 : $1,000,000 − 200,000 = 800,000$

x2년도 감가상각비 : $(800,000 − 200,000) \times (4/10 \times 6/12 + 3/10 \times 6/12) = \textbf{210,000}$

| 회계처리 |

X1.7.1	유형자산	1,000,000	현금	800,000
			정부보조금	200,000
X1.12.31	감가비	160,000	감누	160,000
	정부보조금	40,000	감가상각비 or 기타수익	40,000
X2.12.31	감가비	**280,000**	감누	280,000
	정부보조금	70,000	감가상각비 or 기타수익	**70,000**

문제에서 정부보조금의 회계처리 방법을 제시하지 않았다. 하지만 어느 방법을 적용하든 정부보조금 환입액은 당기손익을 증가시킨다.

02. 답 ③

x4.7.1 감가상각누계액 : $(500,000 − 0) \times 3/10 = 150,000$

x4.7.1까지 정부보조금 환입액의 누적액 : $50,000 \times 150,000/(500,000 − 0) = 15,000$

x4.7.1 정부보조금 잔액 : $50,000 − 15,000 = 35,000$

x4.7.1 장부금액 : $500,000 − 150,000 − 35,000 = 315,000$

유형자산처분손익 : $300,000 − 315,000 = \textbf{(−)15,000 손실}$

빠른 풀이법 〉

취득원가 순액: $500,000 − 50,000 = 450,000$

x4.7.1 장부금액: $450,000 − (450,000 − 0) \times 3/10 = 315,000$

유형자산처분손익: $300,000 − 315,000 = \textbf{(−)15,000 손실}$

연습문제
Practice Questions

회계처리				
X1.6.30	기계장치	500,000	현금	450,000
			정부보조금	50,000
X1.6.30 ~ X4.6.30	감가비	150,000	감누	150,000
	정부보조금	15,000	감가상각비	15,000
X2.12.31	현금	300,000	기계장치	500,000
	감누	150,000		
	정부보조금	35,000		
	처분손실	**15,000**		

Day 9. 무형자산 및 자본

패턴 28 연구단계 vs 개발단계 ★중요!

1 연구단계 : 비용, 개발단계 : '조건부' 자산

	연구단계	개발단계	
─초반	비용	조건부 자산	후반─

▼주의 **개발단계는 '조건부' 자산임!**

개발단계에서 발생한 지출은 '자산 인식요건을 충족한 경우에 한해' 자산으로 처리한다. '개발단계에서 발생한 지출은 자산으로 인식한다.'라고 한다면 틀린 선지이니 주의하자.

김수석의 꿀팁 **연구개발비로 암기!**

연구단계에서 발생한 지출은 비용으로, 개발단계에서 발생한 지출은 자산 인식요건을 충족한 경우에 한해 자산으로 처리한다. 무형자산의 대부분의 문제는 이 한 문장에서 출제된다. 이렇게 회계처리하는 이유는 연구단계가 보다 초기 단계이기 때문이다. '연구단계가 앞, 개발단계가 뒤'라는 것을 외우기 위해서, '**연구개발비**'라고 외우자. 실제로 실무에서 사용하는 비용 계정이다. '개발연구비'라고 하지 않는다.

2 보수주의 규정

(1) 연구단계와 개발단계를 구분할 수 없는 경우에는 모두 **연구단계**로 본다.
(2) 최초에 비용으로 인식한 무형항목에 대한 지출은 **이후에 자산으로 인식할 수 없다.**

③ 연구단계와 개발단계의 사례 `심화`

다음은 연구단계와 개발단계에 해당하는 기준서 사례이다. 무형자산의 대부분의 문제는 '연구단계는 비용, 개발단계는 조건부 자산화'에서 출제되고, 개별 사례들을 묻는 문제는 상대적으로 자주 출제되지는 않는다.

연구단계 : 지식, 여러 가지 대체안	개발단계 : 최종 선정안, 시제품, 시험공장
• 새로운 **지식**을 얻고자 하는 활동 • 연구결과나 기타 **지식**을 탐색, 평가, 최종 선택, 응용하는 활동 • **여러 가지 대체안** 탐색하는 활동 • **여러 가지 대체안**을 최종 선택하는 활동	• **최종 선정안**을 설계, 제작, 시험하는 활동 • **공구, 지그, 주형, 금형** 등을 설계하는 활동 • **시제품**과 모형을 설계, 제작, 시험하는 활동 • 경제적 규모가 아닌 **시험공장**을 설계, 건설, 가동하는 활동

(1) 지식 → 여러 가지 대체안 (연구) → 최종 선정안 (개발)

(2) 공구, 지그, 주형, 금형 등 : 개발

(3) 시제품, 시험공장 : 개발

28. 연습문제
Practice Questions

01 무형자산의 개발비로 회계처리할 수 있는 활동은? 2013. 지방직 9급

① 새로운 지식을 얻고자 하는 활동

② 생산 전이나 사용 전의 시제품과 모형을 설계, 제작 및 시험하는 활동

③ 재료, 장치, 제품 등에 대한 여러 가지 대체안을 탐구하는 활동

④ 연구 결과 또는 기타 지식을 탐색, 평가, 최종 선택 및 응용하는 활동

02 〈보기〉는 ㈜서울의 연구, 개발과 관련된 자료이다. 〈보기〉와 관련하여 ㈜서울이 당기손익으로 인식할 연구비는? (단, 개발비로 분류되는 지출의 경우 개발비 자산인식요건을 충족한다고 가정한다) 2018. 서울시 7급

• 새로운 지식을 얻고자 하는 활동의 지출	₩10,000
• 새롭거나 개선된 재료 장치, 제품, 공정, 시스템이나 용역에 대한 여러 가지 대체안을 제안, 설계, 평가, 최종 선택하는 활동의 지출	₩10,000
• 생산이나 사용 전의 시제품과 모형을 설계, 제작, 시험하는 활동의 지출	₩10,000
• 상업적 생산 목적으로 실현가능한 경제적 규모가 아닌 시험 공장을 설계, 제작, 시험하는 활동의 지출	₩10,000
• 무형자산을 창출하기 위한 내부 프로젝트를 연구단계와 개발단계로 구분할 수 없는 경우 그 프로젝트에서 발생한 지출	₩10,000

① ₩20,000　　　② ₩30,000　　　③ ₩40,000　　　④ ₩50,000

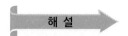

해 설

01. 답 ②
①, ③, ④는 모두 연구단계에 해당하는 지출이다. '지식', '여러 가지 대체안'이 있으므로 연구로 본다.

02. 답 ②

	연구단계	개발단계
새로운 지식	10,000	
여러 가지 대체안	10,000	
시제품과 모형		10,000
경제적 규모가 아닌 시험 공장		10,000
단계를 구분할 수 없는 지출	10,000	
계	**30,000**	20,000

개발비로 분류되는 지출이 전부 자산인식요건을 충족한다고 가정했으므로 연구단계 지출만 전부 비용화된다.

패턴 29 무형자산 말문제

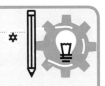

1 무형자산의 인식

(1) 정의 : 물리적 실체는 없지만 식별가능한 비화폐성자산
(2) 원칙 : **원가** 측정
(3) 예외 : 사업결합 시-공정가치 측정

2 무형자산으로 인식하지 않는 항목

(1) **내부창출 영업권**
(2) **내부적으로 창출한 브랜드, 제호, 출판표제, 고객 목록과 이와 실질이 유사한 항목은 무형자산으로 인식하지 않는다.**
(3) 숙련된 종업원

> **김수석의 꿀팁** '내부창출~' : 자산 X! 중요!
>
> 무형자산으로 인식하지 않는 항목은 상당히 자주 출제되었다. 내부창출 영업권, 내부창출 브랜드 등은 모두 무형자산으로 인식하지 않는다. 각 항목이 무엇을 의미하는지는 수험 목적상 중요하지 않다. **'내부창출'이 들어간 항목은 자산으로 인식하지 않는다**고 기억하자. 결론만 기억하면 된다.

3 무형자산의 평가

(1) 원가모형과 **재평가모형** 모두 **적용 가능** (= 유형자산)
(2) 내용연수가 유한한 경우 상각 : 신뢰성 있는 상각방법을 결정할 수 없는 경우 **정액법**, 잔존가치는 특별한 경우를 제외하고는 0으로 본다.
(3) 상각하지 않는 무형자산 : **내용연수가 비한정인 무형자산 ex)영업권**
 • 손상징후와 무관하게 **매년 손상검사 수행**

29. 연습문제
Practice Questions

01 무형자산에 대한 설명으로 옳지 않은 것은? 2012. 지방직 9급 수정

① 프로젝트의 개발단계에서 발생한 지출은 모두 무형자산으로 인식한다.

② 내부적으로 창출한 브랜드와 이와 실질이 유사한 항목은 무형자산으로 인식하지 아니한다.

③ 사업결합으로 취득한 무형자산의 취득원가는 취득일의 공정가치로 평가한다.

④ 무형자산은 물리적 실체는 없지만 식별가능한 비화폐성자산이다.

02 무형자산에 대한 설명으로 가장 옳지 않은 것은? 2019. 서울시 9급 수정

① 내용연수가 비한정인 무형자산은 손상검사를 수행하지 않는다.

② 내부적으로 창출한 영업권은 자산으로 인식하지 아니한다.

③ 무형자산의 회계정책으로 원가모형이나 재평가모형을 선택할 수 있다.

④ 최초에 비용으로 인식한 무형항목에 대한 지출은 그 이후에 무형자산의 원가로 인식할 수 없다.

해설

01. 답 ①
개발단계에서 발생한 지출은 '자산인식요건 충족 시' 무형자산으로 인식한다.
② '내부 창출'이 들어간 항목은 무형자산으로 인식하지 않는다. (O)
③ 무형자산은 원칙적으로 원가로 측정하지만, 사업결합으로 취득하는 무형자산은 공정가치로 측정한다.
④ 무형자산의 올바른 정의이다. (O)

02. 답 ①
내용연수가 비한정인 무형자산은 상각하지 않기 때문에 매년 손상징후와 관계없이 손상검사를 수행해야 한다.
② '내부 창출'이 들어간 항목은 무형자산으로 인식하지 않는다. (O)
③ 유형자산과 마찬가지로, 무형자산도 원가모형이나 재평가모형을 선택할 수 있다. (O)
④ 패턴 31에서 다루었던 내용이다. 보수주의로 인해 최초에 비용으로 인식한 지출은 이후에 자산으로 인식할 수 없다. (O)

패턴 30 자본의 구성요소

1 자본 요소별 세부 계정

자본 요소		세부 계정
자본금		보통주자본금, 우선주자본금
자본잉여금		**주식발행초과금, 자기주식처분이익, 감자차익** 등
자본조정	차감 항목	**주식할인발행차금**, 자기주식, **자기주식처분손실, 감자차손** 등
	가산 항목	미교부주식배당금
기타포괄손익누계액		재평가잉여금, FVOCI금융자산 평가손익, 해외사업환산손익 등
이익잉여금		법정적립금, 임의적립금(~기금, ~적립금), 미처분이익잉여금

김수석의 꿀팁 자본거래 이익은 자본잉여금, 손실은 자본조정

구분	증자	자기주식 처분	감자
이익 : 자본잉여금	주식발행초과금	자기주식처분이익	감자차익
손실 : 자본조정	주식할인발행차금	자기주식처분손실	감자차손

김수석의 꿀팁 처음 본 계정은 이익잉여금! (~기금, ~적립금)

자본 항목으로 '~기금', '~적립금' 등이 제시될 수 있다. 이러한 항목들은 이익잉여금 중 임의적립금에 해당한다. 임의적립금은 회사가 정한 목적에 따라 임의로 적립해 놓은 것이므로 회사마다 명칭이 다르다. 문제에서 처음 보는 '~기금', '~적립금' 등의 계정들이 보이면 이익잉여금으로 분류하자.

30 · 연습문제
Practice Questions

01 자본을 구성하는 다음의 항목들을 기초로 자본잉여금을 구하면 얼마인가? 2015. 서울시 9급

> 이익준비금 ₩5억, 자기주식 ₩2억, 주식발행초과금 ₩5억, 보통주자본금 ₩5억, 우선주자본금 ₩5억, 미처분이익잉여금 ₩1억, 사업확장적립금 ₩2억, 감자차익 ₩3억, 자기주식처분이익 ₩3억, 토지재평가잉여금 ₩2억

① ₩3억 ② ₩5억
③ ₩8억 ④ ₩11억

02 다음은 ㈜김수석의 X1년 12월 31일 현재의 자본 항목들이다. 이 자료를 이용하여 X1년 12월 31일 현재 이익잉여금과 자본조정을 계산하면? 2010. 국가직 7급 수정

• 자본금	₩50,000	• 자기주식	₩20,000
• 감자차익	10,000	• 재측정요소	10,000
• 재평가잉여금	20,000	• 사업확장적립금	20,000
• 미교부주식배당금	5,000	• 주식발행초과금	30,000
• 해외사업적립금	5,000	• 자기주식처분손실	10,000
• 이익준비금	30,000	• 미처분이익잉여금	25,000

	이익잉여금	자본조정
①	₩80,000	(₩30,000)
②	₩75,000	(₩30,000)
③	₩80,000	(₩25,000)
④	₩60,000	(₩25,000)

30 · 연습문제
Practice Questions

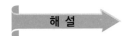

해 설

01. 답 ④

(단위 : 억)

	자본금	자본잉여금	자본조정	기타포괄손익	이익잉여금
이익준비금					5
자기주식			(2)		
주발초		5			
보통주자본금	5				
우선주자본금	5				
미처분이잉					1
사업확장적립금					2
감자차익		3			
자기주식처분이익		3			
토지재평가잉여금				2	
계	10	**11**	(2)	2	7

2. 답 ③

이익잉여금 : 5,000(해외) + 30,000(이익준비금) + 20,000(사업) + 25,000(미처분) = 80,000

자본조정 : 5,000(미교부) − 20,000(자기주식) − 10,000(자처손) = (−)25,000

자기주식과 자본조정 중 손실 계정(주식할인발행차금, 자기주식처분손실, 감자차손)은 자본 차감 항목이라는 것을 기억하자.

제시된 항목의 자본 구분은 다음과 같다. 기타포괄손익으로 분류하는 해외사업장'환산차이'와 달리 해외사업장'적립금'은 이익잉여금 항목이다.

자본금	자본금	자기주식	자본조정
감자차익	자본잉여금	재측정요소	기타포괄손익
재평가잉여금	기타포괄손익	사업확장적립금	이익잉여금
미교부주식배당금	자본조정	주식발행초과금	자본잉여금
해외사업적립금	이익잉여금	자기주식처분손실	자본조정
이익준비금	이익잉여금	미처분이익잉여금	이익잉여금

이 패턴의 핵심 Key

기말 이익잉여금(답) = 기초 이익잉여금(자료) + 당기순이익

(1) 문제 자료에 이잉이 없다면 : 이잉 = 당기순이익
(2) 문제 자료에 이잉이 있다면 : 이잉 = 문제 상 이잉 + 당기순이익

'이익잉여금'을 묻는 문제에서 손익 계정이 같이 제시되는 경우가 있다. 이 경우에는 **손익 계정들을 모아서 당기순이익을 계산해야 한다.**
문제에서 제시한 자료에 이익잉여금이 없다면 당기순이익을 이익잉여금으로 답하면 된다. 만약 자료에 이익잉여금이 있다면 이는 기초 이익잉여금을 의미한다. 이 이익잉여금에 당기순이익을 가산한 금액이 기말 이익잉여금이 되며, 이 기말 이익잉여금으로 답해야 한다.

31. 연습문제
Practice Questions

01 다음 자료에 따른 이익잉여금과 자본잉여금은?

2013. 지방직 9급 수정

• 매출원가	₩500	• 감자차익	₩100
• 자 본 금	2,000	• 사 채	1,000
• 매 출	2,500	• 사채할증발행차금	250
• 기 부 금	500	• 감가상각비	500
• 주식발행초과금	500	• 현금성자산	2,750
• 재고자산	2,000	• 배당금수익	100
• FVOCI금융자산평가이익	800		

	이익잉여금	자본잉여금
①	₩1,100	₩600
②	₩1,100	₩500
③	₩1,900	₩600
④	₩1,900	₩500

02 다음은 ㈜한국의 20X1년 12월 31일 현재의 수정후시산표잔액이다.

계정과목	차변	계정과목	대변
현금	₩20,000	매입채무	₩20,000
매출채권	₩10,000	차입금	₩100,000
재고자산	₩5,000	감가상각누계액	₩50,000
토지	₩100,000	대손충당금	₩2,000
건물	₩200,000	자본금	?
매출원가	₩10,000	이익잉여금	₩9,000
감가상각비	₩5,000	매출	₩20,000
급여	₩1,000		
합계	₩351,000	합계	₩351,000

㈜한국의 20X1년 12월 31일 현재 재무상태표의 이익잉여금과 자본총계는?

2020. 관세직 9급

	이익잉여금	자본총계
①	₩13,000	₩163,000
②	₩13,000	₩150,000
③	₩10,000	₩150,000
④	₩10,000	₩163,000

해 설

01 답 ①

매출원가	(₩500)
매 출	2,500
기 부 금	(500)
감가상각비	(500)
배당금수익	100
당기순이익	1,100

기초 이익잉여금 및 배당 지급액이 제시되지 않았으므로 당기순이익이 곧 기말 이익잉여금이 된다. 배당금'수익'은 회사가 수령한 금액을 의미한다. 배당 '지급액'과 헷갈리지 말자.
자본잉여금 : 100(감자차익) + 500(주식발행초과금) = 600

02. 답 ①
당기순이익 : 20,000(매출) − 10,000(매출원가) − 5,000(감가상각비) − 1,000(급여) = 4,000
이익잉여금 : 9,000(기초 이잉) + 4,000 = **13,000**

자본 = 자본금 + 이잉
자본금 : 351,000 − 201,000(자본금을 제외한 대변 합계) = 150,000
자본 : 150,000 + 13,000 = **163,000**

별해 자본 = 자산 − 부채
자산 : 20,000 + 10,000 + 5,000 + 100,000 + 200,000 = 335,000
부채 : 20,000 + 100,000 + 50,000 + 2,000 = 172,000
– 감누와 대손충당금은 자산의 차감적 평가 계정이나, 편의상 부채로 분류하였다. 자본을 구하는 문제이므로 자산에서 차감하든, 부채에서 차감하든 자본은 같다.
자본 : 335,000 − 172,000 = **163,000**

Day 10. 자본거래

패턴 32 유상증자 ★중요!

1 주식발행초과금 증가액 = 발행가액 – 액면금액 – 직접발행원가 – 주식할인발행차금

(1) **발행원가 : 직접원가는 주발초 차감. 간접원가는 당기비용**(직접/간접 언급 없다면 직접원가)
(2) 주식발행초과금과 주식할인발행차금 상계
　주식발행초과금과 주식할인발행차금은 재무상태표에 동시에 계상될 수가 없다. 따라서 주할차가
　계상되어 있었다면 상계 후, 초과분만 주발초로 계상해야 한다.
(3) 회계처리

(차) 현금	발행가액	(대) 자본금	액면금액
		주식할인발행차금	기존 주할차
		주식발행초과금	XXX
(차) 주식발행초과금	직접원가	현금	발행원가
손실(PL)	간접원가		

2 자본 증가액 = 현금 수령액 = 발행가액 – 직접발행원가 – 간접발행원가

패턴 38에서 설명할 것이지만, **자본 증감액은 현금 유출입액과 일치**한다. 유상증자 시 발행금액만큼 현금이 유입되고, 발행원가만큼 현금이 유출되므로, 발행금액에서 발행원가를 차감한 만큼 자본이 증가한다.

01 ㈜김수석은 X1년 말 액면금액이 ₩5,000인 보통주 10주를 주당 ₩10,000에 발행하였다. 주식발행과 직접 관련된 비용 ₩5,000과 간접 관련된 비용 ₩10,000이 발생하였으며, 유상증자 이전에 주식할인발행차금이 ₩20,000 존재했다. 다음 중 옳지 않은 것은?

① 당기순이익의 감소는 ₩10,000이다. ② 주식발행초과금의 증가는 ₩45,000이다.

③ 자본의 증가는 ₩85,000이다. ④ 자본잉여금의 증가는 ₩25,000이다.

02 ㈜서울은 2018년 12월 말에 주당 액면금액 ₩5,000인 보통주 1,000주를 주당 ₩10,000에 발행(유상증자)하였으며, 주식인쇄비 등 주식발행과 관련된 비용이 ₩1,000,000 발생하였다. 유상증자 직전에 ㈜서울의 자본에는 주식할인발행차금의 미상각잔액이 ₩1,500,000 존재하였다. 이 거래와 관련하여 ㈜서울이 2018년 말에 보고할 주식발행초과금은? 2018. 서울시 9급

① ₩2,500,000 ② ₩4,000,000 ③ ₩9,000,000 ④ ₩10,000,000

해설

01. 답 ②
회계처리

(차) 현금	100,000	(대) 자본금	50,000
		주식할인발행차금	20,000
		주식발행초과금	30,000
(차) 주식발행초과금	5,000	현금	15,000
손실(PL)	10,000		

① 간접원가는 당기비용 처리하므로 당기순이익을 10,000 감소시킨다. (O)
② 주식발행초과금의 증가는 100,000(발행가) – 50,000(액면가) – 20,000(주할차) – 5,000(직접원가)
  = 25,000이다. (X)
③ 자본 증가액은 현금 수령액 = 10,000 × 10주 – 15,000(직, 간접원가) = 85,000이다. (O)
④ 자본잉여금의 증가는 주식발행초과금의 증가인 25,000이다. (O)

02. 답 ①
회계처리

(차) 현금	10,000,000	(대) 자본금	5,000,000
		주식할인발행차금	1,500,000
		주식발행초과금	3,500,000
(차) 주식발행초과금	1,000,000	현금	1,000,000

기말 주식발행초과금 : (10,000-5,000)×1,000주 – 1,000,000(직접원가) – 1,500,000(주할차) = 2,500,000
– 유상증자 직전에 주할차 미상각잔액이 존재하였으므로 유상증자 전 주발초는 없었으며, 12월말에 유상증자를 하였으므로 유상증자로 인한 주발초 증가액이 곧 12월말 잔액이 된다.

자본이 불변인 자본 거래 ★중요!

이 패턴의 핵심 Key **자본에 영향을 미치지 않는 자본 거래의 효과**

자본이 불변인 자본 거래는 자주 출제되는 주제이다. 다음 표만 기억하면 말문제를 바르게 풀 수 있으므로 표를 빈 종이에 반복해서 그려봄으로써 반드시 외우자.

	자본	자본금	주식수	액면가	이익잉여금
무상증자	불변	↑	↑	–	↓ or –*
주식배당		↑	↑	–	↓
주식분할		–	↑	↓	–
주식병합		–	↓	↑	–

* 이익잉여금을 재원으로 할 경우 이익잉여금 감소, 자본잉여금을 재원으로 할 경우에는 이익잉여금 불변

(1) 무상증자 : 자본잉여금 or 법정적립금(이잉) → 자본금
(2) 주식배당 : 미처분이익잉여금(이잉) → 자본금
 – 무상증자, 주식배당 모두 액면발행이므로 자본금 이외에 다른 자본 항목은 증가하지 않음.

김수석의 핵심콕

무상증자 vs 주식배당 : 자본금의 재원만 다를 뿐 동일!

(3) 주식분할과 주식병합

@10,000	–주식분할→	@5,000
	←주식병합–	@5,000

▼주의 **주식분할 및 주식병합은 회계처리가 없음 : 자본총계 불변 & 자본금 불변**

주식분할과 주식병합은 주식 수와 액면가만 달라질 뿐 회계처리가 없다. 주식분할의 경우 굳이 회계처리를 한다면 다음과 같을 것이다. 주식병합은 대차를 반대로 하면 된다. 회계처리를 보면 알 수 있듯이, 의미 없는 회계처리이다. 따라서 자본총계와 자본금 모두 불변이다.

(차) 자본금　　　　　　　　　　　　10,000　(대) 자본금　　　　　　　　　　5,000
　　　　　　　　　　　　　　　　　　　　　　　자본금　　　　　　　　　　5,000

33. 연습문제
Practice Questions

01 자본에 대한 설명으로 옳지 않은 것은? 2013. 국가직 9급

① 무상증자는 자본총계를 증가시킨다.

② 주식분할은 총발행주식수를 증가시킨다.

③ 주식병합으로 자본총계는 변하지 않는다.

④ 주식배당은 자본금을 증가시킨다.

02 주식배당, 무상증자, 주식분할, 주식병합에 대한 설명으로 가장 옳지 않은 것은? 2019. 서울시 7급

① 주식배당, 무상증자의 경우 총자본은 변하지 않는다.

② 무상증자, 주식분할의 경우 자본금이 증가한다.

③ 주식병합의 경우 발행주식수가 감소하지만 주식분할의 경우 발행주식수가 증가한다.

④ 주식분할의 경우 주당 액면금액이 감소하지만 주식배당, 무상증자의 경우 주당 액면금액은 변하지 않는다.

▶ **해 설**

01. 답 ①

무상증자는 자본잉여금 혹은 이잉이 감소하면서 '자본금'을 증가시키지만, 자본 내에서 분류가 바뀔 뿐 자본은 불변이다.

② 주식분할은 주식을 나누는 것이기 때문에 주식수를 증가시킨다. (O)

③ 주식병합은 주식을 합치는 것일 뿐 자본의 구성요소에 어떠한 영향도 주지 않는다. (O)

④ 주식배당은 이잉을 감소시키면서 자본금을 증가시킨다. (O)

02. 답 ②

무상증자와 달리 주식분할의 경우 자본금이 불변이다.

① 문제에 제시된 네 가지 자본거래 모두 총 자본은 불변이다. (O)

④ 주식분할은 주식을 나누는 것이기 때문에 주당 액면금액이 감소하지만, 주식배당과 무상증자는 주식수를 증가시킬 뿐 주당 액면금액을 건드리진 않는다. (O)

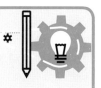

패턴 34 자기주식 거래

1 자기주식
 (1) 자기주식은 **자본조정** 항목
 (2) 자산이 아닌 **자본 차감** 계정

2 자기주식 취득 : 자기주식은 취득원가로 계상

| (차) 자기주식 | 취득원가 | (대) 현금 | 취득원가 |

3 자기주식 처분 : 자기주식처분손익 = 처분가액 - **취득원가 (액면금액 X)**

| (차) 현금 | 처분가액 | (대) 자기주식 | 취득원가 |
| 자기주식처분손실 | XXX or | 자기주식처분이익 | XXX |

4 자기주식 소각 : 감자차손익 = **액면금액** - 취득원가

| (차) 자본금 | 액면금액 | (대) 자기주식 | 취득원가 |
| 감자차손 | XXX or | 감자차익 | XXX |

> ▼주의 **자기주식 처분 vs 자기주식 소각**
>
> 많은 수험생이 자기주식 처분과 소각을 헷갈려한다. 자기주식 처분은 외부로부터 사온 주식을 다시 내다 파는 것이므로 '사온 금액(취득원가)과 파는 금액(처분가액)의 차이'가 자기주식처분손익이 된다.
> 반면, 자기주식 소각은 외부로부터 사온 주식을 태우는 것이므로 자본금이 감소한다. 따라서 '사온 금액(취득원가)과 자본금(액면금액)의 차이'가 감자차손익이 된다. 감자 시에 자기주식처분손익을 계상해야 된다고 오해하는 수험생이 많은데, 자기주식을 외부에 파는 것이 아니므로 처분손익이 아닌 감자차손익을 계상해야 한다. 둘을 정확히 구분하자.

5 자본거래 이익과 손실 계정 동시 계상 불가 : "상대방 것이 있다면 제거 후 초과분만 인식"

구분	증자	자기주식 처분	감자
이익 : 자본잉여금	주식발행초과금	자기주식처분이익	감자차익
손실 : 자본조정	주식할인발행차금	자기주식처분손실	감자차손

자본거래 이익 계정과 자본거래 손실 계정은 재무상태표에 동시에 계상될 수가 없다. 따라서 상대 계정이 계상되어 있었다면 상계 후, 초과분만 계상해야 한다.

01 다음은 당기 중에 발생한 ㈜서울의 자기주식 관련거래이다. 12월 31일에 ㈜서울이 인식해야 할 감자차손과 자기주식처분손실은 각각 얼마인가? 2016. 서울시 7급

> 3월 1일 : ㈜서울이 발행한 보통주(주당, 액면금액 ₩2,000) 중 100주를 주당 ₩5,000에 취득하였다.
> 6월 1일 : 자기주식 중 30주를 주당 ₩7,000에 매각하였다.
> 8월 1일 : 자기주식 중 30주를 주당 ₩2,000에 매각하였다.
> 12월 1일 : 자기주식 중 나머지 40주를 소각하였다.

	감자차손	자기주식처분손실
①	₩120,000	₩30,000
②	₩150,000	₩30,000
③	₩160,000	₩20,000
④	₩160,000	₩40,000

02 ㈜한국의 20X1년 12월 31일의 재무상태표상의 자본은 보통주자본금 ₩100,000(주식수 100주, 주당 액면금액 ₩1,000), 주식발행초과금 ₩30,000, 이익잉여금 ₩50,000으로 구성되어 있다. 20X2년의 자본과 관련된 거래내역이 다음과 같을 때, 자본 변동에 대한 설명으로 옳지 않은 것은? (단, 자기주식에 대하여 원가법을 적용하고, 기초 자기주식처분손익은 없다) 2019. 국가직 9급

> • 3월 10일 : 주주에게 보통주 한 주당 0.1주의 주식배당을 결의하였다.
> • 3월 31일 : 3월 10일에 결의한 주식배당을 실시하였다.
> • 4월 9일 : 자기주식 10주를 주당 ₩2,100에 취득하였다.
> • 6월 13일 : 4월 9일 취득한 자기주식 4주를 주당 ₩2,200에 매각하였다.
> • 8월 24일 : 4월 9일 취득한 자기주식 6주를 주당 ₩1,700에 매각하였다.
> • 11월 20일 : 보통주 1주를 2주로 하는 주식분할을 의결하고 시행하였다.

① 자본과 관련된 거래로 인해 이익잉여금은 ₩8,000 감소한다.
② 자기주식처분손실은 ₩2,000이다.
③ 20X2년 12월 31일의 보통주자본금은 ₩110,000이다.
④ 20X2년 12월 31일의 보통주 주식수는 220주이다.

34. 연습문제
Practice Questions

해 설

01. 답 ①

(1) 자기주식처분손익 : 60,000-90,000 = **(−)30,000 손실**
 − 6.1 : (7,000 − 5,000)×30주 = 60,000 이익
 − 8.1 : (2,000 − 5,000)×30주 = (−)90,000 손실
(2) 감자차손익
 − 12.1 : (2,000 − 5,000)×40주 = **(−)120,000 손실**

자기주식처분손익은 자기주식 취득원가와 **처분가액**을, **감자차손익**은 자기주식 취득원가와 **액면금액**을 비교하는 것이라는 것을 잘 구분하자.

02. 답 ①

① 이익잉여금 감소: 100,000 × 0.1 = 10,000 (주식배당액)
② 자기주식처분손익 : (2,200 − 2,100) × 4 + (1,700 − 2,100) × 6 = (−)2,000 손실
③ 기말 보통주자본금 : 100,000 × 1.1 = 110,000 (주식배당)
④ 기말 보통주 주식수 : 100 × 1.1 × 2 = 220주
주식분할은 주식수만 증가할 뿐 자본금은 불변이다.

이 패턴의 핵심 Key **자본 거래 시 자본의 증감 : Cash(현금)만 보자!**

자본 거래가 나열되고 자본의 증감을 물어본 문제에서는 **현금 유출입**만 보면 된다. 자본거래에서 발생한 손익 (주식발행초과금, 주식할인발행차금, 자기주식처분손익, 감자차손익)은 무시하자. 주식할인발행차금이나 자기주식처분손실이 뜨더라도 현금은 유입되므로 자본은 증가한다.

(1) 유상증자 : '발행가액-발행원가'만큼 자본 증가
(2) 자기주식 취득 : 취득가액만큼 자본 감소
(3) 자기주식 처분 : 처분가액만큼 자본 증가
(4) 자기주식 소각 : 자본 불변
(5) 적립금의 적립 및 이입 : 자본 불변
(6) 배당 : 현금배당은 자본 감소, 주식배당은 자본 불변

35. 연습문제

Practice Questions

01 ㈜한국은 20X1년 7월 1일 자기주식 100주(1주당 액면 ₩500)을 1주당 ₩800에 취득하였다. ㈜한국은 동 자기주식 중 50주를 20X1년 10월 1일 1주당 ₩1,000에 처분하였다. 다음 설명 중 옳은 것은?

2019. 계리사

① 20X1년 7월 1일 자기주식의 장부금액은 ₩50,000이다.

② 20X1년 7월 1일 자기주식 취득 거래로 인해 자본총액이 ₩80,000 증가한다.

③ 20X1년 10월 1일 자기주식 처분 거래로 인해 당기순이익이 ₩20,000 증가한다.

④ 20X1년 10월 1일 자기주식 처분 거래로 인해 자본총액이 ₩50,000 증가한다.

02 ㈜서울의 2016년 초 자본은 ₩600,000이다. 2016년의 다음 자료에 따른 2016년 말의 자본은 얼마인가? (단, 법인세효과는 고려하지 않는다.)

2016. 서울시 9급 수정

- 2016년 당기순이익은 ₩20,000이다.
- 액면금액 ₩500인 주식 40주를 주당 ₩1,000에 발행하였는데, 신주발행비로 ₩2,000을 지출하였다.
- 자기주식 3주를 주당 ₩3,000에 취득하여 1주는 주당 ₩1,000에 처분하였고, 나머지는 전부 소각하였다.
- 이익처분으로 현금배당 ₩3,000, 주식배당 ₩2,000을 실시하였으며, ₩2,000을 이익준비금(법정적립금)으로 적립하였다.

① ₩645,000   ② ₩647,000   ③ ₩649,000   ④ ₩655,000

해 설

01. 답 ④

① 자기주식의 장부금액 : 100주×@800 = 80,000 (X)

② 자본 증감액 : 80,000 감소 (X)
   - 자기주식 취득 시 현금 유출로 인해 자본은 감소한다.

③ 자기주식 처분손익은 당기손익이 아니라 자본잉여금이나 자본조정으로 인식한다. (X)

④ 자본 증가액 : 50주×@1,000 = 50,000 (O)

02. 답 ②

기초 자본		600,000
유상증자	40주×@1,000-2,000	= 38,000
자기주식 취득	3주×@3,000	= (9,000)
자기주식 매각	1주×@1,000	= 1,000
현금배당		(3,000)
당기순이익		20,000
기말 자본		647,000

자기주식 처분과 달리 소각 시에는 현금 수수액이 없으므로 자본이 불변이다.
주식배당 및 이익준비금 적립은 자본에 영향을 미치지 않는다.

패턴 36 지분상품 회계처리 ★중요!

이 패턴의 핵심 Key **금융상품 회계처리 방법**

구분	계정과목	취득부대비용	FV 평가손익	처분손익
지분상품	FVOCI 선택	취득원가에 가산	OCI (재분류 조정 X)	N/A (OCI로 평가)
	FVPL	당기비용	PL	PL
채무상품	AC	취득원가에 가산	N/A	PL (처분손익 동일)
	FVOCI		OCI (재분류 조정 O)	
	FVPL	당기비용	PL	PL

위 표는 김수석이 수험생 때 직접 만든 표로, 금융상품 회계처리 방법은 이 표 하나만 외우면 된다. 공무원 회계학에서는 채무상품보다는 지분상품 위주로 출제된다. FVOCI 선택과 FVPL이 어떻게 다른지를 중심으로 공부하자.

1 취득부대비용 : FVPL만 당기비용, 나머지는 취득원가에 가산

김수석의 꿀팁 '취득부대비용 ×××을 포함하여 총 ×××을 지급하였다.'

계정 분류	취득원가
FVPL	총 지급 대가-취득부대비용
이외 : AC, FVOCI	총 지급 대가

2 공정가치 평가손익 : 계정 이름 따라서!

계정 분류	평가손익
AC	N/A
FVOCI	OCI
FVPL	PL

3 지분상품 처분손익

(1) FVOCI 선택 금융자산 (지분상품) : **평가 후 처분, 처분손익 = 0** (평가이익 **재분류조정 X**)
　　- FVOCI 지분상품은 처분 시에도 공정가치 평가하므로 '처분'손익은 항상 0이다.
　　- 지분상품의 평가이익(OCI)는 재분류조정 대상 X (이익잉여금 직접 대체는 가능)
(2) FVPL 금융자산 : 당기손익

36. 연습문제
Practice Questions

01 **다음의 ㈜민국 주식에 대한 ㈜한국의 회계처리로 옳지 않은 것은?** *2013. 국가직 9급 수정*

> - ㈜한국은 2010년 1월 15일 ㈜민국의 주식을 취득부대비용 ₩100,000을 포함하여 ₩1,000,000 에 취득하면서 기타포괄손익-공정가치 측정 금융자산으로 선택하였다.
> - ㈜민국 주식의 공정가치는 2010년 12월 31일 ₩900,000이고 2011년 12월 31일 ₩1,200,000이다.
> - 2012년 1월 10일에 ㈜민국 주식을 ₩1,300,000에 처분하였다.

① 2010년 포괄손익계산서상 금융자산평가손실(기타포괄손익)이 ₩100,000 계상된다.

② 2011년 12월 31일 현재 재무상태표상 금융자산평가이익(기타포괄손익)이 ₩300,000 계상된다.

③ 2011년 12월 31일 현재 기타포괄손익-공정가치 측정 선택 금융자산의 장부가액은 ₩1,200,000이다.

④ 2012년 포괄손익계산서상 기타포괄손익이 ₩100,000 계상된다.

02 **㈜한국은 20X1년 중에 지분증권을 ₩6,000에 현금으로 취득하였으며, 이 가격은 취득시점의 공정가치와 동일하다. 지분증권 취득 시 매매수수료 ₩100을 추가로 지급하였다. 동 지분증권의 20X1년 말 공정가치는 ₩7,000이며, ㈜한국은 20X2년 초에 지분증권 전부를 ₩7,200에 처분하였다. ㈜한국이 지분증권을 취득 시 기타포괄손익 – 공정가치 측정 금융자산으로 분류한 경우 20X1년과 20X2년 당기순이익에 미치는 영향은?** *2020. 지방직 9급*

	20X1년 당기순이익에 미치는 영향	20X2년 당기순이익에 미치는 영향
①	₩900 증가	₩1,100 증가
②	₩1,000 증가	₩1,100 증가
③	영향 없음	₩900 증가
④	영향 없음	영향 없음

36 연습문제
Practice Questions

해 설

01. 답 ②

① 평가손익 = 900,000 − 1,000,000 = (−)100,000 손실 (O)

② 평가손익 = 1,200,000 − 900,000 = 300,000 이익

　재무상태표상 평가손익 = 300,000−100,000 = 200,000 이익 (X)

　'재무상태표' 평가손익을 물었기 때문에 평가손익의 누적액을 구해야 한다.

③ FVOCI 선택 금융자산은 공정가치 평가하므로 공정가치로 계상되어 있다. (O)

④ 평가손익 = 1,300,000 − 1,200,000 = 100,000 이익 (기타포괄손익)

　FVOCI 선택 금융자산은 처분손익을 계상하지 않는다. (O)

02. 답 ④

회사가 지분상품을 FVOCI 금융자산으로 분류하였으므로, 당기순이익에 미치는 영향은 없다.

회계처리

X1

(차) 금융자산	6,100	(대) 현금	6,100
(차) 금융자산	900	(대) 평가이익(OCI)	900

X2

(차) 현금	7,200	(대) 금융자산	7,000
		평가이익(OCI)	200

OCI에 미치는 영향

X1 : 7,000 − 6,100 = 900 증가 (평가이익)

X2 : 7,200 − 7,000 = 200 증가 (평가이익)

− FVOCI 금융자산은 처분 시에도 처분이익이 아닌 평가이익을 계상한다.

지분상품 회계처리-계산문제 풀이법

이 패턴의 핵심 Key | 지분상품의 배당, 처분, 평가 계산문제 풀이법

X1년	기초	배당	처분	기말
FVPL or FVOCI 선택	FV or 취득원가 (주식 수) ±취득부대비용	배당금수익(총액) 주식배당 수	주당 처분가액 (주식 수)	FV (주식 수)

Step 1. 연도와 주식명 (계정과목) 쓰기

좌측 상단에 연도를 적고, 그 아래에 분류하는 계정명을 기입하자. 지분상품은 FVPL 혹은 FVOCI 선택으로 분류한다.

Step 2. 기초 주식 금액

기초 주식의 가액을 적고 그 아래에 주식 수를 적는다. 기초 주식의 금액은 상황에 따라 다음과 같이 달라진다.

(1) 전기 이전 취득 시 : 전기 말의 공정가치

전기 이전 취득 시에는 전기 말의 공정가치가 기초 장부금액이 됐을 것이다. 따라서 전기 말의 공정가치에서부터 분석을 시작하면 된다. 가령, X2년도 손익에 미치는 영향을 물었다면, X1년 말 공정가치부터 보면 될 뿐, 그 이전의 취득원가 및 공정가치를 신경 쓸 필요가 없다.

(2) 당기 중 취득 시 : 취득원가

당기 중에 취득하였다면 공정가치 평가 전이므로 취득원가를 그대로 적는다.

(3) 취득부대비용

① FVOCI 선택: 취득원가에 가산

금융자산을 FVOCI 금융자산으로 선택한다면 취득부대비용을 취득원가에 가산한다. 따라서 주식 수 아래에 취득부대비용을 적자. 'FV or 취득원가'에 취득부대비용까지 더한 금액이 기초 주식의 금액이 된다.

② FVPL : 당기비용 처리

금융자산을 FVPL 금융자산으로 분류한다면 취득부대비용을 당기비용 처리한다. 따라서 주식 수 아래에 (취득부대비용)을 음수로 적자.

Step 3. 배당금수익

기중에 받은 배당이 있다면 적는다. 배당에서는 다음의 두 가지를 주의하자.

(1) 배당금수익을 총액으로 적을 것!

문제에서는 '주당' 배당액을 제시해줄 것이다. 주당 배당액에 주식 수를 곱해서 배당금수익을 총액으로 적자. 주당 배당액을 표에 적으면 마지막에 환산하지 않는 실수를 범할 위험이 크다.

(2) 주식배당은 주식 수만 적음!

주식배당은 투자자 입장에서 수익이 아니므로 배당으로 지급한 주식 수만 적자.

Step 4. 처분가액

기중에 주식을 처분했다면 주당 처분가액을 적고, 그 아래에 처분 주식 수를 적자.

Step 5. 기말 주식 금액

기말 주식의 공정가치를 적고, 그 아래에 기말 주식 수를 적는다. 기말 주식 수는 다음과 같이 구한다.

기말 주식 수 = 기초 + 취득 + **주식배당**-처분

주식배당은 수익이 아니므로 배당금수익 계산 시에는 고려하지 않지만, 주식 수가 증가하므로 기말 주식 수 계산 시 고려해주어야 하므로 주의하자.

Step 6. 손익 구하기

기초	배당	처분	기말
FV or 취득원가 (주식 수) ±취득부대비용	배당금수익 (총액)	주당 처분가액 (주식 수)	FV (주식 수)

굵게 테두리 친 부분(배당, 처분, 기말)을 전부 더하고, 기초 부분을 전부 빼면 1년간 발생한 손익을 계산할 수 있다. 만약 회사가 지분상품을 FVPL 금융자산으로 분류했다면 전체 금액이 PL일 것이다. 반대로, 회사가 지분상품을 FVOCI 금융자산으로 선택했다면 배당금수익만 PL이고, 나머지 금액이 OCI일 것이다.

01 ㈜서울은 20X1년 초에 ㈜한국의 주식을 거래원가 ₩10,000을 포함하여 ₩510,000에 취득하고, 당기손익-공정가치 측정 금융자산으로 분류하였다. 20X1년 말과 20X2년 말 공정가치는 각각 ₩530,000과 ₩480,000이고, 20X3년에 ₩490,000에 처분하였을 때, 주식 처분으로 당기손익에 미치는 영향은?
2019. 서울시 7급

① 손익 영향 없음
② ₩8,000 이익
③ ₩10,000 이익
④ ₩12,000 이익

02 ㈜대한은 2009년 10월 2일 한국거래소에 상장된 ㈜태극의 주식 100주를 총 ₩100,000에 구입하고 당기손익-공정가치 측정 금융자산으로 계상하였다. ㈜대한의 결산일인 2009년 12월 31일 ㈜태극의 공정가치는 주당 ₩1,200이었다. 2010년 5월 10일 ㈜대한은 ㈜태극의 주식 50주를 주당 ₩1,300에 처분하였다. 2010년 12월 31일 ㈜태극의 공정가치는 주당 ₩1,700이다. ㈜태극의 주식과 관련하여 ㈜대한의 2010년 당기손익은 얼마나 증가하는가? (단, 법인세효과는 없는 것으로 가정한다)
2010. 지방직 9급 수정

① ₩30,000
② ₩40,000
③ ₩50,000
④ ₩60,000

해 설

01. 답 ③

X3년	기초	배당	처분	기말
FVPL	480,000		490,000	

처분손익 : 490,000-480,000 = 10,000 이익

X3년에 처분하기 때문에 처분가액과 X2년 말 장부금액(= 공정가치)의 차이만 계산하면 된다.
참고로, FVPL이므로 동 주식의 취득원가는 거래원가를 제외한 500,000이 된다.

02. 답 ①

10년	기초	배당	처분	기말
FVPL	1,200 (100주)		1,300 (50주)	1,700 (50주)

기말 자산 : 1,300×50주(현금) + 1,700×50주(주식) = 150,000
기초 자산 : 1,200×100주 = 120,000
NI = 150,000-120,000 = 30,000

패턴 38 지분상품 회계처리-종합문제

이 패턴의 핵심 Key **FVPL과 FVOCI 선택의 총포괄손익(CI) 동일**

FVPL과 FVOCI의 손익은 PL과 OCI로 계정 구분만 다를 뿐, 금액은 같음

→ 어느 계정으로 분류하더라도 **총포괄손익(CI)은 동일!**

	FVOCI 선택	FVPL
NI	–	10,000
OCI	10,000	–
CI	10,000	10,000

(1) FVOCI 선택의 NI=FVPL의 OCI=0

FVOCI 선택은 OCI만 인식하고, **FVPL은 NI만 인식**한다. 예외적으로, FVOCI 선택으로 분류할 경우 배당금수익만 NI로 인식한다.

(2) FVOCI 선택의 OCI=FVPL의 NI

FVPL과 FVOCI의 손익은 PL과 OCI로 계정 구분은 다르지만, 금액이 같다. FVOCI 선택과 FVPL는 보유목적에 따라 계정을 다르게 분류했을 뿐 실질은 같기 때문이다. 자세한 설명은 코어 회계학을 참고하자.

(3) FVOCI 선택의 CI=FVPL의 CI

FVOCI 선택과 FVPL의 **총포괄손익(CI)은 동일하다.** CI는 NI와 OCI를 합한 이익인데, '(2) FVOCI 선택의 OCI=FVPL의 NI' 성질 때문에 총포괄손익은 일치할 수 밖에 없다.

01 ㈜한국은 2013년 10월 초에 주식 10주를 주당 ₩2,000에 취득하고 수수료로 ₩1,000의 현금을 지급하였다. 2013년 12월 31일 주식의 공정가치는 주당 ₩2,200이었다. 2014년 1월 2일에 ㈜한국은 동 주식을 주당 ₩2,150에 모두 처분하였다. ㈜한국은 취득한 주식을 기타포괄손익-공정가치 측정 금융자산으로 선택하였다. 다음 중 옳지 않은 것은? (단, 법인세는 무시한다) 2015. 국가직 9급 수정

① 2013년 포괄손익계산서에 계상될 금융자산평가이익은 ₩1,000이다.

② 당기손익-공정가치 측정 금융자산으로 분류하여도 2013년도의 총포괄손익에 미치는 영향은 동일하다.

③ 당기손익-공정가치 측정 금융자산으로 분류하면 동 주식으로 인해 2013년도의 당기손익은 ₩1,000 증가한다.

④ 2014년 1월 2일 주식 처분으로 인해 당기순이익은 ₩500 감소한다.

02 12월 말 결산법인인 ㈜대한은 20X3년도 초에 ㈜민국의 주식 1,000주를 1주당 ₩2,000에 취득한 뒤, 20X4년도 중 보유 중인 ㈜민국의 주식 500주를 주당 ₩2,200에 처분하였다. 20X3년도 말과 20X4년도 말 ㈜민국 주식의 주당 공정가치는 각각 ₩2,400과 ₩2,500이다. ㈜대한이 ㈜민국의 주식을 당기손익-공정가치 측정 금융자산으로 분류하는 경우와 기타포괄손익-공정가치 측정 금융자산으로 선택하는 경우 ㈜대한이 20X4년도 포괄손익계산서에 미치는 영향은? 2014. 지방직 9급 수정

	당기손익-공정가치 측정 금융자산	기타포괄손익-공정가치 측정 금융자산
①	당기순이익 ₩50,000 감소	기타포괄손익 ₩50,000 감소
②	당기순이익 ₩50,000 감소	당기순이익 ₩50,000 감소
③	당기순이익 ₩50,000 증가	기타포괄손익 ₩50,000 감소
④	당기순이익 ₩50,000 증가	당기순이익 ₩50,000 감소

38. 연습문제
Practice Questions

해 설

01. 답 ④

13년	기초	배당	처분	기말
FVOCI	20,000 (10주) 1,000			2,200 (10주)

①13년도 평가이익 : 2,200×10주−21,000 = 1,000 (OCI) (O)

13년	기초	배당	처분	기말
FVPL	20,000 (10주) (1,000)			2,200 (10주)

② FVPL 금융자산과 FVOCI 선택 금융자산의 '총포괄손익'은 동일하다. (O)
③ 당기손익 : (−)1,000(수수료비용) + 2,000(평가이익) = 1,000 증가 (O)
참고로, ①, ③을 보면 OCI와 NI로 구분만 다를 뿐, 둘 다 이익 1,000으로 금액은 일치한다는 것을 알 수 있다.

14년	기초	배당	처분	기말
FVOCI	2,200 (10주)		2,150 (10주)	

④ 처분 시 평가손익 : (2,150−2,200)×10주 = (−)500 (OCI)
FVOCI 선택 금융자산은 주식 처분 시 평가이익을 **OCI**로 인식한다. 당기순이익이 아니라 기타포괄손익이 500 감소한다. (X)

02. 답 ①

X4년	기초	배당	처분	기말
㈜민국 (FVPL)	2,400 (1,000주)		2,200 (500주)	2,500 (500주)

X4년도 손익에 미치는 영향
(1) FVPL 금융자산 : 2,200×500주 + 2,500×500주−2,400×1,000주 = (−)50,000 PL
(2) FVOCI 금융자산 : (−)50,000 OCI (FVOCI의 OCI는 FVPL의 PL과 금액이 일치하기 때문)

사실 이 문제는 계산하지 않고도 답을 맞힐 수 있었다. FVOCI의 OCI는 FVPL의 PL과 금액이 일치해야 하기 때문이다. 두 금액이 일치하면서 PL과 OCI를 제대로 구분하고 있는 것이 ①번 밖에 없다.

패턴 39 지분상품 회계처리-배당금 수익

이 패턴의 핵심 Key

현금배당	금융자산의 계정 분류와 무관하게 당기손익(PL)
주식배당	투자자는 회계처리 X

1 현금배당 : 금융자산의 계정 분류와 무관하게 당기손익(PL)

지분상품을 FVOCI로 분류하는지, FVPL로 분류하는지에 따라 '평가손익'의 처리방법은 다르다. 하지만 배당금 수익(현금배당)은 계정 분류와 무관하게 전부 당기손익으로 인식한다.

1 주식배당 : 투자자는 회계처리 X

주식배당은 자본이 불변인 자본거래라고 배웠었다. 주식배당을 하더라도 회사의 본질은 그대로인 상태로, 주식 수만 증가하기 때문에 투자자의 부는 변함이 없다. 따라서 주식배당을 수령한 투자자는 회계처리를 하지 않는다.

01 ㈜한국의 금융자산 거래가 다음과 같은 경우, 2015년의 법인세비용차감전순손익에 미치는 영향은? (단, 단가산정은 평균법에 의한다)

2015. 지방직 9급 수정

> - 2014년에 A사 주식 100주(액면금액 주당 ₩5,000)를 ₩500,000에 취득하여, 당기손익-공정가치 측정 금융자산으로 분류하였으며, 동 주식의 2014년 말 공정가치는 ₩550,000이다.
> - 2015년 2월에 A사는 현금배당 10%(액면기준)와 주식배당 10%를 동시에 실시하였으며, ㈜한국은 A사로부터 배당금과 주식을 모두 수취하였다.
> - 2015년 10월에 보유 중이던 A사 주식 중 55주를 주당 ₩6,000에 처분하였다.
> - 2015년 말 A사 주식의 주당 공정가치는 ₩7,000이다.

① ₩160,000 증가   ② ₩185,000 증가

③ ₩205,000 증가   ④ ₩215,000 증가

02 다음은 ㈜한국이 보유하고 있는 지분증권과 관련된 거래내역이다. 이 거래가 2013년의 당기손익에 미치는 영향은? (단, ㈜한국은 각 피투자회사에 대해 유의적인 영향력을 행사할 수 없으며, 법인세는 무시한다)

2014. 국가직 7급 수정

> - ㈜한국은 2013년 2월 20일 다음의 지분증권을 취득하고, 기타포괄손익-공정가치 측정 금융자산으로 선택하였다.
>
> | 종류 | 수량 | 주당 액면금액 | 주당 취득원가 |
> |------|------|------|------|
> | A주식 | 10 | ₩1,000 | ₩2,500 |
> | B주식 | 15 | 2,000 | 3,000 |
> | C주식 | 20 | 1,000 | 1,500 |
>
> - 2013년 3월 31일 A주식에 대한 배당금을 주당 ₩100씩 수령하였다.
> - 2013년 6월 1일 A주식 5주를 주당 ₩2,250에, B주식 10주를 주당 ₩2,500에 처분하였다.
> - 2013년 12월 31일 지분증권의 주당 공정가치는 다음과 같다.
>   A주식 : ₩2,000 B주식 : ₩1,750 C주식 : ₩1,600

① 이익 ₩1,000   ② 영향 없음

③ 손실 ₩12,000   ④ 손실 ₩13,000

39. 연습문제
Practice Questions

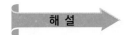

해 설

01. 답 ④

15년	기초	배당	처분	기말
FVPL	550,000 (100주)	50,000 +10주	6,000 (55주)	7,000 (55주)

배당금수익 : 100주 × 5,000 × 10% = 50,000

기말 주식 수 : 100주×1.1(주식배당)-55주 = 55주

법인세비용차감전순손익(=당기손익) : 50,000 + 6,000×55주 + 7,000×55주-550,000 = 215,000 증가

02. 답 ①

배당금수익 : 10주 × @100 = 1,000

회사가 주식을 FVOCI선택 금융자산으로 분류했기 때문에 주식의 평가 및 처분이 NI에 미치는 영향은 없다. 배당금 수익만 인식해주면 된다. FVOCI 선택 금융자산이라고 해서 '② 영향 없음'을 고르지 않도록 주의하자.

참고

13년	기초	배당	처분	기말
A FVOCI 선택	2,500 (10주)	1,000	2,250 (5주)	2,000 (5주)
B FVOCI 선택	3,000 (15주)		2,500 (10주)	1,750 (5주)
C FVOCI 선택	1,500 (20주)			1,600 (20주)

13년도 OCI에 미치는 영향 : 2,250×5주 + 2,000×5주 + 2,500×10주 + 1,750×5주 + 1,600×20 주-2,500×10주-3,000×15주-1,500×20주 = (-)13,000

배당금수익은 PL로 인식하기 때문에 굵은 박스 안에서 배당을 제외한 나머지를 전부 더하고, 기초 자산을 전부 빼면 된다.

패턴 40 유효이자율법-사채의 상환

	유효이자(10%)	액면이자(8%)	상각액	장부금액
X0	액면이자 × 연금현가계수 + 액면금액 × 단순현가계수 =			①950,263
X1	②95,026	③80,000	④15,026	⑤965,289
X2	96,529	80,000	16,529	981,818
X3	98,182	80,000	18,182	1,000,000

사채의 상환손익을 구하기 위해서는 상환 시점의 장부금액을 알아야 한다. 장부금액을 계산하기 위해 다음과 같은 순서로 유효이자율 상각표를 그리면 된다.

Step 1. 현재가치(= 발행금액) 구하기

현재가치 = 액면이자 × 연금현가계수 + 액면금액 × 단순현가계수

현재가치는 계산이 복잡해 문제에서 대부분 제시하는 편이다.

Step 2. 유효이자(= 이자손익) = 기초 장부금액×유효이자율

Step 3. 액면이자 = 액면금액×액면이자율

액면이자는 매년 동일하므로 한 번만 계산하여 그 아래를 쭉 채우면 된다.

Step 4. 상각액 = | 유효이자 - 액면이자 |

Step 5. 기말 장부금액 = 기초 장부금액±상각액

Step 6. 사채상환손익 : 사채의 장부금액-상환금액

1) 사채의 BV 〉 상환금액 : 사채상환이익
2) 사채의 BV 〈 상환금액 : 사채상환손실

김수석의 꿀팁 **사채상환 시 이익인지, 손실인지 헷갈리지 않는 방법 : 현금의 방향을 보자!**

자산은 '처분가액-장부금액'의 방식으로 처분손익을 계산하지만, 사채는 부채이기 때문에 장부금액이 앞에 온다. 쉽게 생각해서, '현금이 들어오면 더하고, 현금이 나가면 뺀다'고 생각하면 된다. 위 방식으로 계산했을 때 결과값이 양수이면 이익, 음수이면 손실이다.

01 ㈜한국은 액면 ₩1,000,000의 사채를 2015년 초에 ₩950,260으로 발행하였다. 발행 당시 사채의 유효이자율은 10%, 표시이자율은 8%, 이자는 매년 말 후급, 만기일은 2017년 말이다. ㈜한국이 해당 사채 전액을 2016년 초에 ₩960,000의 현금을 지급하고 상환할 경우 사채상환이익(손실)은? 2015. 지방직 9급

① ₩5,286 손실　　　　② ₩5,286 이익　　　　③ ₩6,436 손실　　　　④ ₩6,436 이익

02 ㈜한국은 2014년 1월 1일 액면금액 ₩10,000인 사채(3년 만기, 표시이자율 5%)를 할인발행하였다. 2015년 1월 1일 동 사채의 장부금액은 ₩9,600이고, 2015년도에 발생한 이자비용은 ₩600이다. ㈜한국이 2016년 1월 1일 해당 사채를 ₩9,800에 조기상환하였다면, 이에 대한 분개로 옳은 것은? 2016. 국가직 7급

	차변		대변	
①	사채	₩10,000	현금	₩9,800
			사채상환이익	₩200
②	사채	₩10,000	현금	₩9,800
	사채상환손실	₩100	사채할인발행차금	₩300
③	사채	₩10,000	현금	₩9,800
	사채상환손실	₩700	사채할인발행차금	₩900
④	사채	₩10,000	현금	₩9,800
	사채상환손실	₩800	사채할인발행차금	₩1,000

해 설

01. 답 ②

	유효이자(10%)	액면이자(8%)	상각액	장부금액
14				950,260
15	95,026	80,000	15,026	**965,286**

사채상환손익 : 965,286-960,000 = 5,286 이익

02. 답 ②

	유효이자	액면이자	상각액	장부금액
14				9,600
15	600	500	100	**9,700**

사채상환손익 : 9,700-9,800 = (-)100 손실

41 유효이자율법–총이자비용  ★중요!

이 패턴의 핵심 Key   **총이자비용 = 상각액 합계 + 만기×액면이자**

총이자비용은 상당히 자주 출제되는 주제이다. 계산문제뿐만 아니라, 말문제로도 제시되니 위 공식을 외우자. 도출과정은 다음과 같다.

(1) 총 현금 지급액 = 액면금액 + 만기×액면이자
(2) **총 이자비용** = ① 총 현금 지급액–총 현금 수령액
　　　　　　　 = ② <u>액면금액 + 만기 × 액면이자–발행금액</u>
　　　　　　　 = ③ **상각액 합계 + 만기 × 액면이자**

① 총 이자비용은 내가 받은 금액보다 더 준 금액이다. 따라서 총 현금 지급액에서 총 현금 수령액을 빼면 된다.
② ①번 식의 총 현금 지급액에 (1)식을 대입하고, 총 현금 수령액에 발행금액을 대입하면 ②번식이 도출된다.
③ ②번 식의 액면금액에서 발행금액을 빼면 상각액 합계가 나온다. 마지막 ③번 식을 꼭 외우자.

01 ㈜한국은 2015년 1월 1일에 액면금액 ₩100,000의 사채(표시이자율 연 10%, 이자지급일 매년 12월 31일, 만기 2년)를 ₩96,620에 발행하였다. 발행사채의 유효이자율이 연 12%인 경우, 이 사채로 인하여 ㈜한국이 만기까지 부담해야 할 총이자비용은? 2015. 국가직 7급

① ₩20,000   ② ₩23,380

③ ₩25,380   ④ ₩27,380

02 ㈜한국은 20X7년 1월 1일에 다음과 같은 조건으로 3년 만기 사채를 발행하였다.

> • 발행일 : 20X7년 1월 1일
> • 액면금액 : ₩100,000
> • 이자지급 : 매년 12월 31일에 액면금액의 연 8% 이자 지급
> • 발행가액 : ₩105,344

발행일 현재 유효이자율은 6%이며, 유효이자율법에 따라 이자를 인식하고 이자는 매년 12월 31일에 지급한다. 연도별 상각액은 20X7년도 ₩1,679, 20X8년도 ₩1,780, 20X9년도 ₩1,885이며, 상각액 합계액은 ₩5,344이다. 이 사채 발행 시부터 만기까지 인식할 총이자비용은? (단, 사채발행비는 발생하지 않았다) 2019. 국가직 7급

① ₩5,344   ② ₩18,656

③ ₩24,000   ④ ₩29,344

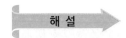
해 설

01. 답 ②

총이자비용 : 100,000 + 10,000 × 2년 − 96,620 = 23,380

참고 유효이자율 상각표

	유효이자(12%)	액면이자(10%)	상각액	장부금액
14				96,620
15	11,594	10,000	1,594	98,214
16	11,786	10,000	1,786	100,000

총이자비용 = 11,594 + 11,786 = 23,380

02. 답 ②

총이자비용: 18,656

(1) 액면금액 + 만기×액면이자 − 발행금액: 100,000 + 8,000 × 3년 − 105,344 = 18,656

(2) 상각액 합계 + 만기×액면이자: −5,344 + 8,000 × 3년 = 18,656

이 문제에서 두 번째 공식을 사용하려면, 상각액 합계인 5,344를 '차감'해야 함에 주의하자. 유효이자율이 액면이자율에 비해 낮아서 할증발행된 상황이다. 발행가액이 105,344로 액면금액인 100,000보다 큰 것을 보면 알 수 있다. 이 경우 상각액이 음수로 나오기 때문에 이자비용을 계산할 땐 액면이자에서 차감해야 한다. 따라서 할증발행 상황에서 헷갈리지 않으려면 (1)번 공식을 이용할 것을 추천한다.

참고 유효이자율 상각표

	유효이자(6%)	액면이자(8%)	상각액	장부금액
X6				105,344
X7	6,321	8,000	1,679	103,665
X8	6,220	8,000	1,780	101,885
X9	6,115	8,000	1,885	100,000

총이자비용 = 6,321 + 6,220 + 6,115 = 18,656

패턴 42
유효이자율과 액면이자율 간 비교

	유효R = 액면R	유효R 〉 액면R	유효R 〈 액면R
액면가와 비교	발행가 = 액면가	발행가 〈 액면가	발행가 〉 액면가
	액면발행	할인발행	할증발행
장부금액	불변	점차 증가	점차 감소
이자비용			
상각액			점차 증가

(1) 액면금액과 발행금액의 비교 : 유효이자율과 발행금액은 반비례

발행금액은 이자와 액면금액을 이자율로 할인한 금액이다. 따라서 이자율이 커질수록 발행금액은 작아지며, 유효이자율과 발행금액은 반비례한다.

(2) 이자비용, 상각액 증감 : 장부금액 변화와 일치!

할증 발행

액면 발행

할인 발행

이자비용은 기초BV에 유효이자율을 곱한 것이므로 **BV의 변화와 이자비용의 변화가 일치**한다.
그런데 할증 발행의 경우 이자비용이 감소함에도 불구하고 상각액을 '증가'로 표시했는데, 이는 상각액 계산 시 유효이자에서 액면이자를 차감한 뒤 절댓값을 씌우기 때문이다. 결과적으로 **상각액은 할인이든, 할증이든 무조건 증가한다.**

42. 연습문제
Practice Questions

01 유효이자율법에 의한 사채할인발행차금 또는 사채할증발행차금에 대한 설명으로 옳은 것은?

2020. 관세직 9급

① 사채를 할증발행할 경우, 인식하게 될 이자비용은 사채할증발행차금에서 현금이자 지급액을 차감한 금액이다.

② 사채를 할인발행할 경우, 사채할인발행차금 상각액은 점차 감소한다.

③ 사채를 할인발행 또는 할증발행할 경우 마지막 기간 상각 완료 후 장부가액은 사채의 액면금액이 된다.

④ 사채할인발행차금의 총발생액과 각 기간 상각액의 합계금액은 같고, 사채할증발행차금의 총발생액과 각 기간 상각액의 합계금액은 다르다.

02 ㈜한국은 20X1년 1월 1일에 3년 만기, 액면금액 ₩100,000의 사채를 발행하였다. 액면이자율은 연 8%이고, 발행당시 유효이자율은 연 10%이다. ㈜한국은 사채 이자를 매년말 지급하기로 하였고, 사채발행차금은 매 회계연도말 유효이자율법으로 상각한다. 다음 중 옳지 않은 것은?

2017. 계리사

① 사채발행차금 상각액은 매년 증가한다.

② 이자비용은 매년 증가한다.

③ 사채의 장부금액은 매년 증가한다.

④ 2차연도말에 액면금액으로 조기상환시 사채상환이익이 발생한다.

해 설

01. 답 ③

① 사채를 할증발행할 경우, 인식하게 될 이자비용은 **현금이자 지급액**에서 **사채할증발행차금**을 차감한 금액이다. (X)
 – 할증발행 시 사할차 (상각액) = |유효이자 – 액면이자| = 액면이자 – 유효이자
 → 유효이자(이자비용) = 액면이자(현금이자) – 사할차 상각액

② 사채를 할인발행하든, 할증발행하든, 사채할인(할증)발행차금 **상각액은 점차 증가**한다. (X)

③ 사채 발행가와 무관하게 만기 시 장부가액은 반드시 사채의 액면금액이 된다. (O)

④ 사채할인발행차금, 사채할증발행차금 모두 총발생액과 각 기간 상각액의 합계금액은 **같다**. (X)

02. 답 ④

액면이자율보다 유효이자율이 크기 때문에 할인발행 상황이다. 사채의 장부금액은 매년 증가하지만 계속해서 액면금액 이하이기 때문에 액면금액으로 조기상환 시 사채상환**손실**이 발생한다.

① 유효이자율이 액면이자율보다 크든, 작든 볼 필요 없이 사채발행차금 상각액 무조건 증가한다. (O)

②, ③ 유효이자율이 액면이자율보다 큰 상황이다. 장부금액은 액면금액보다 작으며, 지속해서 상승하는 상황이다. 이자비용은 장부금액에 이자비용도 비례하므로 매년 증가한다. (O)

43 유효이자율법-계산형 말문제 ★중요!

패턴 43에서 패턴 45까지 배운 유효이자율법의 내용을 각 선지별로 하나씩 묻는 형태도 상당히 자주 출제된다. 하지만 선지의 옳고, 그름을 하나씩 판단하려면 상당히 시간이 많이 걸리므로 유효이자율법이 계산형 말문제로 출제된다면 **넘긴 후에 시간이 남는다면 마지막에 풀자.**

01 ㈜지방은 20X3년 1월 1일에 액면금액 ₩1,000, 표시이자율 연 7%, 만기 2년, 매년 말에 이자를 지급하는 사채를 발행하였다. 다음은 ㈜지방이 작성한 사채상각표의 일부를 나타낸 것이다.

일자	유효이자	표시이자	사채할인발행차금 상각	장부금액
20X3. 1. 1.				?
20X3.12.31.	?	?	₩25	?
20X4.12.31.	?	?	₩27	₩1,000

위의 자료를 이용한 사채에 대한 설명으로 옳지 않은 것은?   2014. 지방직 9급

① 2년간 이자비용으로 인식할 총금액은 ₩140이다.

② 사채의 발행가액은 ₩948이다.

③ 20X4년 1월 1일에 사채를 ₩1,000에 조기상환할 경우 사채상환손실은 ₩27이다.

④ 사채의 이자비용은 매년 증가한다.

02 ㈜한국은 20X1년 1월 1일 액면금액 ₩100,000 (액면이자율 연 3%, 이자지급 매년말, 만기 20x3년 12월 31일)의 사채를 ₩82,592에 발행하였으며, 동 사채의 발행시점 유효이자율은 연 10%이다. 다음 설명 중 옳지 않은 것은? 단, 계산금액은 소수점 첫째자리에서 반올림하며, 단수차이로 인한 오차가 있으면 가장 근사치를 선택한다.   2019. 계리사 수정

① 사채 발행 시 차변에 계상되는 사채할인발행차금은 ₩17,408이다.

② 20X1년 사채 이자비용은 ₩8,259이다.

③ 20x2년 12월 31일 사채 장부금액은 ₩87,851이다.

④ 사채발행기간 동안의 총 이자비용은 ₩26,408이다.

43· 연습문제
Practice Questions

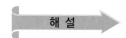 해설

01. 답 ①

일자	유효이자	표시이자(7%)	사채할인발행차금 상각	장부금액
20X3. 1. 1.				②948
20X3.12.31.	?	70	₩25	③973
20X4.12.31.	?	70	₩27	₩1,000

액면이자 : 1,000 × 7% = 70

① 2년간 총이자비용 : 25 + 27 + 70 × 2년 = 192 (X)

② 발행가액 : 1,000 − 25 − 27 = 948

③ 20X4년 1월 1일 사채의 장부금액 : 948 + 25 = 973

                사채상환손익 : 973−1,000 = (−)27 손실

④ 사채를 할인발행하였으므로 사채의 이자비용은 매년 증가한다.

02. 답 ③

	유효이자(10%)	액면이자(3%)	상각액	장부금액
X0				82,592
X1	8,259	3,000	5,259	87,851
X2	8,785	3,000	5,785	**93,636**

① 사채 발행 시 사할차 : 100,000−82,592 = 17,408 (O)

    (차) 현금   82,592   (대) 사채   100,000

        사채할인발행차금   17,408

② X1년 이자비용 : 82,592 × 10% = 8,259 (O)

③ X2년 말 장부금액 : (82,592 × 1.1−3,000) × 1.1−3,000 = 93,636 (X)

④ 총 이자비용 : 100,000 + 3,000 × 3 − 82,592 = 26,408 (O)

패턴 44 채무상품 회계처리 심화

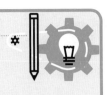

금융상품 문제는 주로 주식(지분상품)으로 출제되며, 채무상품은 난이도가 높아 상대적으로 출제빈도가 낮은 편이다. 다음 세 가지 채무상품 계정 가운데 AC 금융자산이 그나마 많이 출제되며, FVPL 금융자산은 가장 출제빈도가 낮은 편이다.

채무상품	AC 금융자산 (상각후원가 측정)	FVOCI 금융자산 (기타포괄손익-공정가치 측정)	FVPL 금융자산 (당기손익-공정가치 측정)
취득부대비용	취득원가에 가산 (유효 R 하락)		당기비용
이자수익	유효이자율 상각		액면이자
FV 평가손익	X	OCI	PL
처분손익	PL	PL (재분류 조정 O → AC와 동일)	PL

1 AC 금융자산

(1) 이자수익 : 유효이자율 상각

AC 금융자산은 사채와 동일한 방법으로 유효이자율 상각한다. 단, 채무자 입장인 **사채와** 반대로 채권자의 입장이기 때문에 **부호를 반대로 회계처리**해야 한다. 가령, **유효이자가** 사채에서는 이자비용을 의미했지만, **금융자산에서는 이자수익을 의미**한다.

(2) FV 평가손익 : X

AC 금융자산은 금융자산을 '상각후원가'로 측정한다. 따라서 공정가치 평가 없이 **유효이자율 상각**한 상각후원가로 계상한다.

(3) 처분손익 : 처분가액-AC

금융자산 처분손익은 처분가액에서 유효이자율법으로 구한 상각후원가를 차감하여 계산하면 된다.

2 FVOCI 금융자산 : 취소-상각-평가

기본적으로 FVOCI 금융자산은 AC 금융자산과 동일하게 회계처리하되, **공정가치 평가만 추가되었** 다고 보면 된다.

Step 1. X1년 유효이자율 상각 (= AC 금융자산)

FVOCI 금융자산은 AC 금융자산과 동일한 방법으로 유효이자율 상각한다.

Step 2. X1년 공정가치 평가 : 평가손익 = FV-AC

(차) FVOCI 금융자산　　　　　　 10,000　(대) OCI　　　　　　　　　　　　 10,000

FVOCI 금융자산은 금융자산을 공정가치로 측정한다. 따라서 상각후원가를 공정가치로 평가하며, 평가손익은 OCI로 인식한다.

Step 3. X2년 취소 : 전기말 평가 역분개

(차) OCI 10,000　　　　　　　　　　　 (대) FVOCI 금융자산 10,000

해가 넘어가면 전기 말에 인식한 평가 회계처리를 역분개하여 제거한다. 이를 통해 추가로 신경 쓸 필요 없이 자동으로 재분류조정이 이루어진다.

Step 4. X2년 유효이자율 상각

Step 5. X2년 공정가치 평가 : 평가손익 = FV-AC

(차) FVOCI 금융자산　　　　　　 15,000　(대) OCI　　　　　　　　　　　　 15,000

Step 6. 당기손익에 미치는 영향 : AC 금융자산으로 가정하고 풀 것!

> **FVOCI 금융자산의 당기손익 = AC 금융자산의 당기손익**

채무상품은 FVOCI로 분류하나, AC로 분류하나 당기손익이 일치한다. 따라서 문제에서 당기손익(이 자수익, 처분손익)을 묻는다면 AC 금융자산을 가정하고 문제를 풀면 된다. OCI를 물어볼 때만 AC와 다르게 처리하면 된다.

▼FVOCI 금융자산 출제사항

(1) 기말 장부금액 : 공정가치
문제에서 금융자산의 기말 잔액을 묻는 경우가 있는데, 이때에는 별도 계산 없이 문제에서 제시한 공정 가치로 답하면 된다.

(2) X2년 기타포괄손익 : X2년 평가손익-X1년 평가손익 = 5,000
X2년 기타포괄손익은 X2년 평가손익에서 X1년 평가손익을 차감하여 구한다. X2년에 역분개를 통해 X1 년 평가손익을 전부 취소하고 X2년 평가손익을 다시 잡았기 때문이다. 따라서 손익계산서에는 증가분인 5,000(= 15,000-10,000)이 계상된다.

(3) X2년 말 기타포괄손익누계액 : X2년 평가손익 = 15,000
X2년에 역분개를 통해 X1년 평가손익을 전부 취소하고 X2년 평가손익을 다시 잡았기 때문에 X2년 평가 손익만 기말에 남는다.

(4) 당기손익에 미치는 영향 : AC 금융자산과 동일!
① 이자수익
   FVOCI 금융자산, AC 금융자산 모두 유효이자율법을 적용하기 때문에 이자수익은 동일하다.
② 처분손익 = 처분가액-AC
   FVOCI 금융자산은 평가손익(OCI)을 재분류조정하기 때문에 AC 금융자산과 PL이 일치한다. 따라서 FV는 무시하고, 처분가액에서 유효이자율법으로 구한 상각후원가를 차감하여 처분손익을 계산하면 된 다. 왜 재분류 조정이 PL을 일치시키는지는 코어 회계학을 참고하자.

3 FVPL 금융자산

(1) 이자수익 : 액면이자

FVPL 금융자산은 AC와 FVOCI와 달리 유효이자율 상각을 수행하지 않고, **액면이자만 이자수익으로 인식**한다. 어차피 기말에 FV 평가하고, 이자수익과 평가손익 모두 당기손익이기 때문에 정확하게 이 자수익을 계산하는 것이 무의미하기 때문이다.

(2) FV 평가손익 = FV-BV (PL)

FVPL 금융자산은 금융자산을 공정가치로 측정한다. 장부금액을 공정가치로 평가하며, 평가손익은 **PL로 인식**한다.

연습문제
Practice Questions

01 2008년 1월 1일 ㈜한국은 5년 만기, 액면가 ₩1,000,000, 액면이자율 8%(매년 말 이자지급)의 회사채를 ₩850,000에 취득하였다. 취득 당시의 유효이자율은 10%이고 ㈜한국은 이 회사채를 FVOCI 금융자산으로 분류하였다. 이 회사채의 2008년 말과 2009년 말 공정가치가 각각 ₩860,000과 ₩865,000이라고 할 때, 이 회사채의 2009년도 회계처리에 관한 설명으로 옳지 않은 것은? 2010. 국가직 7급 수정

① 손익계산서에 보고되는 이자수익은 ₩85,500이다.

② 재무상태표(대차대조표)에 보고되는 FVOCI 금융자산은 ₩865,000이다.

③ 재무상태표(대차대조표)에 보고되는 FVOCI 금융자산 평가이익은 ₩5,000이다.

④ FVOCI 금융자산 평가이익을 ₩500 감소시키는 수정이 필요하다.

02 ㈜서울은 20X1년 초에 액면금액 ₩100,000(액면이자율 8%, 만기 3년, 매년 말 이자지급 조건)의 회사채를 ₩95,000에 취득하여 기타포괄손익-공정가치 측정 금융자산으로 분류하였다. 20X1년 말에 동 회사채에 대해서 현금으로 이자를 수취하였으며 이자수익으로는 ₩9,500을 인식하였다. 동 회사채의 20X1년 말 공정가치는 ₩97,000이었으며, ㈜서울은 이 회사채를 20X2년 초에 ₩97,500에 매각하였다. 이 회사채의 20X1년 기말 평가손익과 20X2년 초 처분손익이 두 회계기간의 당기순이익에 미치는 영향으로 옳은 것은? 2017. 서울시 7급

	20X1년	20X2년
①	영향 없음	₩500 증가
②	영향 없음	₩1,000 증가
③	₩500 증가	₩500 증가
④	₩500 증가	₩1,000증가

45 현금성항목 ★중요!

이 패턴의 핵심 Key 현금성 항목과 현금성이 아닌 항목

현금성 항목 : '즉시' 현금화 가능	현금성이 아닌 항목 : (즉시) 현금화 불가
• 타인발행수표, 자기앞수표 • 우편환, 송금환 • 보통예금, 당좌예금 • 통화 • 배당금지급통지표, 국공채이자표	• 선일자수표, 어음 • 우표, 수입인지 • 적금, 당좌차월, 당좌개설보증금 • 직원가불금, 차용증서
• 만기에 따라 달라지는 항목 : 양도성예금증서, 환매채, 국공채, 상환우선주	

즉시 현금화가 가능해야 현금성 항목으로 분류한다. 현금화가 불가능하거나, 현금화가 가능하지만 '즉시' 현금화할 수 없다면 현금성 항목으로 분류할 수 없다.

1 수표 및 어음

(1) 수표 : 바로 현금화 가능

(2) 선일자수표, 어음 : 일정 기한이 도래해야 현금화 가능 (매출채권)

2 환, 우표, 인지

(1) 우편환, 송금환 : 바로 현금화 가능 (서울에서 환 발급받아 부산에서 인출 가능)

(2) 우표, 수입인지 : 비용을 미리 지급한 것 (ex)우표 : 미리 사서 훈련소에서 사용–선급비용)

3 예금, 적금, 당좌차월 및 당좌개설보증금

(1) 예금 : 바로 현금화 가능

(2) 적금 : 만기가 도래해야 현금화 가능

(3) **당좌차월** : 마이너스 통장. (**차입금**)

(4) **당좌개설보증금** : 당좌예금 해지 시에만 인출 가능. (장기금융상품)

4 통화 : 지폐와 동전. 현금성 항목

5 배당금지급통지표, 국공채이자표 : 제시하면 바로 배당금 혹은 이자를 지급함. 현금성 항목

6 직원가불금, 차용증서 : 돈을 빌려준 것 (대여금)

7 취득 당시 만기에 따라 분류가 결정되는 항목 : 양도성예금증서, 환매채(환매조건부채권), 국공채, 상환우선주 등

취득 당시 만기가 3개월 이내이면 현금성 항목으로 분류한다. 만기에 따라 분류가 결정되는 항목에 어떤 것들이 있는지 외우지 말자. 어차피 취득일과 만기를 제시해줄 것이기 때문에 그에 따라 현금성 항목인지 여부를 판단하면 된다.

> **▼주의 결산일 현재(12월 31일)가 아닌 '취득 당시' 만기가 3개월 이내여야 함!**
> 다음 해 1월에 만기가 도래해도 취득일이 올해 6월이었다면 현금성 항목이 아니다.

01 다음은 2013년 12월 31일 현재 ㈜한국이 보유하고 있는 항목들이다. ㈜한국이 2013년 12월 31일의 재무상태표에 현금 및 현금성자산으로 표시할 금액은?   2014. 국가직 9급

• 지급기일이 도래한 공채이자표	₩5,000
• 당좌거래개설보증금	₩3,000
• 당좌차월	₩1,000
• 수입인지	₩4,000
• 선일자수표(2014년 3월 1일 이후 통용)	₩2,000
• 지폐와 동전 합계	₩50,000
• 2013년 12월 20일에 취득한 만기 2014년 2월 20일인 양도성예금증서	₩2,000
• 2013년 10월 1일에 취득한 만기 2014년 3월 31일인 환매채	₩1,000

① ₩56,000   ② ₩57,000

③ ₩58,000   ④ ₩59,000

02 ㈜한국의 2018년 12월 31일 결산일 현재 다음의 현금 및 예금 등의 자료를 이용할 때, 2018년 재무상태표에 보고할 현금 및 현금성 자산 금액은?   2019. 관세직 9급

• 현금	₩30,000
• 우편환증서	₩100,000
• 우표와 수입인지	₩20,000
• 은행발행 자기앞수표	₩20,000
• 보통예금(사용제한 없음)	₩10,000
• 정기적금(만기 2022년 1월 31일)	₩200,000
• 당좌차월	₩50,000
• 당좌개설보증금	₩80,000
• 환매조건부 채권 (2018년 12월 1일 취득, 만기 2019년 1월 31일)	₩300,000

① ₩360,000   ② ₩440,000

③ ₩460,000   ④ ₩660,000

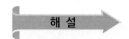

해 설

01. ② ②

지급기일 도래한 공채이자표	5,000
지폐와 동전	50,000
양도성예금증서	2,000
합계	57,000

양도성예금증서는 취득 당시 만기가 3개월 이내이지만, 환매채는 3개월 이상이므로 현금성자산에 포함되지 않는다.
3개월의 기준이 보고기간 종료일(12월 31일)이 아닌 취득일이라는 것을 주의하자.

02. ③ ③

현금	30,000
우편환	100,000
자기앞수표	20,000
보통예금	10,000
환매채	300,000
합계	460,000

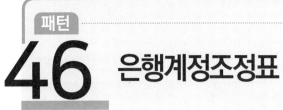

패턴 46 은행계정조정표

1 회사측 조정 사항

조정 사항	내용	회사 잔액에서
미통지예금	회사계좌에 입금되었으나 회사가 기록하지 않음	가산
받을어음 추심	어음을 회수하였으나 회사는 이를 누락함	가산
부도수표	회사 보유 수표가 부도처리되었으나 회사가 누락함	차감
은행수수료	은행수수료를 회사가 누락함	차감
이자손익	이자수익, 이자비용을 회사가 누락함	조정
회사측 오류	거래 금액을 잘못 기재함	조정

2 은행측 조정 사항

조정 사항	내용	은행 잔액에서
미기입예금 (마감후 입금)	회사가 입금한 내역을 은행이 누락함	가산
기발행미인출수표 (미지급수표)	회사가 발행한 수표가 은행에서 출금되지 않음	차감
은행 측 오류	다른 회사의 거래를 본 회사의 거래로 잘못 반영함	조정

3 조정 전 금액과 조정 후 금액의 명칭

	회사	은행
조정 전 금액	회사 측 당좌예금 잔액 ㈜한국의 당좌예금 잔액 ㈜한국의 수정 전 당좌예금 잔액 당좌예금 장부상 잔액 당좌예금계정 장부가액	은행계정명세서상의 잔액 예금잔액증명서상 당좌예금 잔액 은행 측 잔액증명서 은행계산서의 당좌예금 잔액
조정 후 금액	정확한 당좌예금 잔액, 정확한 당좌예금계정의 잔액	

유형 1 : 조정 후 금액

	회사		은행
조정 전	XXX	조정 전	XXX
회사 측 조정	XXX XXX XXX XXX	은행 측 조정	XXX XXX XXX XXX
조정 후	①XXX	조정 후	①XXX

조정 후 금액을 묻는 경우 조정 전 금액에 조정 사항을 반영하여 조정 후 금액을 구하면 된다. 조정 후 금액은 일치하기 때문에 회사와 은행 중에 원하는 쪽을 골라 한 번만 계산하면 된다. 검산하기 위해서는 양쪽 다 계산하여 일치하는지 확인하면 된다.

유형 2 : 조정 전 금액

문제에서 올바른 예금 잔액을 묻기도 하지만, 조정 전 금액을 묻는 경우도 많다. 이 경우 다음 순서대로 풀자.

	회사		은행
조정 전	XXX	조정 전	③XXX
회사 측 조정	XXX XXX XXX XXX	은행 측 조정	XXX XXX XXX XXX
조정 후	①XXX	조정 후	②XXX

① 문제에서 제시한 조정 전 금액에서 출발하여 조정 사항을 반영하여 올바른 예금 잔액을 먼저 구하자.

② 올바른 예금 잔액은 일치하므로 반대쪽에도 똑같이 적자.

③ 조정 사항을 '역으로 반영하여' 조정 전 금액을 구한다.

　'조정 전 + 조정 사항 = 조정 후'이므로 **'조정 전 = 조정 후-조정 사항'**의 방식으로 구해야 한다

연습문제
Practice Questions

01 ㈜한국의 당좌예금에 대한 다음의 자료를 이용하여 계산한 2012년 12월 말의 정확한 당좌예금 잔액은?

2012. 국가직 9급

- 2012년 12월 31일 ㈜한국의 당좌예금계정 잔액은 ₩920,000이다.
- 은행계정명세서상의 2012년 12월 31일 잔액은 ₩1,360,000이다.
- 은행계정명세서와 ㈜한국의 장부를 비교해 본 결과 다음과 같은 사실을 발견했다.
  - ₩60,000의 부도수표를 ㈜한국은 발견하지 못했다.
  - 은행에서 이자비용으로 ₩5,000을 차감하였다.
  - 기발행미결제수표가 ₩520,000 있다.
- 마감시간이 경과한 후 은행에 전달하여 미기록된 예금은 ₩240,000이다.
- 자동이체를 시켜놓은 임차료가 ₩185,000 차감되었는데 ㈜한국은 알지 못했다.
- 은행에서 ㈜서울에 입금시킬 돈 ₩410,000을 ㈜한국에 입금하였는데 ㈜한국은 알지 못했다.

① ₩670,000

② ₩680,000

③ ₩690,000

④ ₩700,000

02 20X1년 12월 31일 ㈜한국의 장부상 당좌예금 잔액은 ₩100,000이다. ㈜한국의 당좌예금 잔액과 거래은행으로부터 통지받은 예금 잔액에 대한 차이의 원인이 다음과 같을 때, 수정전 은행측 잔액은 얼마인가?

2019. 계리사

- 추심을 의뢰한 어음 ₩20,000이 20X1년 12월 31일에 추심되었으나 ㈜한국의 장부에는 기입되지 않았다.
- 당좌예금 수수료 ₩5,000을 은행이 인출하였으나, ㈜한국의 회계담당자는 이를 알지 못했다.
- ㈜한국이 거래처에 ₩15,000의 당좌수표를 발행하였으나, 아직 은행에서 인출되지 않았다.
- ㈜한국이 20X1년 12월 31일에 ₩40,000을 당좌예금계좌에 예입하였으나 은행은 20x2년 1월 1일에 기록하였다.

① ₩85,000

② ₩90,000

③ ₩115,000

④ ₩140,000

46. 연습문제
Practice Questions

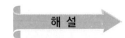

해 설

01. 답 ①

	회사	은행
조정 전	920,000	1,360,000
부도수표	(60,000)	
이자비용	(5,000)	
기발행미결제수표		(520,000)
미기입예금		240,000
임차료	(185,000)	
㈜서울 입금분		(410,000)
올바른 잔액	670,000	670,000

임차료 차감분 : 자동이체를 ㈜한국이 알지 못했으므로 회사측 잔액에서 조정해주어야 한다.
㈜서울 입금분 : ㈜서울에 입금시켰어야 하는데 잘못하여 ㈜한국에 입금하였고, 회사는 이를 알지 못하였으므로 회사는 조정할 필요 없이 은행이 조정해야 한다.

02. 답 ②

	회사	은행
조정 전	100,000	**90,000**
어음 추심액	20,000	
은행수수료	(5,000)	
기발행미인출수표		(15,000)
미기입예금		40,000
올바른 잔액	115,000	115,000

패턴 47 대손상각비

1 대손 회계처리

(1) 회수불능(= 대손 확정, 손상차손) : 대손충당금 감소

    (차) 대손충당금 XXX   (대) 매출채권 XXX

(1)-1 회수불능 시 감소시킬 대손충당금이 부족한 경우

(차) 대손충당금		XXX	(대) 매출채권	XXX
대손상각비		**XXX**		

회수불능 시에는 대손충당금을 감소시킨다. 감소시킬 대손충당금이 부족할 경우 부족분만큼 대손상각비를 인식한다.

(2) 대손 채권의 회수 : 대손충당금 증가

    (차) 현금   XXX   (대) 대손충당금   XXX

회수불능 시 대손충당금을 감소시켰기 때문에 채권이 회수되었다면 반대로 대손충당금을 증가시켜야 한다.

(3) 대손충당금 설정

1) 기말 대손충당금 잔액 〉 설정 전 잔액 : 대손충당금 증가

    (차) 대손상각비   XXX   (대) 대손충당금   XXX

2) 기말 대손충당금 잔액 〈 설정 전 잔액 : 대손충당금 감소

    (차) 대손충당금   XXX   (대) 대손충당금환입   XXX

이 패턴의 핵심 Key **대손상각비 풀이법**

다음은 대손 회계처리를 표로 나타낸 것이다. 회계처리이기 때문에 기초와 기말 잔액을 제외하고는 대차가 일치해야 한다.

	대손상각비	매출채권	대손충당금	순액
기초		기초 매출채권	기초 대손충당금	추정 현금흐름
대손	충당금 부족액	(회수불능액)	(회수불능액)	
회수			채권회수액	
설정	설정액		설정액	
기말	대손상각비	기말 매출채권	기말 대손충당금	추정 현금흐름

대손과 회수는 문제에서 제시한 대로 수행한 뒤, 기말 대손충당금이 맞게끔 설정을 '끼워 넣으면' 된다. 기말 대손충당금은 다음과 같이 구한다.

(1) 추정 현금흐름이 제시된 경우 : **대손충당금 = 매출채권-추정현금흐름**

(2) 손실률이 제시된 경우 : **대손충당금 = ∑예상 손실액×상황별 확률**

01 ㈜한국의 20X2년 초 대손충당금 잔액은 ₩8,000이다. 20X2년 중 회수불능으로 판단되어 제거된 매출채권은 ₩3,000이었으며, 20X2년 말까지 이중 ₩1,000이 회수되었다. 20X2년 말 매출채권 총액은 ₩90,000이며, 미래 현금흐름 추정액은 ₩81,000인 경우 20X2년 말 ㈜한국이 매출채권에 대해서 인식할 손상차손(대손상각비)은 얼마인가?

2016. 계리사

① ₩3,000   ② ₩4,000

③ ₩6,000   ④ ₩9,000

02 ㈜한국의 20X8년 손실충당금(대손충당금) 기초잔액은 ₩30이고 20X8년 12월 31일에 매출채권 계정을 연령별로 채무불이행률을 검사하고, 다음의 연령분석표를 작성하였다.

결제일 경과기간	매출채권	채무불이행률
미경과	₩90,000	1%
1일 ~ 30일	₩18,000	2%
31일 ~ 60일	₩9,000	5%
61일 ~ 90일	₩6,000	15%
91일 이상	₩4,000	30%

20X9년 1월 10일에 거래처인 ㈜부도의 파산으로 인해 매출채권 ₩4,500의 회수불능이 확정되었다. ㈜한국이 20X9년 1월 10일 인식할 손상차손(대손상각비)은?

2019. 국가직 7급

① ₩630   ② ₩660

③ ₩690   ④ ₩720

47. 연습문제
Practice Questions

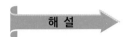

01. 답 ①

	대손상각비	매출채권	−대손충당금	= 순액
기초			8,000	
대손		(3,000)	(3,000)	
회수			1,000	
설정	**3,000**		②**3,000**	
기말	3,000	90,000	①9,000	81,000

02. 답 ③

	대손상각비	매출채권	−대손충당금	= 순액
기초			①3,810	
대손	②**690**	(4,500)	(3,810)	
회수				
설정				
기말				

① 기초 대손충당금 잔액: 90,000×1% + 18,000×2% + 9,000×5% + 6,000×15% + 4,000×30% = 3,810
  • 문제에 제시된 매출채권 연령분석표는 'X8년 말' 매출채권에 대한 자료이다. 문제에서 X9년의 손상차손을 물었기 때문에 X8년 말 대손충당금은 '기초' 대손충당금이다.
  • X8년말에 존재하는 매출채권 중에서 못 받을 것으로 예상되는 금액(대손충당금)의 총액이 3,810이다. X8년 손실충당금 기초잔액 30을 추가로 더하지 않도록 주의하자.
② 1월 10일 대손상각비: 4,500 − 3,810 = 690
  • 기초 대손충당금 잔액에 비해 대손 확정 금액이 크므로 부족분은 상각비로 인식한다.

회계처리

(차) 대손충당금	3,810	(대) 매출채권	4,500
대손상각비	690		

Day 14. 기말수정분개

48 기말수정분개-발생주의 ★중요!

발생주의 기말수정분개는 정말 많이 출제되는 유형이다. 발생주의 회계처리는 과정이 복잡해 본서에서 자세히 설명하는데 한계가 있다. 문제의 해설을 보고도 잘 이해되지 않는다면 코어 회계학을 참고하자.

1 당기 수정분개는 전기 수정분개를 뒤집으면 됨!

(1) 미수수익: 회사가 X1년도 수익을 X2년에 수령, X2년도에 수익으로 인식

	올바른 회계처리	회사 회계처리	기말수정분개
X1	미수수익 / 수익	– / –	**미수수익** / 수익
X2	현금 / 미수수익	현금 / 수익	수익 / **미수수익**

(2) 선수수익: 회사가 X2년도 수익을 X1년에 수령, X1년도에 수익으로 인식

	올바른 회계처리	회사 회계처리	기말수정분개
X1	현금 / 선수수익	현금 / 수익	수익 / **선수수익**
X2	선수수익 / 수익	– / –	**선수수익** / 수익

(3) 미지급비용: 회사가 X1년도 비용을 X2년에 지급, X2년도에 비용으로 인식

	올바른 회계처리	회사 회계처리	기말수정분개
X1	비용 / 미지급비용	– / –	비용 / **미지급비용**
X2	미지급비용 / 현금	비용 / 현금	**미지급비용** / 비용

(4) 선급비용: 회사가 X2년도 비용을 X1년에 지급, X1년도에 비용으로 인식

	올바른 회계처리	회사 회계처리	기말수정분개
X1	선급비용 / 현금	비용 / 현금	**선급비용** / 비용
X2	비용 / 선급비용	– / –	비용 / **선급비용**

2 기말 수정분개에서 현금은 건드리지 않음!

회사에서 수행한 틀린 회계처리는 일반적으로 현금주의를 따르기 때문에 '현금' 계정은 정확하게 계상되어 있다. 기말수정분개에 현금이 들어가 있다면 틀린 수정분개이다.

3 시산표 및 재무제표에 미치는 영향

(1) 시간이 오래 걸리므로, 이 유형의 문제를 만난다면 넘긴 뒤에 마지막에 풀어야 함
(2) 순이익에 미치는 영향만 묻는다면: 수정분개 없이 손익변동표만 그려서 풀면 됨
(3) 자산, 부채, 순이익 등에 미치는 영향을 묻는다면: 아래 시산표를 그려서 풀어야 함

	시산표			
	차변		대변	
	자산	비용	수익	부채
임차료	30,000	(30,000)		
급여		20,000		20,000
합계	30,000	(10,000)		20,000
순이익		10,000		
시산표	20,000		20,000	

(1) 시산표 그리기: 자산 + 비용 = 수익 + 부채 (자본은 생략)
(2) 수정분개 표시하기: 각 줄은 회계처리를 표시한 것이기 때문에 대차가 일치해야 함
(3) 자산, 비용, 수익, 부채에 미치는 영향
   수정분개가 자산, 비용, 수익, 부채에 미치는 영향을 전부 더해서 '합계' 줄에 기재
(4) 순이익에 미치는 영향=수익-비용=자산-부채
   '법인세비용차감전순이익'에 미치는 영향='당기순이익'에 미치는 영향
(5) 수정후시산표의 차변합계 or 대변합계 증감
   수정후시산표의 차변합계 증감 = 수정후시산표의 대변합계 증감

> **주의** '오류'가 미치는 영향: 부호 반대로!
> 우리가 만든 시산표는 '수정분개가' 재무제표에 미치는 영향을 표시한 것이다. '수정분개를 반영하지 못할 경우' 재무제표에 미치는 영향은 **우리가 표시한 영향을 부호 반대로 답해주어야 한다.**

<u>01</u> ㈜한국의 2012년 12월 31일 수정전시산표와 추가적 정보는 다음과 같다. 수정분개로 옳은 것은?

2013. 관세직 9급

[수정전시산표]	
계정과목	잔액
매출채권	₩200,000
선수수익	₩60,000
선급임차료	₩120,000
선급보험료	₩24,000

[추가적 정보]

ㄱ. 2012년 12월 31일을 기준으로 선수수익의 3분의 1에 해당하는 용역을 제공하였다.

ㄴ. 2012년 9월 1일 1년분의 보험료를 지급하고, 선급보험료로 회계처리하였다.

ㄷ. 대금이 회수되지 않은 용역제공분 ₩6,000에 대하여 회계처리하지 않았다.

ㄹ. 6개월분의 선급임차료에 대한 거래는 2012년 10월 1일에 발생하였다.

① ㄱ: (차) 선수수익   ₩20,000   (대) 매출원가   ₩20,000

② ㄴ: (차) 선급보험료   ₩8,000   (대) 보험료   ₩8,000

③ ㄷ: (차) 현금   ₩6,000   (대) 용역매출   ₩6,000

④ ㄹ: (차) 임차료   ₩60,000   (대) 선급임차료   ₩60,000

<u>02</u> ㈜한국의 기말수정사항이 다음과 같을 때, 기말수정분개가 미치는 영향에 대한 설명으로 옳지 않은 것은? (단, 법인세는 무시한다)

2015. 국가직 9급

- 4월 1일 1년간의 임차료 ₩120,000을 현금으로 지급하면서 전액을 임차료로 기록하였다.
- 12월에 급여 ₩20,000이 발생되었으나, 기말 현재 미지급 상태이다.

① 수정후시산표의 차변합계가 ₩50,000만큼 증가한다.

② 당기순이익이 ₩10,000만큼 증가한다.

③ 자산총액이 ₩30,000만큼 증가한다.

④ 부채총액이 ₩20,000만큼 증가한다.

48. 연습문제

Practice Questions

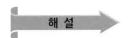

해 설

01. 답 ④

|올바른 수정분개|

① (차) 선수수익	20,000	(대) **수익**	20,000
② (차) **보험료**	8,000	(대) **선급보험료**	8,000
③ (차) **미수수익**	6,000	(대) 수익(용역매출)	6,000
④ (차) 임차료	60,000	(대) 선급임차료	60,000

① 선수수익 중 1/3은 용역을 제공하였으므로 매출원가가 아닌 수익을 인식해야 한다.

② 보험료를 전부 자산화한 뒤 비용처리하지 않았으므로 선급보험료를 감소시켜야 한다. 대차를 바꾸면 된다.

③ 아직 회수되지 않은 용역제공분에 대해서는 현금을 계상할 수 없으며, 미수수익을 계상해야 한다.

02. 답 ①

|기말수정분개|

(차) 선급임차료	30,000	(대) 임차료	30,000
(차) 급여	20,000	(대) 미지급급여	20,000

	시산표			
	차변		**대변**	
	자산	비용	수익	부채
임차료	30,000	(30,000)		
급여		20,000		20,000
합계	30,000	(10,000)		20,000
순이익		10,000		
시산표	20,000		20,000	

① 수정후시산표의 차변합계: 20,000 증가 (X)

패턴 49 기말수정분개-소모품 회계처리

이 패턴의 핵심 Key — 자산만 보자!

소모품 기말수정분개를 쉽게 하는 방법은 자산 금액만 보는 것이다. 자산 금액만 맞추면 회계처리의 대차는 항상 일치해야 하므로 반대쪽에는 같은 금액으로 '소모품비' 계정만 써주면 된다. 소모품 회계처리는 다음의 두 가지 유형으로 나뉜다.

회사가 소모품 구입 시	(1) 자산 처리한 경우	(2) 비용 처리한 경우
회사 소모품 계상액	기초+매입액	기초
소모품비 조정액	기초+매입액-기말	기초-기말
회계처리	소모품비 XXX / 소모품 XXX	소모품 XXX / 소모품비 XXX

01 ㈜한국의 2012년 말 소모품 재고액은 ₩50,000이다. ㈜한국은 2013년 중에 소모품 ₩100,000 어치를 현금으로 구입하고 이를 소모품비로 회계처리하였다. 2013년 말에 소모품 재고를 실사한 결과 ₩70,000의 소모품이 남아 있음을 확인하였다. 이와 관련하여 2013년 말의 결산수정분개로 옳은 것은?

2014. 관세직 9급

① (차) 소모품 20,000   (대) 소모품비 20,000

② (차) 소모품비 20,000   (대) 소모품 20,000

③ (차) 소모품 30,000   (대) 소모품비 30,000

④ (차) 소모품비 30,000   (대) 소모품 30,000

02 ㈜한국의 2014년 12월 31일 결산 시 당기순이익 ₩400,000이 산출되었으나, 다음과 같은 사항이 누락되었다. 누락 사항을 반영할 경우의 당기순이익은? (단, 법인세는 무시한다)

2015. 관세직 9급

- 기중 소모품 ₩50,000을 구입하여 자산으로 기록하였고 기말 현재 소모품 중 ₩22,000이 남아있다.
- 2014년 12월분 급여로 2015년 1월 초에 지급 예정인 금액 ₩25,000이 있다.
- 2014년 7월 1일에 현금 ₩120,000을 은행에 예금하였다. (연이자율 10%, 이자지급일은 매년 6월 30일)
- 2014년도의 임차료 ₩12,000이 미지급 상태이다.

① ₩341,000   ② ₩347,000

③ ₩353,000   ④ ₩369,000

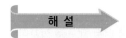

해 설

01. 답 ①

회사는 당기 매입 소모품을 전부 비용처리했으므로 장부상 소모품 계상액은 50,000이다. 실제 소모품 재고액은 70,000이므로 소모품을 20,000을 증가시키면서 소모품비 20,000을 줄여야 한다.

참고

정확한 소모품비: 50,000 + 100,000 – 70,000 = 80,000

회사 계상 소모품비: 100,000 → **소모품비 20,000 감소**

02. 답 ①

장부상 소모품 계상액은 50,000이다. 실제 소모품 재고액은 22,000이므로 소모품을 28,000을 감소시키면서 소모품비 28,000을 인식해야 한다.

수정 전 NI	400,000
소모품비	50,000–22,000=(28,000)
미지급급여	(25,000)
미수이자	120,000×10%×6/12=6,000
미지급임차료	(12,000)
수정 후 NI	341,000

수정분개

(차) 소모품비	28,000	(대) 소모품	28,000
(차) 급여	25,000	(대) 미지급급여	25,000
(차) 미수이자	6,000	(대) 이자수익	6,000
(차) 임차료	12,000	(대) 미지급임차료	12,000

50 기말수정분개-실지재고조사법

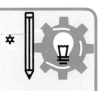

1 계속기록법 : 매출이 발생할 때마다 매출원가 계상 O

2 실지재고조사법 : 매출이 발생할 때 매출원가 계상 X

기말 실사 결과 남은 재고 빼고 나머지를 매출원가로 인식

→ 실지재고조사법은 실사 이후에 이루어지므로 **기말수정분개가 필수!**

김수석의 꿀팁 **실지재고조사법 기말수정분개**

재고자산 T계정을 거꾸로 한 것과 동일 (기초, 매입 / 매출원가, 기말)

(차) **매출원가**	**XXX**	(대) 재고	기초 재고액
(차) 재고	기말 재고액	(대) 매입	매입액

		재고자산	
기초	XXX	매출원가	XXX
매입	XXX	기말	XXX
계	XXX	계	XXX

연습문제
Practice Questions

01 **다음의 자료를 이용하여 행한 수정분개로 옳지 않은 것은?** 2016. 관세직 9급

수정전시산표 항목		수정분개 사항	
상품	₩100,000	기말상품재고액	₩300,000
매입	₩600,000		
소모품	₩200,000	소모품 기말재고액	₩50,000
소모품비	₩0		
임차료	₩100,000	기말 미경과 임차료	₩50,000
선급임차료	₩0		
감가상각비	₩0	당기 건물 감가상각비	₩100,000
감가상각누계액-건물	₩100,000		

① (차) 상품   ₩200,000   (대) 매입   ₩600,000

       매출원가   ₩400,000

② (차) 소모품비   ₩150,000   (대) 소모품   ₩150,000

③ (차) 임차료   ₩50,000   (대) 선급임차료   ₩50,000

④ (차) 감가상각비   ₩100,000   (대) 감가상각누계액-건물   ₩100,000

02 **다음은 ㈜한국의 2012년 12월 31일 종료되는 회계연도의 수정전시산표의 계정 일부이다.**

• 선급보험료	₩60,000	• 이자수익	₩40,000
• 임차료	₩30,000	• 소모품비	₩5,000
• 상 품	₩100,000	• 매 입	₩800,000

다음 자료를 고려하여 결산수정분개를 완료했을 때, 당기순이익에 미치는 영향은? 2013. 국가직 7급

- 선급보험료는 2012년 12월 1일에 6개월분 화재 보험료를 현금지급한 것이다.
- 이자수익은 2012년 10월 1일에 6개월분의 선이자를 현금으로 받은 것이다.
- 임차료는 2012년 11월 1일에 3개월분 임차료를 현금 지급한 것이다.
- 결산일 현재 미사용한 소모품은 ₩2,000이다.
- 기말 실지재고조사 결과 상품재고는 ₩120,000이다.

① ₩782,000 감소   ② ₩798,000 감소

③ ₩812,000 감소   ④ ₩828,000 감소

해 설

01. 답 ③

|올바른 회계처리|

① (차) 상품(기말)	300,000	(대) 상품(기초)	100,000
매출원가	400,000	매입	600,000
② (차) 소모품비	150,000	(대) 소모품	150,000
③ (차) 선급임차료	**50,000**	**(대) 임차료**	**50,000**
④ (차) 감가비	100,000	(대) 감누	100,000

① **재고자산 T계정을 거꾸로 한 것과 동일하게 기말수정분개를 수행하면 된다.** 상품을 상계하면 해설에 기재한 회계 처리와 ①번 선지의 회계처리는 동일한 것이니 헷갈리지 말자.

② 장부상 소모품 계상액은 200,000이다. 실제 소모품 재고액은 50,000이므로 소모품을 150,000 감소시키면서 소모품비 150,000을 인식해야 한다.

③ 기말에 미경과한 임차료가 있으므로 임차료 50,000을 선급임차료로 자산화해야 한다. 대차가 반대로 되어있다.

02. 답 ②

		NI에 미치는 영향
선급보험료 비용화	60,000×1/6=	(10,000)
이자수익 감소	40,000×3/6=	(20,000)
임차료 감소	30,000×1/3=	10,000
소모품비 감소	2,000=	2,000
매출원가	100,000+800,000−120,000=	(780,000)
계		**(798,000)**

수정전시산표에서는 소모품을 전액 비용화했지만, 기말 현재 남아 있는 소모품이 있으므로 소모품 잔액 2,000만큼 소모품비를 감소시켜야 한다.

|기말수정분개|

(차) 보험료비용	10,000	(대) 선급보험료	10,000
(차) 이자수익	20,000	(대) 선수이자	20,000
(차) 선급임차료	10,000	(대) 임차료	10,000
(차) 소모품	2,000	(대) 소모품비	2,000
(차) 매출원가	780,000	(대) 상품(기초)	100,000
(차) 상품(기말)	120,000	(대) 매입	800,000

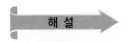

50. 연습문제
Practice Questions

해 설

01. 답 ③

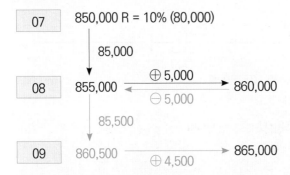

07	850,000 R = 10% (80,000)
08	855,000
09	860,500

③ 재무상태표상 OCI는 4,500이다. (X)
④ 손익계산서상 OCI : (−)5,000(취소) + 4,500(평가) = (−)500 (O)

02. 답 ②

FVOCI금융자산과 AC금융자산의 당기순이익은 항상 일치한다. 문제에서 당기순이익을 물었기 때문에 AC금융자산을 가정하고 문제를 풀면 된다.
액면이자 : 100,000×8% = 8,000

구분	유효이자	액면이자	상각액	장부금액
X0				95,000
X1	9,500	8,000	1,500	96,500

X1 평가손익 : FVOCI금융자산은 평가손익을 OCI로 인식한다. 평가손익이 NI에 미치는 영향은 없다.
X2 처분손익 : 97,500−96,500 = 1,000 이익

Day 15. 회계변경 및 오류수정

패턴 51 회계변경 및 오류수정 말문제

1 회계변경과 오류수정

구분		처리방법	사례
회계변경	회계추정의 변경	전진법	감가상각요소의 변경
	회계정책의 변경		원가흐름의 가정(재고) 변경
오류수정	자동조정오류	소급법	발생주의 회계처리, 재고 오류
	비자동조정오류		감가상각 오류

2 회계추정의 변경 : 전진법 적용

추정의 변경은 이전에 '예측했던' 사항들이 새로운 정보나 상황에 따라 변경되는 것이다. 예측이 바뀌는 추정의 변경은 전진법을 적용한다.

예 감가상각요소(취득원가, 내용연수, 잔존가치, 상각방법)의 변경

3 회계정책의 변경 : 소급법 적용

정책변경은 이전에 '정했던' 사항들을 바꾸는 것이다. 측정기준의 변경은 회계정책의 변경에 해당한다. 임의로 정한 사항을 바꾸는 정책변경은 재무제표의 신뢰성을 제고하기 위해 소급법을 적용하며, 재무제표를 재작성한다.

예 재고자산 원가흐름의 가정 변경 (FIFO, 평균법), 유형자산 평가모형 변경 (재평가모형, 원가모형)

4 회계정책의 변경과 회계추정의 변경을 구분하는 것이 어려운 경우 ★중요!

회계추정의 변경으로 본다. 애매할 때마다 정책변경으로 본다면 소급법을 적용해야 하는 어려움이 있기 때문이다.

5 회계정책의 변경에 해당하지 않는 사항

(1)과거와 다른 거래, (2)과거에 발생하지 않은 거래에 새로운 정책을 적용하는 것은 정책 변경에 해당하지 않는다. 기존 거래에 적용하던 정책을 '바꾸는 것'이 아니기 때문이다.

6 소급적용의 제한 : 적용가능한 때까지 소급적용!

(1) 정책변경

회계정책변경의 영향을 실무적으로 결정할 수 없는 경우, 소급적용의 누적효과를 실무적으로 **적용가능한 최초 회계기간까지 소급적용**하도록 한다.

(2) 오류수정

전기오류는 오류의 영향을 실무적으로 결정할 수 없는 경우, **실무적으로 적용가능한 가장 이른 회계기간까지 소급적용**하도록 한다.

01 다음 회계변경 중 그 성격이 다른 하나는? 2016. 서울시 7급

① 감가상각방법을 정액법에서 정률법으로 변경

② 금융자산에 대한 대손가능성 추정의 변경

③ 재고자산의 단가결정방법을 선입선출법에서 평균법으로 변경

④ 재고자산의 진부화에 대한 판단 변경

02 회계정책, 회계추정의 변경, 오류의 수정에 대한 설명으로 옳지 않은 것은? 2020. 지방직 9급 수정

① 회계정책의 변경은 특정기간에 미치는 영향이나 누적효과를 실무적으로 결정할 수 없는 경우를 제외하고는 소급적용한다.

② 회계정책의 변경과 회계추정의 변경을 구분하는 것이 어려운 경우에는 이를 회계정책의 변경으로 본다.

③ 과거에 발생하지 않았거나 발생하였어도 중요하지 않았던 거래, 기타 사건 또는 상황에 대하여 새로운 회계정책을 적용하는 경우는 회계정책의 변경에 해당하지 않는다.

④ 전기오류는 특정기간에 미치는 오류의 영향이나 오류의 누적효과를 실무적으로 결정할 수 없는 경우를 제외하고는 소급재작성에 의하여 수정한다.

해 설

01. 답 ③
재고자산의 원가흐름의 가정 변경은 정책변경에 해당한다. 나머지는 전부 회계추정의 변경에 해당한다.

02. 답 ②
② 회계정책의 변경과 회계추정의 변경을 구분하는 것이 어려운 경우에는 회계**추정**의 변경으로 본다.
①, ④ 회계정책의 변경, 오류수정은 불가능한 경우를 제외하고는 소급적용한다. (O)
③ (1)과거와 다른 거래, (2)과거에 발생하지 않은 거래에 새로운 정책을 적용하는 것은 정책 변경에 해당하지 않는다. (O)

패턴 52 자동조정오류 ⭐중요!

예제. ㈜김수석은 20X2년 장부 마감 전, 기말재고자산의 오류를 발견하였다. 각 연도별 기말재고자산의 오류는 다음과 같다.	연도	기말재고자산의 오류
	20X1년	10,000 과소 계상
	20X2년	20,000 과대 계상

1 소급법 풀이법

Step 1. 연도별 손익 변동표 그리기 : 자산 변동과 동일

당기순이익은 자산과 비례! ① 기말 재고 증가 → ② 매출원가 감소 → ③ 당기순이익 증가

	X1	X2	X3
X1	**10,000**		
X2		**(20,000)**	

자산 변동액 표시 : 자산 변동액을 변동이 발생한 해당 연도에 표시. X1년 증가분은 X1 바로 아래에, X2년 감소분은 X2 아래에 한 칸 띄워 적는다.

Step 2. 변동액은 부호만 반대로 다음 해에 적기

	X1	X2	X3
X1	10,000	**(10,000)**	
X2		(20,000)	**20,000**

① X1 기말 재고 증가 → ② X2 기초 재고 증가 → ③ X2 매출원가 증가 → ④ X2 당기순이익 감소
결론 : 당기 말 재고 변화는 차기 당기순이익에 부호만 반대로 영향을 준다.

Step 3. 요구사항 구하기 ⭐중요!

	X1	X2	X3(당기)
X1	10,000	(10,000)	
X2		(20,000)	20,000
	기초 이익잉여금		당기순이익
	기말 이익잉여금		

(1) 당기순이익 : **해당 연도만 세로로 더하기**

(2) 매출원가 : **당기순이익 부호만 반대로**

(3) 이익잉여금 : **당기순이익의 누적액**
  • 기초 이익잉여금 : 전기까지 당기순이익의 누적액
  • 기말 이익잉여금 : 당기까지 당기순이익의 누적액 (= 기초 이익잉여금 + 당기순이익)

[연도별 변동액]

	X1	X2	X3
당기순이익	10,000	(30,000)	20,000
매출원가	(10,000)	30,000	(20,000)
기말 이익잉여금	10,000	(20,000)	−

01 ㈜한국의 경우 기말재고계산의 오류로 인해 잘못 계산된 각 연도별 순이익은 다음과 같다.

연도	순이익	기말재고자산의 오류
20X1	₩50	₩5 과대계상
20X2	52	7 과대계상
20X3	54	15 과소계상
20X4	56	오류가 없었음(즉, 기말재고자산을 정확히 계상함)

다음 중 연도별 정확한 순이익에 대한 설명으로 옳지 않은 것은?   2014. 계리사

① 20X1년도의 정확한 순이익은 ₩45이다.

② 20x2년도의 정확한 순이익은 ₩50이다.

③ 20x3년도의 정확한 순이익은 ₩69이다.

④ 20x4년도의 정확한 순이익은 ₩41이다.

02 ㈜서울의 경리부장은 2017년의 당기순이익이 ₩15,000,000이라고 사장에게 보고하였다. 사장은 경리부장의 보고 자료를 검토한 결과 2017년의 회계처리상 다음과 같은 오류가 있었음을 발견하였다. 이를 기초로 ㈜서울의 올바른 당기순이익을 구하면 얼마인가?   2017. 서울시 9급

• 미지급비용의 과소계상액	₩1,000,000
• 미수수익의 과소계상액	₩800,000
• 기초상품의 과소계상액	₩700,000
• 기말상품의 과대계상액	₩400,000

① ₩13,700,000   ② ₩14,500,000

③ ₩14,800,000   ④ ₩15,100,000

52. 연습문제
Practice Questions

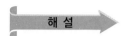

해 설

01. 답 ③

	X1	X2	X3	X4
수정 전 당기순이익	50	52	54	56
X1	(5)	5		
X2		(7)	7	
X3			15	(15)
수정 후 당기순이익	45	50	**76**	41

02. 답 ①

	16	17
수정 전 당기순이익		15,000,000
미지급비용		(1,000,000)
미수수익		800,000
재고자산-16`	700,000	(700,000)
재고자산-17`		(400,000)
수정 후 당기순이익		13,700,000

회계처리

(차) **비용**	1,000,000	(대) 미지급비용	1,000,000
(차) 미수수익	800,000	(대) **수익**	800,000
(차) **매출원가**	700,000	(대) 이익잉여금	700,000
(차) **매출원가**	400,000	(대) 상품	400,000

오류수정이 당기순이익에 미치는 영향 : 1,300,000 감소

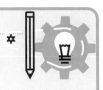

53 비자동조정오류 심화

예제. ㈜김수석은 X1년 1월 1일 기계장치에 대한 ₩10,000의 지출을 현금으로 지급하였다. 기계장치의 잔존내용연수는 4년, 잔존가치는 ₩0, 감가상각방법은 정액법이다. ₩10,000의 지출에 대해서 회사가 다음과 같이 처리한 뒤 오류를 X3년말에 발견하였다면, 각 상황에 해당하는 오류수정분개를 하시오.

상황 1. ₩10,000이 자본적지출이지만 지출 시 수선비로 계상한 경우

상황 2. ₩10,000이 수익적지출이지만 지출 시 기계장치의 장부금액에 가산한 뒤 감가상각한 경우

Step 1. 연도별 손익 변동표 그리기

		X1	X2	X3	X4
상황1	수정 전	(10,000)	–	–	–
	(1)자산화	10,000			
	(2)감가상각	(2,500)	(2,500)	(2,500)	(2,500)
상황2	수정 전	(2,500)	(2,500)	(2,500)	(2,500)
	(1)비용화	(10,000)			
	(2)감가상각	2,500	2,500	2,500	2,500

(1) 지출 시점 : 자산화 or 비용화하기

① 상황 1: 자본적지출을 비용으로 계상했기 때문에 비용을 부인하면서 자산으로 계상해야 한다. 자산화를 통해 X1년 당기손익은 10,000 증가한다.

② 상황 2: 수익적지출을 자산으로 계상했기 때문에 자산을 감소시키면서 비용으로 계상해야 한다. 비용화를 통해 X1년 당기손익은 10,000 감소한다.

(2) 지출 이후: 감가상각비 조정

① 상황 1: 매년 감가상각비를 인식하지 않고 지출 시 전부 비용으로 인식했기 때문에 매년 감가상각비를 인식해주어야 한다. 매년 인식할 감가상각비는 2,500(=10,000/4)이다.

② 상황 2: 감가상각비를 인식하면 안되는데 감가상각비를 인식했기 때문에 매년 감가상각비를 부인해주어야 한다. 매년 부인할 감가상각비는 2,500(=10,000/4)이다.

Step 2. 금액 효과 구하기

		X1	X2	X3	
상황1	(1)자산화	10,000			→ 기계장치
	(2)감가상각	(2,500)	(2,500)	(2,500)	→ 감가상각누계액
		기초 이익잉여금		당기손익	

		X1	X2	X3	
상황2	(1)비용화	(10,000)			→ 기계장치
	(2)감가상각	2,500	2,500	2,500	→ 감가상각누계액
		기초 이익잉여금		당기손익	

(1) 당기순이익 : 해당 연도만 세로로 더하기
(2) 이익잉여금 : 당기순이익의 누적액
(3) 감가상각비 : '감가상각' 항목 오른쪽, 당기 아래에 기록된 금액.
(4) 감가상각누계액 : 감가상각비의 누계액

Step 3. 회계처리
X3년도 회계처리 시에는 아직 X3년도 손익이 마감되기 전이다. 회계처리에 표시되는 이익잉여금은 기초 이익잉여금을 의미하며, 기말 이익잉여금은 당기손익 효과까지 반영해야 한다.

상황1의 X3년 수정분개

(차)	①기계장치	10,000	(대)	②감가상각누계액	7,500
	③감가상각비	2,500		④이익잉여금	5,000

상황2의 X3년 수정분개

(차)	②감가상각누계액	7,500	(대)	①기계장치	10,000
	④이익잉여금	5,000		③감가상각비	2,500

01 다음은 ㈜한국의 비품과 관련된 내용이다. 오류수정 분개로 옳은 것은? 2013. 국가직 9급

㈜한국은 2011년 1월 1일 비품에 대해 수선비 ₩10,000을 비용으로 회계처리했어야 하나 이를 비품의 장부가액에 가산하여 정액법으로 상각하였다. 2011년 1월 1일 수선비 지출 시 비품의 잔여내용연수는 5년이고 잔존가치는 없다. 2013년도 재무제표 마감 전 수선비 지출에 대한 오류가 발견되었다. (단, 법인세효과는 무시하며 해당 비품의 최초 취득원가는 ₩500,000이다)

①	(차)	이익잉여금	₩10,000	(대)	비품	₩10,000	
		감가상각누계액	₩6,000		감가상각비	₩6,000	
②	(차)	이익잉여금	₩10,000	(대)	비품	₩10,000	
		감가상각누계액	₩2,000		감가상각비	₩2,000	
③	(차)	이익잉여금	₩4,000	(대)	비품	₩10,000	
		감가상각누계액	₩6,000				
④	(차)	이익잉여금	₩6,000	(대)	비품	₩10,000	
		감가상각누계액	₩6,000		감가상각비	₩2,000	

02 ㈜서울의 20X3년도 재무제표에는 〈보기〉와 같은 오류가 포함되어 있다. 오류수정 전 ㈜서울의 20X3년 말 이익잉여금이 ₩67,000일 때, 오류수정의 영향을 모두 반영한 ㈜서울의 20X3년 말 이익잉여금은? (단, 오류는 모두 중대하며, 법인세는 없다.) 2019. 서울시 9급

보기

㈎ 20X2년 말 재고자산 과대계상 ₩30,000,
  20X3년 말 재고자산 과대계상 ₩20,000
㈏ 20X1년 초에 비용으로 인식했어야 할 수선비 ₩8,000을 기계장치의 장부금액에 가산(20X1년 초 현재 기계장치의 잔존 내용연수는 4년, 잔존가치 없이 정액법 상각)

① ₩41,000 ② ₩43,000
③ ₩45,000 ④ ₩47,000

53· 연습문제
Practice Questions

해 설

01. 답 ④

회사는 수선비를 비용처리했어야 하나, 자산화했으므로 11년에 ₩10,000을 비용화한다. 그 이후, 문제 조건에 따라 매년 ₩2,000씩 감가상각했을 것이다. ₩10,000은 전부 11년에 비용화 되었어야 하므로 그동안 인식한 감가상각비를 부인한다.

	11	12	13	
(1) 자산화	(10,000)			→ 비품
(2) 감가상각	2,000	2,000	2,000	→ 감가상각누계액
	기초 이익잉여금		당기손익	

④ (차) 이익잉여금 ₩6,000 (대) 비품 ₩10,000
　　감가상각누계액 ₩6,000 　　감가상각비 ₩2,000

비품 : 10,000 감소
감가상각누계액 : 6,000 감소 (자산이 증가하므로 감가상각누계액은 감소한다.)
기초 이익잉여금 : (−)10,000 + 2,000 + 2,000 = (−)6,000
감가상각비 : 2,000 감소 (당기손익이 증가하므로 비용인 감가상각비는 감소한다.)

02. 답 ③

(나) 회사는 수선비를 비용처리했어야 하나, 자산화했으므로 X1년에 ₩8,000을 비용화한다. 그 이후, 문제 조건에 따라 매년 ₩2,000씩 감가상각했을 것이다. ₩8,000은 전부 X1년에 비용화 되었어야 하므로 그동안 인식한 감가상각비를 부인한다.

	X1	X2	X3	
X2 재고자산		(30,000)	30,000	
X3 재고자산			(20,000)	
자산화	(8,000)			→ 기계장치
감가상각	2,000	2,000	2,000	→ 감가상각누계액
	기초 이익잉여금		당기손익	
	기말 이익잉여금			

기말 이익잉여금에 미치는 영향 : −30,000 + 30,000−20,000−8,000 + 2,000 + 2,000 + 2,000 = −22,000
올바른 기말 이익잉여금 : 67,000−22,000 = 45,000

회계처리
X3년말

(차) **이익잉여금**	30,000	(대) **매출원가**	30,000
(차) **매출원가**	20,000	(대) 재고자산	20,000
(차) 감가상각누계액	6,000	(대) 기계장치	8,000
(차) **이익잉여금**	4,000	(대) **감가상각비**	2,000

회계처리 상의 이익잉여금과 손익계정을 전부 더하면 기말 이익잉여금에 미치는 영향을 구할 수 있다.

패턴 54 현금흐름의 구분 ★중요!

1 현금흐름표의 형태

기말 현금 = 기초 현금 + 영업, 투자, 재무활동 현금흐름

2 계정별 현금흐름의 활동 구분

	영업활동	투자활동	재무활동
I/S 항목	매출액, 매출원가 대손상각비, 급여, 판관비, **로열티**	**감가상각비** **유형자산 처분손익** 유형자산손상차손	**사채상환손익**
B/S 항목	매출채권 & 대손충당금 매입채무 & 재고자산 **단기매매증권**	유·무형자산 금융자산, 대여금	납입자본, 자기주식 차입금 및 사채
일반적 분류	법인세, 배당금수익, 이자수익, 이자비용		배당금 지급

(1) 영업활동 : 매출 및 매입, 판매 및 관리 활동, 단기매매증권의 취득과 처분, 로열티
(2) 투자활동 : 유·무형자산 및 금융자산의 취득과 처분
(3) 재무활동 : 주주와 채권자와 관련된 활동

> **김수석의 Why** 단기매매증권이 영업활동인 이유
>
> 금융자산을 단기매매목적으로 보유한다면 그 회사는 금융회사일 것이다. 금융상품을 매매하는 것이 주 영업활동인 회사 입장에서 단기매매증권은 재고자산이나 마찬가지이다.

3 이자수익, 이자비용, 배당금 수입, 배당금 지급 : 회사가 선택하여 일관되게 적용 (IFRS)

(1) 원칙 : **문제에서 제시한 구분법**
(2) 문제에 언급이 없는 경우 : **이자수취, 이자지급, 배당금수취는 영업활동**으로, **배당금지급만 재무활동**으로 구분 (일반기업회계기준)

4 법인세

이 패턴의 핵심 Key	법인세를 투자나 재무로 분류한다는 조건이 없다면 영업활동	
① '투자활동이나 재무활동과 명백하게 관련된 법인세 등의 납부는 없다.'		영업활동
② 법인세에 대한 언급이 전혀 없는 경우		
③ 문제에서 법인세를 재무나 투자활동으로 본다고 제시한 경우		문제의 조건에 따라 분류

IFRS에 따르면, '**법인세로 인한 현금흐름은 재무나 투자활동에 명백히 관련되지 않는 한 영업활동**으로 분류한다.' 따라서 대부분의 문제에서는 ①을 제시해준다. ② 법인세에 대한 아무런 언급이 없는 경우에도 영업활동으로 분류한다. 문제에서 ③과 같이 제시하는 경우는 없으므로 계산문제에서 **법인세**는 **영업활동**으로 보아도 무방하다.

01 다음 중 현금흐름표상 투자활동 현금흐름으로만 구성된 것은 무엇인가? 2016. 계리사

> ㉠ 종업원과 관련하여 직·간접적으로 발생하는 현금유출
> ㉡ 단기매매목적의 계약에서 발생하는 현금의 유·출입
> ㉢ 제3자에 대한 선급금 및 대여금의 회수 또는 지급에 따른 현금의 유·출입(금융회사의 현금 선지급과 대출채권 제외)
> ㉣ 주식 등의 지분상품 발행에 따른 현금의 유입
> ㉤ 어음의 발행 및 장·단기차입에 따른 현금의 유입
> ㉥ 유형자산의 취득 및 처분에 따른 현금의 유·출입
> ㉦ 타기업 지분상품의 취득·처분에 따른 현금의 유·출입(현금성자산, 단기매매목적으로 보유하는 금융자산 제외)
> ㉧ 재무·투자활동과 관련 없는 법인세 납부 및 환급에 따른 현금의 유·출입
> ㉨ 차입금의 상환에 따른 현금의 유출

① ㉠, ㉢, ㉧   ② ㉢, ㉥, ㉦   ③ ㉢, ㉦, ㉨   ④ ㉦, ㉧, ㉨

02 현금흐름표에 대한 설명으로 옳지 않은 것은? 2012. 계리사

① 이자지급, 이자수입 및 배당금 수입은 영업활동으로 인한 현금흐름으로 분류할 수 있다.

② 자기주식의 처분과 취득에서 발생하는 현금의 유입이나 유출은 재무활동으로 인한 현금흐름으로 분류한다.

③ 단기매매목적으로 보유하는 계약에서 발생하는 현금의 유입이나 유출은 투자활동으로 인한 현금흐름으로 분류한다.

④ 법인세로 인한 현금흐름은 별도로 공시하며, 재무활동과 투자활동에 명백히 관련되지 않는 한 영업활동 현금흐름으로 분류한다.

해 설

01. 답 ②
㉠, ㉡, ㉧ : 영업
㉢, ㉥, ㉦ : 투자
㉣, ㉤, ㉨ : 재무

02. 답 ③
단기매매목적으로 취득하는 금융자산의 현금 유출입은 **영업**활동으로 분류한다.
① 일반기업회계기준에 따른 분류이다. K-IFRS에서는 '회사가 선택하여 일관되게 적용'하라고 규정하고 있기 때문에 어떠한 방법도 가능하다. (O)
② 자기주식 거래는 재무활동으로 분류한다. (O)
④ 법인세는 재무나 투자에 명백히 관련되지 않는 한 영업활동으로 분류한다. (O)

현금주의와 발생주의 간의 전환 ★중요!

이 패턴의 핵심 Key 자산은 반대로, 부채는 그대로

① B/S 식 : 자산 = 부채 + 자본

② 증감으로 표현 : △자산 = △부채 + △자본

③ 자산에서 현금만 분리 : △현금 + △자산 = △부채 + △자본

④ △자본을 NI로 대체 : △현금 + △자산 = △부채 + NI

⑤ 현금만 남기고 반대로 : **△현금 = NI−△자산 + △부채**

Step 1. 자산, 부채의 증감을 표시한다.

	기초	기말	증감
미수수익	₩700,000	₩800,000	+ 100,000
선수수익	₩500,000	₩400,000	−100,000

Step 2. 자산은 반대로, 부채는 그대로 조정표를 그린다.

현금흐름	=	NI	−	△자산	+	△부채
	=			(100,000)		(100,000)

자산 부채의 증감을 조정표에 기입한다. 이때, **자산 증감액은 부호를 반대로, 부채 증감액은 그대로 적는다.** 미수수익은 자산이므로 + 100,000을 부호 반대로 (100,000)으로 적고, 선수수익은 부채이므로 −100,000을 그대로 (100,000)으로 적는다.

Step 3. 조정사항을 반영해서 다른 기준으로 전환한다.

현금흐름	=	NI	−	△자산	+	△부채
1,000,000	=	**1,200,000**		(100,000)		(100,000)

김수석의 꿀팁 이연 항목들의 자산/부채 구분 방법 : 계정의 의미를 생각해보자!

	의미	구분
미수수익	안 받은 돈	자산(반대로)
선수수익	먼저 받은 돈	부채(그대로)
미지급비용	안 준 돈	
선급비용	먼저 준 돈	자산(반대로)

01 발생주의회계를 채택하고 있는 ㈜대한의 2010회계연도의 당기순이익은 ₩25,000으로 보고되었다. 2009년 말과 2010년 말의 발생 항목과 이연 항목이 다음과 같을 때 2010회계연도의 현금주의에 의한 당기순이익은? *2011. 국가직 9급*

항목	2009년 말	2010년 말
미수수익	₩8,000	₩12,000
미지급비용	₩6,000	₩4,000
선수수익	₩5,000	₩6,500
선급비용	₩7,000	₩4,500

① ₩23,000   ② ₩26,000

③ ₩27,000   ④ ₩30,000

02 ㈜한국이 발생기준에 따라 회계처리한 결과 2015년 기초와 기말의 계정잔액은 다음과 같다. 2015년 ㈜한국의 현금 기준에 의한 당기순이익이 ₩50,000일 경우 2015년 발생주의에 의한 당기순이익은 얼마인가? *2015. 서울시 9급*

	2015년 초	2015년 말
매출채권	₩36,500	₩43,500
재고자산	₩27,000	₩21,000
매입채무	₩45,000	₩54,000

① ₩40,000   ② ₩42,000

③ ₩58,000   ④ ₩60,000

55. 연습문제

Practice Questions

01. 답 ①

항목	2009년 말	2010년 말	증감
미수수익	₩8,000	₩12,000	+ 4,000
미지급비용	₩6,000	₩4,000	−2,000
선수수익	₩5,000	₩6,500	+ 1,500
선급비용	₩7,000	₩4,500	−2,500

현금흐름	=	NI	−	△자산	+	△부채
23,000	=	25,000		(4,000) 2,500		(2,000) 1,500

02. 답 ②

항목	2015년 초	2015년 말	증감
매출채권	₩36,500	₩43,500	+ 7,000
재고자산	₩27,000	₩21,000	−6,000
매입채무	₩45,000	₩54,000	+ 9,000

현금흐름	=	NI	−	△자산	+	△부채
50,000	=	**42,000**		(7,000) 6,000		9,000

56 영업활동 현금흐름-간접법 ★중요!

1 간접법 풀이법

> 현금흐름 = 당기순이익-△자산 + △부채
> 영업활동 현금흐름 = **영업손익**-△영업 자산 + △영업 부채
> 간접법 : NI(영업, 투자, 재무)-투자, 재무 손익-△영업 자산 + △영업 부채

Step 1. 투자, 재무 I/S 계정 부인

(1) 손익 계정이 보이면 영업인지, 비영업인지 구분
(2) 비영업인 경우 비용이면 가산, 이익이면 차감 ▪예▪ 감가상각비, 유형자산처분이익

> ▼주의 **투자, 재무 손익 금액을 문제에서 제시하지 않은 경우 : 회계처리를 통해 직접 구하기!**
>
> 모든 비영업 손익을 문제에서 제시하지 않는 경우도 있다. 예를 들어 간접법 문제에서 취득, 처분에 대한 자료를 제시하는 것이다. 이 경우에는 취득, 처분 자료를 이용하여 감가상각비 및 처분손익을 직접 구해야 한다.

> ▼주의 **자본거래 손익과 기타포괄손익은 무시할 것!**
>
> 자본거래 손익과 기타포괄손익은 당기순이익에 포함되어 있지 않으므로 부인하지 않는다.
> (1) 자본거래 손익 : 자기주식처분손익, 감자차손익 등
> (2) 기타포괄손익 : 재평가잉여금, FVOCI금융자산 평가손익 (잉금재, 해위)

Step 2. 영업관련 B/S 계정 증감 : 자산은 반대로, 부채는 그대로

재무상태표 계정 중 '영업' 항목의 증감액을 자산은 반대로, 부채는 그대로 적기

> 김수석의 꿀팁 **당기에 영업을 시작했다면 기말 잔액 = 증가액**

영업활동 현금흐름 직접법 vs 간접법

	간접법을 사용하는 경우	직접법을 사용하는 경우
문제에 등장하는 현금흐름	'영업활동' 현금흐름	'특정' 현금흐름
NI	문제에서 제시하거나, 물음	문제에서 제시하거나, 묻지 않음

2 **단기매매증권(FVPL금융자산) 처리 방법** : 평가손익 부인 심화

(1) 원칙 : 관련 손익은 그대로 두고, 자산 변동액은 반대로 가산

(단기매매목적으로 취득한 유가증권은 영업활동으로 분류)

(2) 기출; 자산 변동액 없이, 평가손익만 제시 **(단기매매증권평가손익 = 금융자산 변동액)**

(3) **처리 방법 : 단기매매증권 평가손익**은 비영업활동인 것처럼 **당기순이익에서 부인**

NI	XXX
단기매매증권평가손실	10,000
영업CF	XXX

연습문제
Practice Questions

01 다음은 ㈜한국의 비교재무상태표와 2015년도의 포괄손익계산서 항목들이다. 이 자료들을 바탕으로 ㈜한국의 2015년 영업활동으로 인한 현금흐름금액을 구하면 얼마인가?

2015. 서울시 9급

〈비교재무상태표〉

	2014년 말	2015년 말
매출채권	₩540,000	₩650,000
선급보험료	₩70,000	₩35,000
매입채무	₩430,000	₩550,000
장기차입금	₩880,000	₩920,000

〈2015년도 포괄손익계산서 항목〉

• 당기순이익	₩200,000	• 건물처분손실	₩150,000
• 감가상각비	₩450,000	• 기계장치처분이익	₩60,000

① ₩695,000
② ₩785,000
③ ₩800,000
④ ₩825,000

02 다음은 ㈜대한의 현금흐름에 관한 자료이다. ㈜대한의 당기 영업활동으로 인한 현금흐름은 ₩1,000일 때, 당기순이익은?

2013. 국가직 7급 수정

• 재고자산의 증가	₩1,000
• 매출채권의 감소	₩800
• FVPL 금융자산평가손실	₩900
• 유형자산처분이익	₩600
• 차량운반구의 취득	₩2,500
• 유상증자	₩500
• 미지급비용의 증가	₩700
• 감가상각비	₩200
• 자기주식처분이익	₩1,100
• 매입채무의 감소	₩500
• 단기차입금의 증가	₩3,000

① ₩800
② ₩700
③ ₩600
④ ₩500

56. 연습문제
Practice Questions

해 설

01. 답 ②

영업 CF	=	NI	−	비영업 손익	−	△영업 자산	+	△영업 부채
785,000		200,000		150,000 건물처분손실 450,000 감가상각비 (60,000) 기계장치처분이익		(110,000) 매출채권 35,000 선급보험료		120,000 매입채무

장기차입금은 '영업' 부채가 아닌 '재무' 부채이므로 증감을 반영하지 않는다

02. 답 ④

영업 CF	=	NI	−	비영업 손익	−	△영업 자산	+	△영업 부채
1,000		**500**		900 FVPL 평가손실 (600) 유형자산처분이익 200 감가상각비		(1,000) 재고자산 800 매출채권		700 미지급비용 (500) 매입채무

FVPL 금융자산은 영업활동이므로 원칙적으로는 FVPL 금융자산평가손실을 부인하지 않는 것이 맞다. 하지만 FVPL 금융자산의 증감이 제시되지 않았으므로, FVPL 금융자산이 900만큼 감소했다고 본다. 영업 자산이 900 감소했으므로 900을 더한다. 결과적으로는 FVPL 금융자산평가손실을 부인하는 것과 같다. 따라서 **FVPL 금융자산평가손익이 제시된다면 비영업활동인 것처럼 손익을 부인하자.**

차량운반구의 취득, 유상증자는 손익계정도 아니고, 자산/부채 계정도 아니므로 반영하지 않는다.

57 영업활동 현금흐름-직접법 ★중요!

1 직접법 풀이법

직접법 : 영업활동 현금흐름 = 영업손익-△영업 자산 + △영업 부채

영업 현금흐름	=	영업 손익	-	△영업 자산	+	△영업 부채
고객으로부터의 현금유입액	=	매출액 대손상각비	-	매출채권	+	대손충당금
공급자에 대한 현금유출액	=	매출원가	-	재고자산	+	매입채무
이자 지급액	=	이자비용	-	선급이자	+	미지급이자
종업원에 대한 현금유출액	=	급여	-	선급급여	+	미지급급여

영업활동은 여러 활동으로 나뉜다. 위 표를 보며, 각 활동별로 어느 계정들이 있는지 외우자.

Step 1. 활동과 관련된 손익을 적는다.
수익은 (+)로, 비용은 (-)로 적는다.

Step 2. 활동과 관련된 자산, 부채의 증감을 적는다.
자산, 부채의 증감액(기말-기초)을 구하여, **자산은 반대로, 부채는 그대로 적는다.**

Step 3. 현금흐름을 구한다.
현금흐름이 (+)로 나오면 유입, (-)로 나오면 유출

2 고객으로부터의 현금유입액-대손상각비 문제에 적용 ★중요!

〈대손상각비 문제를 직접법으로 풀기 위한 조건: 다음 중 3가지 이상 문제에 제시!〉
① **CF(고객으로부터의 현금유입액)** : 매출채권 회수액 및 대손채권 회수액
② **NI(손익)** : 매출액 및 대손상각비
③ **△자산(매출채권의 증감)** : 기초, 기말 매출채권 잔액
④ **△부채(대손충당금의 증감)** : 기초, 기말 대손충당금 잔액

01 다음은 ㈜한국의 매출채권과 관련된 자료이다.

	20X1년말	20X2년말
매출채권(총액)	₩500,000	₩540,000
대손충당금	₩(80,000)	₩(50,000)
매출채권(순액)	₩420,000	₩490,000

㈜한국은 20X2년도 포괄손익계산서에 대손상각비로 ₩40,000을 보고하였으며, 20X2년 외상매출은 ₩1,800,000이다. 20X2년에 ㈜한국이 현금으로 수령한 매출채권은 얼마인가? 2017. 계리사

① ₩1,690,000   ② ₩1,720,000

③ ₩1,760,000   ④ ₩1,830,000

02 ㈜서울의 20X1년 기초와 기말 재고자산은 각각 ₩200,000과 ₩350,000이며, 20X1년 기초와 기말 매입채무는 각각 ₩50,000과 ₩80,000이다. ㈜서울의 20X1년도 재고자산 매입으로 인한 현금유출액이 ₩250,000일 경우, ㈜서울의 20X1년도 매출원가는? (단, 재고자산의 감모 및 평가손실은 발생하지 않았다.) 2018. 서울시 9급

① ₩130,000   ② ₩200,000

③ ₩250,000   ④ ₩370,000

03 ㈜서울의 20X2년 초 매출채권과 대손충당금의 잔액은 각각 ₩400,000과 ₩4,000이었다. 20X2년 중 외상매출액이 ₩1,000,000이고, 매출채권의 정상회수액이 ₩800,000이다. 20X2년 중 매출채권의 대손이 확정된 금액은 ₩3,000이다. ㈜서울이 20X2년 말에 회수가능한 매출채권 금액을 ₩590,000으로 추정할 경우, 20X2년에 인식할 대손상각비는? 2019. 서울시 9급

① ₩1,000   ② ₩2,000

③ ₩6,000   ④ ₩7,000

57. 연습문제
Practice Questions

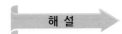

해 설

01. 답 ①

고객으로부터의 현금유입액	=	매출액 대손상각비	−	△매출채권	+	△대손충당금
1,690,000	=	1,800,000 (−)40,000		(40,000)		(−)30,000

대손충당금은 매출채권(자산)의 감소 항목이므로, 부채로 생각하고 풀면 된다. 문제에서 순액을 제시해주었으므로 순액으로 풀면 다음과 같다.

순액 풀이법

고객으로부터의 현금유입액	=	매출액 대손상각비	−	△매출채권	+	△대손충당금
1,690,000	=	1,800,000 (−)40,000		(70,000)		−

02. 답 ①

공급자에 대한 현금유출액	=	매출원가	−	△재고자산	+	△매입채무
(−)250,000	=	**(−)130,000**		(150,000)		30,000

03. 답 ③

고객으로부터의 현금유입액	=	매출액 대손상각비	−	△매출채권	+	△대손충당금
800,000	=	1,000,000 **(6,000)**		(194,000)		

(1) 매출채권(순액) 증감: 590,000−396,000=194,000 증가

① 기초 매출채권(순액): 400,000−4,000=396,000

② 기말 매출채권(순액): 590,000

  − 문제에서 기말 대손충당금 잔액을 제시하지 않았으므로 기초, 기말 모두 매출채권의 순액을 바탕으로 증감을 구하였다.

58 유형자산과 차입금 관련 현금흐름

	현금흐름	=	관련 손익	−	△ 자산	+	△ 부채
유형자산 CF	(−)취득원가 (+)처분가액	=	(−)감가상각비 (±)유형자산처분손익	−	유형자산 미수금	+	감가상각누계액 미지급금
차입금 CF	(−)상환액 (+)차입액	=	(±)상환손익	−	N/A	+	차입금

유형자산이나 차입금 관련 현금흐름은 영업활동 현금흐름의 직접법과 동일하게 풀면 된다. 관련 손익에 자산 증감은 반대로, 부채 증감은 그대로 더한다. 위 표 안에 있는 계정들을 같이 외우는 것이 좋다. 유형자산과 차입금 관련 현금흐름 계산 시 다음 사항들을 주의하자.

1 자산, 부채 증감

(1) 장부금액 : 순액

장부금액은 유형자산의 취득원가에서 감가상각누계액을 차감한 순액을 의미한다. 총액을 의미하는 취득원가와 헷갈리지 말자. 문제에서 취득원가 없이 **장부금액만 제시하면 감누를 고려하지 말고 자산 항목으로 처리**하면 된다.

(2) 외상 거래

현금거래만 있는 경우 거래 금액과 현금 유출입액이 일치하지만, 외상 거래가 있는 경우 거래 금액과 현금 유출입액이 일치하지 않는다. 이 경우 미수금, 미지급금의 증감액을 파악한 뒤, 자산, 부채 증감액에 대입하여 현금흐름을 구하자.

2 현금흐름이 여러 건으로 구성된 경우

직접법 공식에서 대변을 모두 채우면 순현금흐름을 구할 수 있다. 하지만 영업활동 현금흐름과 달리, 재무나 투자활동은 **현금흐름이 여러 개로 구성될 수 있다.** 유형자산의 경우 취득과 처분 시 현금흐름이 각각 발생한다. 대변을 먼저 마무리해서 순현금흐름을 구하고, 두 가지 현금흐름 중 한 개만 제시되어 있다면 나머지 현금흐름을 구할 수 있다.

문제에서 '**투자활동 순현금흐름**'을 묻는다면 현금흐름을 쪼갤 필요 없이 하나로 표시하면 되고, '**취득원가**', '**처분가액**'과 같은 **특정 현금흐름**을 물었다면 현금흐름을 각각 적어야 한다.

01 ㈜한국의 20X1년 토지와 단기차입금 자료가 다음과 같을 때, 20X1년의 투자 및 재무현금흐름에 대한 설명으로 옳은 것은? (단, 모든 거래는 현금거래이다) 2017. 국가직 9급

	기초	기말
토지(유형자산)	₩150,000	₩250,000
단기차입금	₩100,000	₩180,000

〈추가자료〉
- 토지는 취득원가로 기록하며, 20X1년에 손상차손은 없었다.
- 20X1년 중에 토지(장부금액 ₩50,000)를 ₩75,000에 매각하였다.
- 20X1년 중에 단기차입금 ₩100,000을 차입하였다.

① 토지 취득으로 인한 현금유출은 ₩100,000이다.

② 토지의 취득과 매각으로 인한 투자활동순현금유출은 ₩75,000이다.

③ 단기차입금 상환으로 인한 현금유출은 ₩80,000이다.

④ 단기차입금의 상환 및 차입으로 인한 재무활동순현금유입은 ₩100,000이다.

02 ㈜성복유통은 당기 중에 건물을 현금 ₩1,500,000에 취득하였다. 당기 포괄손익계산서에 보고된 감가상각비와 건물처분이익은 각각 ₩400,000, ₩530,000이다. 아래의 추가 자료를 이용하여 투자활동으로 인한 현금흐름(순액)을 계산하면 얼마인가? 단, 다른 투자활동 거래는 없다. 2011. 계리사

계정과목	전기말	당기말
건　　물	₩4,000,000	₩4,600,000
감가상각누계액	(1,500,000)	(1,750,000)

① 순유출 ₩70,000　　　　　　　　② 순유출 ₩220,000

③ 순유입 ₩70,000　　　　　　　　④ 순유입 ₩220,000

58. 연습문제
Practice Questions

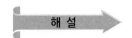
01. 답 ②

	CF	=	NI	-	△자산	+	△부채
토지 (투자)	75,000(처분) (-)150,000(취득)	=	25,000(처분이익)		(100,000)(토지)		
차입금 (재무)	100,000(차입) (-)20,000(상환)	=					80,000(차입금)

① 토지 취득으로 인한 현금유출은 150,000이다.
② 투자활동순현금유출 : 75,000-150,000 = (-)75,000 (○)
③ 단기차입금 상환으로 인한 현금유출 : 20,000
④ 재무활동순현금유입 : 100,000-20,000 = 80,000

02. 답 ②

	CF	=	NI	-	△자산	+	△부채
건물	(-)220,000	=	(-)400,000(감가비) 530,000(처분이익)		(600,000)(건물)		250,000(감누)

– 순현금흐름이(220,000) 유출이므로, 현금흐름은(1,500,000)과 1,280,000으로 구분된다. 하지만 문제에서 '투자활동 순현금흐름'을 물었으므로 건물 취득으로 인한 현금유출(1,500,000)을 따로 적을 필요가 없다.

– 첫번째 줄에 등장하는 '취득원가 150,000'은 올해 처분하는 기계장치의 취득원가이다. 즉, 과거에 150,000에 취득한 기계장치를 올해 70,000에 처분한 것이다. 따라서 150,000은 올해 현금흐름에 반영되어서는 안된다. 문제에서 묻는 '20x1년에 구입한 기계장치의 취득원가'와 헷갈리지 말자. 문제에서는 20x1년에 기계장치를 얼마에 구입했냐는 것을 물은 것이다. 150,000은 과거에 구입한 기계장치의 가격이다.

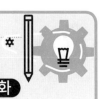

유형자산 관련 현금흐름을 구하기 위해서는 오른쪽 변을 먼저 마무리해야 하는데, 문제에서 감가상각비를 제시하지 않는 경우가 있다. 이 경우에는 다음 공식을 이용하여 감가상각비를 구하여 오른쪽 변을 다 채우자.

> 기초 감가상각누계액 + 감가상각비-처분 자산의 감가상각누계액 = 기말 감가상각누계액

	CF	=	NI	−	△ 자산	+	△ 부채
유형 자산	현금흐름	=	**감가상각비** 유형자산처분손익	−	유형자산	+	감가상각누계액

<u>01</u> 다음은 ㈜한국의 당기 현금흐름표를 작성하기 위한 자료이다.

계정과목	전기말 잔액	당기말 잔액
건물	₩62	₩88
감가상각누계액-건물	(24)	(18)

㈜한국은 취득원가가 ₩16인 건물을 당기 중에 ₩8에 처분하였으며, 이 건물의 처분시점 장부금액은 ₩4이었다. ㈜한국의 당기 현금흐름표에 표시될 투자활동 현금흐름(순액)은 얼마인가? 2014. 계리사 수정

① 순유입 ₩8

② 순유출 ₩22

③ 순유출 ₩34

④ 순유출 ₩44

<u>02</u> ㈜한국은 20X1년 중 취득원가 ₩150,000인 기계장치를 ₩70,000에 처분하였으며, 이로 인해 유형자산처분손실 ₩12,000이 보고되었다. 다음 자료를 기초로 하여 ㈜한국이 20X1년 12월 31일로 종료되는 회계연도에 감가상각비로 인식한 금액과 20X1년에 구입한 기계장치의 취득원가는? 단, ㈜한국은 유형자산 평가에 원가모형을 적용한다. 2012. 계리사

	20X1년 12월 31일	20x0년 12월 31일
기계장치	₩1,200,000	₩800,000
감가상각누계액	400,000	300,000

	감가상각비	기계장치 취득원가
①	₩32,000	₩250,000
②	₩32,000	₩550,000
③	₩168,000	₩250,000
④	₩168,000	₩550,000

59. 연습문제
Practice Questions

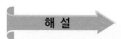

해 설

01. 답 ③

유형자산처분손익 : 8-4 = 4 이익

처분 자산의 감누 : 16-4 = 12

24(기초 감누) + 감가비-12(처분 감누) = 18(기말 감누)

→ 감가비 = 6

	CF	=	NI	−	△ 자산	+	△ 부채
기계 장치	(−)34	=	(−)6(감가비) 4(처분이익)		(26)(기계)		(−)6(감누)

– 순현금흐름이 (34) 유출이므로, 현금흐름은 유출 (42)과 유입 8로 구분된다. 하지만 문제에서 '투자활동 순현금흐름'을 물었으므로 건물 처분으로 인한 현금유입 8을 따로 적을 필요가 없다.

02. 답 ④

	CF	=	NI	−	△자산	+	△부채
투자	70,000(처분) (−)550,000(취득)	=	(−)12,000(처분손실) (−)168,000(감가상각비)		(400,000) (기계장치)		100,000(감누)

(1) 감가상각비

처분 자산의 장부금액 : 70,000 + 12,000 = 82,000

처분 자산의 감누 : 150,000-82,000 = 68,000

300,000 + 감가상각비-68,000 = 400,000

감가상각비 = 168,000

패턴 60 자산, 부채의 증감을 알 수 없는 경우 현금흐름

이 패턴의 핵심 Key **문제에서 제시한 CF를 바로 이용할 것!**

현금흐름을 묻는 문제임에도 불구하고 자산, 부채의 증감을 제시하지 않고 거래 내용만 제공하는 유형이 있다. 이 경우에는 간접법이나 직접법을 적용할 수 없다.

이 유형의 경우 간접법이나 직접법에서 배웠던 **표를 그리지 않고 문제에 제시된 현금흐름을 이용하여 바로 답을 계산한다.** 문제에서 취득가액, 처분가액 등의 현금흐름을 전부 제시할 것이다. 표를 그리지 않기 때문에 오히려 쉽다.

김수석의 핵심록 **현금흐름표 유형별 풀이법 요약** ★중요!

현금흐름표의 유형별 풀이법을 요약해놓은 것이다. 정말 중요하니 반드시 외우자.

유형	풀이법
현금주의 ↔ 발생주의	CF = NI − △자산 + △부채
영업CF−간접법	CF = NI − 투자, 재무 손익 − △영업 자산 + △영업 부채
영업CF−직접법	CF = 관련 손익 − △관련 자산 + △관련 부채
유형자산, 차입금 CF	
감가상각비를 알 수 없는 경우	기초 감누 + 감가비 − 처분 자산의 감누 = 기말 감누
자산, 부채의 증감을 알 수 없는 경우	문제에 제시된 현금흐름 바로 이용!

60. 연습문제
Practice Questions

01 다음은 ㈜한국의 20X1년 11월에 발생한 거래이다.

> • 상품 ₩70,000을 외상으로 매입하다.
> • 원가 ₩70,000의 상품을 ₩100,000에 외상으로 판매하다.

㈜한국은 20X1년 12월에 상품 판매대금 ₩100,000 중 ₩50,000을 회수하였고, 상품의 매입원가 ₩70,000 중 ₩35,000을 현금으로 지급하였다. 현금기준에 의한 20X1년의 순현금유입액과 발생기준에 의한 20X1년의 순이익은?

2020. 지방직 9급

	현금기준에 의한 20X1년 순현금유입액	발생기준에 의한 20X1년 순이익
①	₩15,000	₩15,000
②	₩15,000	₩30,000
③	₩30,000	₩15,000
④	₩30,000	₩30,000

02 ㈜한국은 취득원가 ₩70,000의 토지를 2017년 중 현금 ₩100,000을 받고 처분하였다. 또한 2017년 중 새로운 토지를 ₩90,000에 구입하면서 구입대금 중 ₩30,000은 현금으로 지급하고 나머지 ₩60,000은 미지급금으로 계상하였다. ㈜한국의 2017년 현금흐름표상 투자활동 순현금흐름은?

2018. 관세직 9급

① ₩10,000   ② ₩40,000
③ ₩70,000   ④ ₩100,000

 해 설

01. 탭 ②
현금기준 : 50,000(회수액)-35,000(지급액) = 15,000
발생기준 : 100,000(매출액)-70,000(매출원가) = 30,000

02. 탭 ③
투자활동 현금흐름 : 100,000(처분액)-30,000(지급액) = 70,000

패턴 61 수익인식의 5단계 ★중요!

수익 기준서는 내용이 상당히 방대하다. 다른 교재들을 보면 수익 기준서의 모든 내용을 다루지만, 김수석은 '시험에 나왔던 내용 위주로' 다룰 것이다. 새로운 문장이 출제되면 나만 처음 보는 것이 아니라 다른 수험생도 처음 보는 것이다.

1 수익의 정의

수익은 자산의 증가 또는 부채의 감소로서 자본의 증가를 가져오며, 자본청구권 보유자의 **출자와 관련된 것은 제외**

2 수익인식의 5단계 ★중요!

> 1단계 - **계**약의 식별
> 2단계 - 수행**의**무의 식별
> 3단계 - 거래가격의 **산**정
> 4단계 - 거래가격의 **배**분
> 5단계 - **수**익인식

김수석의 꿀팁 **수익인식의 5단계 암기법 : 계의산배수 (거의3배수)**

수익인식의 5단계의 순서를 바꾸어서 출제한 적이 있었다. 한 글자씩 따서 '계의산배수'라고 외우자. 다른 단계에는 없는 글자를 땄기 때문에 그 글자만 찾으면 된다. 공무원 1차 시험에서 1.**3배수**를 뽑는데, '거의3배수'를 연상하면서 외우면 '계의산배수'를 쉽게 떠올릴 수 있을 것이다.

1단계-계약의 식별

계약의 식별 조건 : **조권의상회** ★중요!

(1) 계약 승인 및 **의무** 확약	계약을 승인하고 각자의 의무를 수행하기로 확약한다. : 계약의 승인이 **반드시 서면으로 이루어질 필요는 없으며**, 구두 혹은 그 밖의 사업 관행에 따라 이루어져도 된다.
(2) **권리** 식별	각 당사자의 권리를 식별할 수 있다.
(3) 지급**조건** 식별	이전할 재화나 용역의 지급조건을 식별할 수 있다.
(4) **상업적** 실질	계약에 **상업적 실질**이 있다.
(5) **회수**가능성	이전할 재화나 용역에 대한 대가의 **회수 가능성이 높다.**

계약의 식별 조건은 5가지가 있다. 수익 인식 5단계와 같이 한글자씩 따서 '조권의상회'라고 외우자. 여기서 주의할 점은, **5가지 식별 조건을 모두 충족시켜야 한다**는 것이다. 어느 한 조건이라도 충족시키지 못한다면 계약으로 식별할 수 없다.

연습문제
Practice Questions

<u>01</u> '고객과의 계약에서 생기는 수익'에 제시되어 있는 고객과의 계약을 식별하기 위한 기준과 일치하는 내용은?

2019. 국가직 9급

① 계약당사자들이 계약을 서면으로만 승인해야 하며, 각자의 의무를 수행하기로 확약한다.

② 이전할 재화나 용역에 대한 각 당사자의 권리를 식별할 수 있다면, 재화나 용역의 대가로 받는 지급조건은 식별할 수 없어도 된다.

③ 계약에 상업적 실질 없이 재화나 용역을 서로 주고받을 수 있다.

④ 고객에게 이전할 재화나 용역에 대하여 받을 권리를 갖게 될 대가의 회수 가능성이 높다.

해 설

01. 답 ④
① 계약을 서면으로 승인할 필요는 없다. (X)
② 지급조건을 식별할 수 있어야 한다. (X)
③ 상업적 실질이 있어야 한다. (X)
④ 회수 가능성이 높아야 한다. (O)

2단계-수행의무의 식별

계약 개시시점에 고객과의 계약에서 약속한 재화나 용역을 검토하여 고객에게 구별되는 재화나 용역을 이전하기로 한 각 약속을 하나의 수행의무로 식별한다. 왼쪽은 고객에게 약속한 재화나 용역을 구별되는 것으로 보는 기준이다. 오른쪽은 둘 이상의 약속을 별도로 식별해 낼 수 없는 기준이다.

구별되는 수행의무 (여러 개)	구별되지 않는 수행의무 (한 개)
- 그 자체로, 혹은 다른 자원과 함께하여 효익을 얻을 수 있다. - 계약 내에서 별도로 식별할 수 있다.	- 통합, 결합산출물 - 고객맞춤화 - 상호의존도, 상호관련성이 매우 높다.

(1) 준비활동 : 수행의무 X

　- 계약을 이행하기 위해 하지만, 고객에게 재화나 용역을 이전하지 않는 활동은 수행의무에 포함 X
　(예 강의 준비)

(2) 의제의무: 수행의무 O

의제의무도 수행의무로 간주할 수 있다. 따라서 수행의무에는 구두 혹은 사업 관행 등으로 동의한 것도 포함 O

3단계-거래가격의 산정 ★중요!

3단계에 해당하는 다음 문장들은 모두 자주 출제되었던 문장들이다. 반드시 숙지하자.

(1) 거래가격에 제삼자를 대신해서 회수한 금액은 제외한다.

(2) 변동대가 추정 방법

고객과의 계약에서 약속한 대가는 고정금액, 변동금액 또는 둘 다를 포함할 수 있다.
계약에서 약속한 대가에 변동금액이 포함된 경우에 고객에게 약속한 재화나 용역을 이전하고 그 대가로 받을 권리를 갖게 될 금액을 다음과 같이 추정한다.

① 기댓값	특성이 비슷한 계약이 많은 경우
② 가능성이 가장 높은 금액	가능한 결과치가 두 가지인 경우

(3) 변동대가 추정치의 제약

　• 불확실성이 너무 높아 추정이 불가능한 경우 변동대가를 거래대가에 포함시키지 않는다.
　• 변동대가와 관련된 불확실성이 해소될 때, 이미 인식한 누적 수익 금액 중 **유의적인 부분을 되돌리지 않을 가능성이 '매우 높은'** 정도까지만 거래가격에 포함한다.

(4) 비현금 대가 : 공정가치 측정 ★중요!

(5) 유의적인 금융요소

고객에게 재화나 용역을 이전하면서 유의적인 금융 효익이 제공되는 경우 : 화폐의 시간가치를 반영하여 대가를 조정

1) but, 기업이 재화나 용역 이전 시점과 대가 지급 시점 간의 기간이 1년 이내라면
　: 유의적인 금융요소를 반영하지 않는 실무적 간편법 사용 가능

2) 계약 개시 후에는 이자율 등이 달라져도 할인율을 새로 수정하지 않음!
　최초 계약 시점의 이자율을 계속해서 사용하지, 그 이후에 이자율이 달라지더라도 바뀐 이자율을 사용하지 않는다는 뜻이다.

61. 연습문제
Practice Questions

02 **'고객과의 계약에서 생기는 수익'의 측정에 대한 설명으로 옳지 않은 것은?** 2019. 국가직 7급

① 거래가격은 고객에게 약속한 재화나 용역을 이전하고 그 대가로 기업이 받을 권리를 갖게 될 것으로 예상하는 금액이며, 제삼자를 대신하여 회수한 금액(예 : 일부 판매세)도 포함한다.

② 계약에서 약속한 대가에 변동금액이 포함된 경우에 고객에게 약속한 재화나 용역을 이전하고 그 대가로 받을 권리를 갖게 될 금액을 추정한다.

③ 고객이 현금 외의 형태로 대가를 약속한 계약의 경우에 거래가격을 산정하기 위하여 비현금 대가를 공정가치로 측정한다.

④ 고객에게 지급할 대가에는 기업이 고객에게 지급하거나 지급할 것으로 예상하는 현금 금액을 포함한다.

03 **고객과의 계약으로부터 발생하는 수익에서 거래가격 산정에 대한 설명으로 옳지 않은 것은?** 2020. 국가직 9급

① 거래가격을 산정하기 위해서는 계약 조건과 기업의 사업 관행을 참고한다.

② 기업에 특성이 비슷한 계약이 많은 경우에 '기댓값'은 변동대가(금액)의 적절한 추정치일 수 있다.

③ 고객과의 계약에서 약속한 대가는 고정금액, 변동금액 또는 둘 다를 포함할 수 있다.

④ 비현금대가의 공정가치가 대가의 형태만이 아닌 이유로 변동된다면, 변동대가 추정치의 제약규정을 적용하지 않는다.

04 **수익인식 단계에 대한 설명으로 옳은 것은?** 2019. 관세직 9급

① 수익인식 5단계 순서는 '수행의무 식별 → 계약식별 → 거래가격 산정 → 거래가격 배분 → 수행의무별 수익인식'이다.

② 계약 개시시점에 고객과의 계약에서 약속한 재화나 용역을 검토하여 고객에게 구별되는 재화나 용역을 이전하기로 한 약속을 하나의 수행의무로 식별한다.

③ 거래가격은 고객에게 약속한 재화나 용역을 이전하고 그 대가로 기업이 받을 권리를 갖게 될 것으로 예상하는 금액이며, 이때 제삼자를 대신하여 회수한 금액을 포함한다.

④ 계약 당사자들이 계약을 승인하고 각자의 의무를 수행하기로 확약하거나, 이전할 재화나 용역과 관련된 각 당사자의 권리를 식별할 수만 있으면 계약을 식별할 수 있다.

해 설

02. ① ①
거래가격에 제삼자를 대신하여 회수한 금액은 제외한다.

② 변동대가는 기댓값이나 가능성이 가장 높은 금액 등으로 금액을 추정한다. (O)
③ 비현금 대가는 공정가치로 측정한다. (O)
④ '고객에게 지급할 대가'는 기업이 고객에게 지급하는 금액을 의미한다. 기업이 고객에게 지급할 (것으로 예상하는) 현금을 당연히 포함한다. (O)

03. ① ④
비현금대가(ex.주식)는 공정가치로 측정한다. 공정가치가 형태가 아닌 이유로 변동된다면(예) 기업의 성과 변동) 공정가치가 변동하는 것이므로, **변동대가 추정치의 제약을 적용**한다.

① 거래가격을 산정하기 위해서는 계약 조건과 기업의 사업 관행도 참고한다. (O)
② 특성이 비슷한 계약이 많은 경우에는 '기댓값'으로 변동대가를 추정한다. (O)
③ 대가는 고정금액뿐만 아니라 변동금액도 포함할 수 있다. (O)

04. ① ②
① '계의산배수'로 고쳐야 한다. 1,2단계의 순서가 뒤바뀌었다. (X)
② 재화나 용역이 구별된다면 그를 별도의(하나의) 수행의무로 식별한다. (O)
③ 거래가격에 제삼자를 대신하여 회수한 금액은 제외한다. (X)
④ '조권의상회' 5가지 조건은 모두 충족시켜야 계약으로 식별할 수 있다. (X)

4단계-거래가격의 배분

수행의무가 여러 개인 경우, 거래가격을 **상대적 개별 판매가격을 기준으로** 배분

(1) 개별 판매가격 추정 방법

20년도 7급에 출제되었던 내용이다. 이름을 보면 어떤 방법인지 유추할 수 있으므로 가볍게 보고 넘어가자.

① **시장**평가 조정 접근법 : 재화와 용역을 판매하는 **시장**의 가격을 추정
② **예상원가** 이윤 가산 접근법 : **예상원가**를 예측하고, 적정 이윤을 더함
③ **잔여**접근법 : 총 거래가격에서 다른 재화나 용역의 개별 판매가격을 **차감**하여 추정

(2) 할인액의 배분

① 기업이 재화나 용역의 묶음을 보통 따로 판매하고 & 그 묶음의 할인액이 계약의 전체 할인액과 같은 경우 : 할인액을 **일부** 수행의무들에만 배분
② 할인액 전체가 일부 수행의무에만 관련된다는 증거가 없는 경우 : 할인액을 **모든** 수행의무에 배분

(3) 거래가격의 변동

: 거래가격의 후속 변동은 **계약 개시시점과 같은 기준으로** 배분
→ 계약 개시 후의 **개별 판매가격 변동을 반영하기 위해 재배분 X**

위 두 문장을 이해하기 위해 사례를 만들어보았다. 다음 사례처럼 계산문제로 나올 가능성은 크지 않다. 사례는 말문제 대비용으로 '위 문장을 이해하기 위해' 만든 것이므로 위 문장이 이해가 되었다면 더 이상 사례를 보지 않아도 좋다.

사례. ㈜김수석은 A, B, C를 묶어서 ₩100에 판매하였다. 각 제품의 개별 판매가격은 다음과 같다. 아래 각 물음에 답하시오.

	개별 판매가격
A	75
B	45
C	30

물음 1. 각 제품에 배분되는 거래가격을 구하시오.

물음 2. 계약 이후에 개별 판매가격이 다음과 같이 변경되었을 때, 각 제품에 배분되는 거래가격을 구하시오.

	개별 판매가격
A	70
B	50
C	40

물음 3. 물음 2의 상황에서, 총 판매가격을 120으로 변경하였다. 각 제품에 배분되는 거래가격을 구하시오.

답

물음 1.

	배분된 거래가격
A	100×75/150 = 50
B	100×45/150 = 30
C	100×30/150 = 20

물음 2.

계약 개시 후의 **개별 판매가격 변동을 반영하기 위해 재배분하지 않으므로,** 각 제품에 배분되는 거래가격은 불변이다. (A : 50, B : 30, C : 20)

물음 3.

거래가격의 후속 변동은 **계약 개시시점과 같은 기준으로 배분한다.** 각 제품의 개별 판매가격이 변경되었지만, 거래가격 배분은 계약 개시시점의 개별 판매가격 비율로 이루어진다.

	배분된 거래가격
A	120×75/150 = 60
B	120×45/150 = 36
C	120×30/150 = 24

05 「고객과의 계약에서 생기는 수익」에 대한 설명으로 옳지 않은 것은? 2020. 국가직 7급

① 거래가격을 배분하는 목적은 기업이 고객에게 약속한 재화나 용역을 이전하고 그 대가로 받을 권리를 갖게 될 금액을 나타내는 금액으로 각 수행의무에 거래가격을 배분하는 것이다.

② 개별 판매가격을 추정하기 위해 시장평가 조정 접근법을 적용하는 경우 개별 판매가격은 총 거래가격에서 계약에서 약속한 그 밖의 재화나 용역의 관측 가능한 개별 판매가격의 합계를 차감하여 추정한다.

③ 할인액 전체가 계약상 하나 이상의 일부 수행의무에만 관련된다는 관측 가능한 증거가 있는 때 외에는, 할인액을 계약상 모든 수행의무에 비례하여 배분한다.

④ 거래가격의 후속 변동은 계약 개시시점과 같은 기준으로 계약상 수행의무에 배분하므로, 계약을 개시한 후의 개별 판매가격 변동을 반영하기 위해 거래가격을 다시 배분하지 않는다.

해 설

05. 답 ②
시장평가 조정 접근법은 재화와 용역을 판매하는 시장의 가격을 추정하는 방법을 의미한다. 총 거래가격에서 계약에서 약속한 그 밖의 재화나 용역의 관측 가능한 개별 판매가격의 합계를 차감하여 추정하는 방법은 **잔여 접근법**이다.

5단계-수익의 인식

(1) 수익 인식 시점 : 재화나 용역을 고객에게 이전하여, 고객이 재화나 용역을 통제할 때

(2) 자산 이전 시기와 현금 수령 시기가 다른 경우

: 자산을 이전할 때 수익 인식! (현금 지급 시기와 무관!-장기할부판매, 선수금 판매)
자산 이전 시기와 현금 수령 시기가 다를 때 매출액을 묻는 문제의 경우, 현금 수령액을 미래가치하거나, 현재가치하여 자산 이전 시기로 맞추어야 한다.

① 현금을 먼저 받는 경우 (X1초 10,000 수령, X2초 자산 이전, 이자율 10% 가정)

X1초 (차) 현금	10,000	(대) 선수금	10,000
X1말 (차) 이자비용	1,000	(대) 선수금	1,000
X2초 (차) 선수금	11,000	(대) 매출	11,000

현금 수령액을 선수금으로 계상한 뒤, 이자비용을 인식하여 선수금을 키운 다음에 자산을 이전할 때 매출액으로 인식해야 한다.

② 현금을 나중에 받는 경우 (X1초 자산 이전, X2초 10,000 수령, 이자율 10% 가정)

X1초 (차) 매출채권	9,091	(대) 매출	9,091
X1말 (차) 매출채권	909	(대) 이자수익	909
X2초 (차) 현금	10,000	(대) 매출채권	10,000

매출은 자산 이전 시기인 X1초에 인식하지만, 현금을 나중에 받기 때문에 현재가치한 9,091(= 10,000/1.1)을 X1초에 매출액으로 인식한 뒤, 이자수익을 인식하여 매출채권을 키운 다음에 현금을 수령할 때 매출채권과 상계한다.

> **이 패턴의 출제 경향** | **건설계약 출제 X!**
>
> 건설계약은 기준서 개정 전에는 자주 출제되던 주제였지만, 개정 이후에는 아직까지 단 한 번도 출제되지 않았다. 앞으로도 건설계약은 출제되지 않을 가능성이 크므로 본서에서는 생략하겠다.

06 고객과의 계약에서 생기는 수익에 대한 설명으로 옳지 않은 것은?　　　　2019. 지방직 9급

① 고객에게 이전할 재화나 용역에 대하여 받을 권리를 갖게 될 대가의 회수 가능성이 높지 않더라도, 계약에 상업적 실질이 존재하고 이전할 재화나 용역의 지급조건을 식별할 수 있으면 고객과의 계약으로 회계처리한다.

② 수익을 인식하기 위해서는 '고객과의 계약 식별', '수행의무 식별', '거래가격 산정', '거래가격을 계약 내 수행의무에 배분', '수행의무를 이행할 때 수익인식'의 단계를 적용한다.

③ 거래가격 산정 시 제삼자를 대신해서 회수한 금액은 제외하며, 변동대가, 비현금 대가, 고객에게 지급할 대가 등이 미치는 영향을 고려한다.

④ 고객에게 약속한 자산을 이전하여 수행의무를 이행할 때 수익을 인식하며, 자산은 고객이 그 자산을 통제할 때 이전된다.

07 '고객과의 계약에서 생기는 수익'에 대한 설명으로 옳지 않은 것은?　　　　2018. 국가직 7급

① 기댓값으로 변동대가를 추정하는 경우 가능한 대가의 범위에서 가능성이 가장 높은 단일 금액으로 추정한다.

② 변동대가와 관련된 불확실성이 나중에 해소될 때, 이미 인식한 누적 수익 금액 중 유의적인 부분을 되돌리지 않을 가능성이 매우 높을지를 평가할 때는 수익의 환원가능성 및 크기를 모두 고려한다.

③ 비현금 대가의 공정가치를 합리적으로 추정할 수 없는 경우에는, 그 대가와 교환하여 고객에게 약속한 재화나 용역의 개별 판매 가격을 참조하여 간접적으로 그 대가를 측정한다.

④ 고객에게 약속한 재화나 용역, 즉 자산을 이전하여 수행의무를 이행할 때 수익을 인식한다.

08 ㈜한국은 20X1년 초에 고객과의 계약을 체결하였다. 계약에 따르면 ㈜한국은 20X1년 초에 고객으로부터 ₩200,000을 수령하고 20x2년 말에 재고자산을 인도한다. 재고자산의 인도와 동시에 통제권이 이전되며 수행의무도 이행된다. 20x2년 말에 인도한 재고자산의 원가가 ₩150,000인 경우, 20x2년 ㈜한국이 인식할 매출총이익은 얼마인가? 단, 해당 거래에 적용되는 할인율(이자율)은 연 5%이다.　　　　2019. 계리사 (2018. 관세직 9급 유사)

① ₩50,000　　　　　　　　　　② ₩55,125

③ ₩60,000　　　　　　　　　　④ ₩70,500

61· 연습문제
Practice Questions

06. 답 ①
① 회수 가능성이 높아야 한다. (X)
② 수익인식의 5단계이다. 순서를 꼭 외우자.
③ 거래가격 산정 시 제삼자를 대신해서 회수한 금액은 제외한다.

07. 답 ①
기댓값이 아니라 '가능한 결과치가 두 가지뿐일 경우'에 가능성이 가장 높은 금액으로 추정한다.
④ 수익 인식 시점 : 재화나 용역을 고객에게 이전하여, 고객이 재화나 용역을 통제할 때이다. (O)
②, ③번은 중요한 문장이 아니니 넘어가자. 다른 선지로 충분히 답을 골라낼 수 있는 문제였다.

08. 답 ④
수익 인식 시점은 재고자산 인도 시점인 20x2년 말이다. 현금 수령 시점에는 현금 수령액을 선수금으로 계상한 뒤, 재고자산 인도 시점에 수익으로 인식한다. 현금 수령 시점과 수익 인식 시점까지 기간이 2년이므로 시간가치를 고려해주어야 한다.
매출액 = $200,000 \times 1.05^2$ = 220,500
매출총이익 = 220,500-150,000 = 70,500

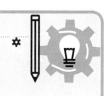

Day 19. 기타회계1

패턴 62 투자부동산 ★중요!

1 투자부동산의 분류

투자부동산 O	투자부동산 X
임대 or 시세차익 목적	자가사용부동산 (유형자산)
장래 용도를 결정하지 못한 채로 보유한 토지	
(금융리스로 보유하여) 운용리스로 제공	금융리스로 제공 (처분임-내 자산 아님)
제공하는 용역이 부수적인 경우	제공하는 용역이 유의적인 경우 (호텔)
미래에 투자부동산으로 사용하기 위하여 건설중인 자산	미래에 자가사용하기 위하여 건설중인 자산(유형자산), 제3자를 위하여 건설중인 부동산 (재고자산)
일부 임대, 일부 자가사용 : 부분별 매각 불가능시 '**자가 사용부분이' 경미할 때**만 전체를 투자부동산으로 분류 (그렇지 않으면 전체를 유형자산으로 분류.)	

(1) 장래 용도를 결정하지 못한 채로 보유하고 있는 토지 : 투자부동산
(2) 운용리스 (투자부동산) VS 금융리스 (내 자산이 아님)
(3) 제공하는 용역이 유의적인 경우 : 유형자산(호텔), 유의적이지 않으면 투자부동산.
(4) 건설중인 자산 : 완공 후 목적에 따라 분류
  • 투자부동산 공정가치모형 적용 시 완공 후 공정가치 평가 (평가손익 : PL)
(5) 일부 임대, 일부 자가사용 : 분리 매각할 수 없다면 '**자가 사용 부분이**' 경미한 경우에만 전체를 투자부동산으로 분류

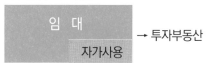 → 투자부동산

2 투자부동산의 측정 모형 ★중요!

	공정가치모형	원가모형
감가상각	X	O
공정가치 평가	O(PL)	X

> ▼주의 **공정가치 모형은 감가상각 X!** ★중요!
>
> 투자부동산이 출제될 경우 대부분 공정가치모형을 적용한다. 공정가치모형은 상각하지 않고, 공정가치 평가만 하기 때문에 문제에 감가상각방법, 내용연수, 잔존가치 등이 제시되어 있더라도 **절대 상각해서는 안된다.** 문제에서 제시한 공정가치만 보면서 평가만 해주면 된다.

3 투자부동산 계정 재분류 심화

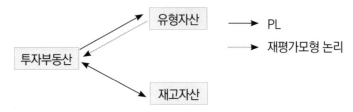

(1) 투자부동산 → 자가사용부동산, 투자부동산 ↔ 재고자산 : 당기손익
(2) **자가사용부동산 → 투자부동산** : 재평가모형과 동일한 방식으로 회계처리 (오르면 OCI, 내려가면 PL, 상대방 것이 있다면 제거 후 초과분만 인식)

김수석의 꿀팁 **투자부동산 계정 재분류 암기법 : 변경 전 계정이 뭔지 보기!**

투자부동산 계정 재분류를 쉽게 외우는 방법은 변경 전 계정이 무엇인지 보는 것이다. 투자부동산(공정가치 모형)과 재고자산(저가법)은 원래 공정가치 평가손익을 PL로 인식하기 때문에 재분류 시에도 평가손익을 PL로 인식한다. 반면, 유형자산은 재평가모형을 적용하기 때문에 재분류 시에도 평가손익을 재평가모형 논리대로 인식한다.

연습문제
Practice Questions

01 투자부동산의 회계처리에 관한 설명으로 옳지 않은 것은? 2017. 계리사 수정

① 운용리스로 제공하기 위하여 보유하고 있는 미사용 건물은 투자부동산에 해당한다.

② 투자부동산의 공정가치모형에서는 투자부동산의 공정가치 변동으로 발생하는 손익을 발생한 기간의 당기손익에 반영한다.

③ 임대목적으로 사용하기 위하여 건설중인 자산은 건설기간 동안 자가사용부동산으로 분류한 뒤, 완공 후 투자부동산으로 재분류한다.

④ 부동산 소유자가 부동산 사용자에게 부수적인 용역을 제공할 때 전체 계약에서의 해당 용역의 비중이 중요한 경우 부동산은 투자부동산이 아닌 자가사용부동산으로 분류한다.

02 다음 자료에 따른 건물 관련 손익이 20X2년 ㈜대한의 당기순이익에 미치는 영향은? (단, 감가상각은 월할상각한다) 2020. 국가직 7급

- 20X1년 1월 1일 투자목적으로 건물(취득원가 ₩1,000, 잔존가치 ₩0, 내용연수 4년, 정액법 상각)을 취득한 후 공정가치 모형을 적용하였다.
- 20X2년 7월 1일 ㈜대한은 동 건물을 공장용 건물(잔존가치 ₩0, 내용연수 2.5년, 정액법 상각)로 대체하여 자가사용하기 시작하였으며 재평가모형을 적용하였다.
- 일자별 건물 공정가치

20X1년 말	20X2년 7월 1일	20X2년 말
₩1,200	₩1,400	₩1,500

① ₩300 증가

② ₩280 감소

③ ₩180 증가

④ ₩80 감소

해 설

01. 답 ③

투자부동산으로 사용하기 위해 건설중인 자산은 건설기간 동안에도 투자부동산으로 분류한다.

① 운용리스로 제공하기 위하여 보유하고 있는 건물은 투자부동산에 해당한다. 현재 미사용하고 있더라도 보유 목적이 운용리스이므로 투자부동산이다. (O)

② 공정가치모형에서는 공정가치 평가손익을 PL로 인식한다. (O)

④ 제공하는 용역이 중요한 경우 자가사용부동산(유형자산-호텔)으로 분류한다. (O)

02. 답 ④

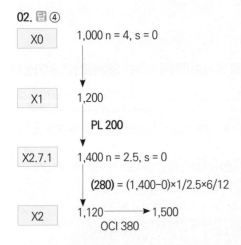

X2 PL : 200(재분류 평가손익)-280(감가상각비) = (-)80

회사는 건물을 투자목적으로 취득하였으므로 투자부동산으로 분류한다. 회사는 공정가치 모형을 적용하므로 감가상각하지 않고, 공정가치 평가만 수행한다. 따라서 X1년말에는 200의 평가이익만 인식한다.

X2년도에는 투자부동산에서 유형자산으로 계정 재분류가 이루어지는데, 투자부동산 계정 재분류에서는 변경 전 계정을 생각하면 된다. 변경 전이 투자부동산이므로 재분류 과정에서도 평가손익을 당기손익으로 인식한다. (PL 200) 계정 재분류로 유형자산으로 분류하기 때문에 감가상각해야 한다. 이때, 잔존내용연수와 월할상각에 주의하자. 내용연수가 4년이지만 1년반이 경과하였으므로 잔존내용연수는 2.5년이고, X2년도에는 6개월치만 상각하므로 마지막에 6/12를 곱해야 한다.

재평가모형을 적용하므로 상각 후에는 재평가를 해야 하는데, 최초 평가증은 OCI로 인식하므로 당기순이익에 미치는 영향은 없다.

63 충당부채 (심화)

1 충당부채의 정의

지출하는 **시기** 또는 **금액**이 불확실한 부채

2 충당부채의 인식 조건

(1) 현재의무 : 과거사건의 결과로 **현재의무**가 존재한다.

현재의무에는 두 가지 특징이 있다.
① 의제의무 포함 : 실무관행, 경영방침, 약속 등 정당한 기대
② **과거사건으로 인한 의무가 기업의 미래행위와 독립적**이어야 함
미래에 어떠한 행위를 하더라도 피할 수 없는 의무만 충당부채로 인식한다. 기준서 사례는 다음과 같다.

미래행위와 독립적 O (충당부채 O)	미래행위와 독립적 X (충당부채 X)
범칙금, 환경정화비용, 복구충당부채	환경정화'장치' 설치비용
법안 : 제정이 거의 확실할 때에만	미래의 예상 영업손실 및 자산 처분이익

(2) 높은 유출 가능성 : **발생할 가능성＞발생하지 않을 가능성**

유출 가능성이 '높다'는 것은 특정 사건이 일어날 가능성이 일어나지 않을 가능성보다 높은 경우를 의미한다.

(3) 신뢰성 있는 추정 : 신뢰성 있는 추정이 불가능하다면 재무상태표에 계상 불가

신뢰성 있는 추정이 불가능하다면 우발부채로 주석 공시한다.

3 우발부채 : 주석 공시

과거사건으로 생겼으나, 불확실한 미래 사건으로만 확인할 수 있는 **잠재적 의무**

	신뢰성 있는 추정 O	신뢰성 있는 추정 X
유출가능성이 높다	충당부채(B/S)	우발부채(주석)
유출가능성이 높지 않다		우발부채(주석)
유출가능성이 아주 낮다	주석 공시도 X	

재무상태표에 충당부채로 인식하기 위해서는 높은 유출가능성과 신뢰성 있는 추정을 '모두' 충족시켜야 한다. 둘 중 하나라도 충족시키지 못한다면 주석에 우발부채로 공시한다.

4 우발자산 : 주석 공시

과거사건으로 생겼으나, 불확실한 미래 사건으로만 확인할 수 있는 **잠재적 자산**

	부채	자산
유출입가능성이 높다	충당부채(B/S)	우발자산(주석)
유출입가능성이 높지 않다	우발부채(주석)	X
유출입가능성이 아주 낮다	X	

부채는 가능성이 '높은' 경우에 **재무상태표**에 인식하지만, 자산은 가능성이 '높은' 경우에 **주석**에 공시한다. 이는 보수주의로 인한 것이다. 부채는 상대적으로 쉽게 인식하지만, 자산은 인식 조건이 까다롭다.

5 연대보증 : 제삼자가 이행-우발부채, 유출 가능성이 높은 부분-충당부채

(1) 우발부채: 제삼자와 연대하여 의무를 지는 경우에는 이행할 전체 의무 중 **제삼자가 이행할 것으로 예상되는 부분**

(2) 충당부채: 해당 의무 중에서 경제적 효익이 있는 자원의 **유출 가능성이 높은 부분**

> 사례. ㈜김수석은 ㈜김차석이 차입한 ₩30,000에 대하여 연대 의무를 지게 되었다. 이후 ㈜김차석의 자금 사정이 어려워짐에 따라, ㈜김수석이 차입금의 일부를 변제할 것으로 예상된다. ㈜김수석이 변제할 금액을 합리적으로 추정해본 결과, ₩10,000이다.

위 사례에서 ㈜김수석이 변제할 ₩10,000은 충당부채로 설정하고, 나머지 ₩20,000은 유출 가능성이 높진 않지만 가능성이 있으므로 우발부채로 설정한다.

6 충당부채의 계산

(1) 당기비용 : 당기 매출액과 관련하여 발생할 지출 전부를 **매출 시에 인식**

> **예** 제품보증비 : 당기 매출액×보증 설정률 or 당기 판매량×개당 예상 보증비

(2) 기말 충당부채 잔액 : 미사용부분 = **비용으로 인식한 누적액-지출액의 누적액**

> **예** 제품충당부채 = 제품보증비 누적액-보증 지출액 누적액

63. 연습문제
Practice Questions

01 충당부채와 우발부채에 대한 설명으로 옳지 않은 것은?

2017. 국가직 9급

① 충당부채를 인식하기 위해서는 과거사건의 결과로 현재 의무가 존재하여야 한다.

② 충당부채와 우발부채 모두 재무상태표에 인식하지 않고 주석으로 공시한다.

③ 충당부채의 인식요건 중 경제적효익이 있는 자원의 유출 가능성이 높다는 것은 발생할 가능성이 발생하지 않을 가능성보다 더 높다는 것을 의미한다.

④ 충당부채를 인식하기 위해서는 과거 사건으로 인한 의무가 기업의 미래행위와 독립적이어야 한다.

02 충당부채와 우발부채에 대한 설명으로 옳지 않은 것은?

2020. 국가직 7급, 2016. 지방직 9급 수정

① 충당부채는 지출의 시기 또는 금액이 불확실한 부채이다.

② 미래의 예상 영업손실에 대하여 충당부채로 인식한다.

③ 제삼자와 연대하여 의무를 지는 경우에는 이행할 전체 의무 중 제삼자가 이행할 것으로 예상되는 부분을 우발부채로 처리한다.

④ 현재 의무를 이행하기 위한 자원의 유출가능성은 높으나 신뢰성 있는 금액의 추정이 불가능한 경우에는 우발부채로 공시한다.

03 20X1년 1월 1일에 영업을 개시한 ㈜한국은 자동차를 판매하고 첫 3년간은 무상으로 수리보증을 해주기로 하였다. ㈜한국은 총매출액의 8%에 해당하는 금액이 제품보증비로 발생할 것이라고 추정하고 있다. 각 연도별 총매출액과 보증비용지출액은 다음과 같다.

	총매출액	보증비용지출액
20X1년	₩2,500,000	₩170,000
20X2년	₩1,800,000	₩150,000

㈜한국이 20X2년도 포괄손익계산서에 인식할 제품보증비용과 재무상태표에 보고할 제품보증충당부채는 얼마인가? 단, 충당부채 관련 현재가치 평가는 고려하지 않으며, 영업개시 후 재무제표에 영향을 미치는 다른 거래는 없다고 가정한다.

2017. 계리사

	제품보증비용	제품보증충당부채
①	₩200,000	₩30,000
②	₩144,000	₩30,000
③	₩200,000	₩24,000
④	₩144,000	₩24,000

63. 연습문제
Practice Questions

해설

01. 답 ②

충당부채는 우발부채와 달리 재무상태표에 인식한다.

① '과거' 사건의 결과로 '현재' 의무가 존재하여야 한다. (O)

③ 유출 가능성이 '높다'는 것은 발생할 가능성이 발생하지 않을 가능성보다 더 높다는 것을 의미한다. 발생 가능성이 50% 이상이라고 생각하면 된다. (O)

④ 충당부채를 인식하기 위해서는 과거 사건으로 인한 의무가 기업의 미래행위와 독립적이어야 한다. 미래행위로 의무가 영향받을 수 있다면 충당부채를 인식할 수 없다. (O)

02. 답 ②

② 미래의 예상 영업손실에 대해서는 충당부채를 **인식하지 않는다**. (X)

③ 제삼자와 연대하여 의무를 지는 경우에는 이행할 전체 의무 중 제삼자가 이행할 것으로 예상되는 부분은 우발부채로, 직접 이행할 것으로 예상되는 부분은 충당부채로 처리한다. (O)

④ 높은 유출가능성과 신뢰성 있는 추정을 '모두' 충족시켜야 충당부채로 인식한다. 둘 중 하나라도 충족시키지 못한다면 주석에 우발부채로 공시한다. (O)

03. 답 ④

제품보증비용 : 1,800,000×8% = 144,000

기말 충당부채 : (2,500,000 + 1,800,000)×8%-(170,000 + 150,000) = 24,000

패턴 64 주당순이익 심화

1 가중평균유통보통주식수(n) : 해당 기간에 유통된 보통주의 수를 가중평균한 것

	기초 1.1	유상증자 3.1	자기주식 취득 7.1	자기주식 처분 9.1	계
주식수	XXX	XXX	(XXX)	XXX	
무상증자 등	×1.1	×1.1	×1.1		
가중평균	×12/12	×10/12	×6/12	×4/12	
계	XXX	XXX	(XXX)	XXX	n

Step 1. 일자별 주식 수 변동 기재

(1) 유상증자 : 유통주식수 증가

(2) 자기주식 거래

    ① 자기주식 취득 : 유통주식수 감소

    ② 자기주식 처분 : 유통주식수 증가

    ③ 자기주식 소각 : 유통주식수 불변

Step 2. 자본이 불변인 자본거래 : 소급적용

    (1) 자본이 불변인 자본거래 : 무상증자, 주식배당, 주식분할, 주식병합

    (2) 소급적용 : 자본거래 이전에 발생한 주식 변동에 주식 변동비율을 곱함

       예 8.1 10% 무상증자 : 8.1 전에 발생한 자본거래에 전부 1.1을 곱함

Step 3. 월할 가중평균

Step 4. n(가중평균유통보통주식수) 구하기

    n = 월할 가중평균한 주식 수의 합

2 주당순이익(eps) = (당기순이익-우선주 배당금)/가중평균유통보통주식수

3 이익 관련 비율

    (1) PER(주가수익비율) = 주가/EPS

    (2) 배당성향 = 배당액/당기순이익

    (3) 배당수익률 = 주당 배당액/주가

4 공정가치 미만 유상증자 `심화`

> 유상증자로 보는 주식 수 = 증자 주식 수×발행가액/공정가치
>
> 무상증자로 보는 주식 수 = 증자 주식 수-유상증자로 보는 주식 수
>
>   **= 증자 주식 수×(공정가치-발행가액)/공정가치**

- 무상증자 시 소급적용하므로 **무상증자로 보는 주식 수는 기존 주식과 유상증자로 보는 주식 수에 비례 배분**
- 기존 주식뿐만 아니라 유상증자로 보는 주식 수에도 배분해야 한다는 것을 주의!

`김수석의 Why` **공정가치 미만 유상증자 시 무상증자로 보는 주식 수를 구분하는 이유**

`예` 100주를 주당 ₩4,000에 발행 (공정가치 ₩5,000)

① 총 발행가액 : 100주×@4,000 = 400,000

② 유상증자로 보는 주식 수 : 400,000/5,000 = 80주

③ 무상증자로 보는 주식 수 : 100주-80주 = 20주

    시가로 발행했다면 80주만 발행했을 것이다. 나머지 20주는 대가를 받지 않고 무상으로 증자한 것으로 본다. 무상증자로 보는 주식 수는 다음과 같이 구할 수도 있다. 실전에서는 이렇게 구하자.

④ **100주×(5,000-4,000)/5,000** = 20주

01 ㈜한국의 2009년 1월 1일 현재 유통보통주식수는 100,000주이다. ㈜한국은 2009년 3월 1일 20%의 무상증자, 2009년 7월 1일 보통주 60,000주의 유상증자를 실시하였다. ㈜한국의 2009년도 당기순이익이 ₩30,000,000, 우선주배당금이 ₩3,000,000이라고 할 때 기본주당순이익은? (단, 가중평균유통보통주식수는 월수를 기준으로 계산한다)　2010. 국가직 7급 수정

① ₩150　　　　　　　　　　　② ₩180

③ ₩190　　　　　　　　　　　④ ₩200

02 다음의 자료를 이용하여 산출한 ㈜한국의 20X1년 말 주가이익 비율(PER)은? (단, 가중평균유통보통주식수는 월할 계산한다)　2018. 국가직 7급

- 20X1년도 당기순이익 : ₩88
- 20X1년 1월 1일 유통보통주식수 : 30주
- 20X1년 7월 1일 유상증자 : 보통주 25주(주주우선배정 신주발행으로 1주당 발행가액은 ₩4이며, 이는 유상증자 권리락 직전 주당 종가 ₩5보다 현저히 낮음)
- 20X1년 12월 31일 보통주 시가 : 주당 ₩6

① 1.5　　　　　　　　　　　② 2.0

③ 2.5　　　　　　　　　　　④ 3.0

64. 연습문제

Practice Questions

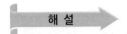

01. 답 ②

(1) 가중평균유통보통주식수(n)

	기초 1.1	유상증자 7.1	계
주식수 무상증자 가중평균	100,000 × 1.2 × 12/12	60,000 × 6/12	
계	120,000	30,000	**150,000**

(2) EPS = (30,000,000−3,000,000)/150,000 = 180

02. 답 ④

	기초 1.1	유상증자 7.1	계
주식수 무상증자 가중평균	30 3 × 12/12	20 2 × 6/12	
계	33	11	**44**

무상증자로 보는 주식 수 = 25 × (5-4)/5 = 5

5주를 기존 주식 30주와 유상증자로 보는 주식 20주에 비례 배분한다. 각각 3주와 2주가 배분된다. 10% 무상증자와 동일한 효과이다.

EPS = 88/44 = 2

PER = 주가/EPS = 6/2 = 3.0

참고로, 공정가치 미만 유상증자 시 사용하는 공정가치는 증자 시의 공정가치(5)이다. 문제 상 '20X1년 12월 31일 보통주 시가(6)'는 20X1년말 PER 계산 시에 사용된다.

Day 20. 기타회계2

패턴 65 법인세회계 심화

이 패턴의 핵심 Key 법인세회계 풀이법

	16(30%)	17(25%)	18~(20%)
EBT	500,000		
차감할 일시적 차이	100,000	(100,000)	
가산할 일시적 차이	(150,000)		150,000
과세소득	450,000		
법인세부담액	135,000	(25,000)	30,000

Step 1. 연도별 세율 표시
- 세율이 바뀌면 반드시 그 해는 구분해서 적어야 함
- 만약 세율이 전혀 바뀌지 않는다면 '당기 / 차기 이후'로 둘로만 구분

Step 2. EBT(법인세비용차감전순이익) 적기

Step 3. 세무조정 수행
(1) '차감할' 일시적 차이 : 당기 과세소득에 가산한 뒤, 소멸 시점의 과세소득에서 차감
(2) '가산할' 일시적 차이 : 당기 과세소득에서 차감한 뒤, 소멸 시점의 과세소득에서 가산

Step 4. 과세소득과 법인세부담액 계산
(1) 과세소득 = EBT±세무조정
(2) 법인세부담액 = 과세소득×당기 세율

Step 5. 이연법인세 자산, 부채 계산 : 양수가 부채, 음수가 자산
(1) 이연법인세부채 = 가산할 일시적차이×소멸 시점의 세율
(2) 이연법인세자산 = 차감할 일시적차이×소멸 시점의 세율
- **이연법인세자산은 자산성이 인정될 때에만 자산으로 인식**

Step 6. 법인세비용 계산 및 회계처리

(1) 기초 제거	이연법인세부채	기초 부채	이연법인세자산	기초 자산
(2) 기말 계상	이연법인세자산	기말 자산	이연법인세부채	기말 부채
(3) 당기 부채&비용	법인세비용	XXX	당기법인세부채	법인세부담액

(1) 기초 제거: '당기에 설립한', '당기 초에 영업을 시작한': 기초 이연법인세 자산, 부채 0!
(2) 기말 계상: Step 5에서 계산한 이연법인세 자산, 부채를 계상
(3) 당기 부채&비용
- Step 4에서 계산한 법인세부담액을 미지급법인세 혹은 당기법인세부채로 계상
- 마지막으로 법인세비용으로 대차차액을 맞춰줌

01 ㈜한국의 2016년 법인세비용차감전순이익은 ₩500,000이다. 세무조정 결과, ₩100,000의 차감할 일시적차이와 ₩150,000의 가산할 일시적차이가 발생하였다. 차감할 일시적차이는 모두 2017년에 소멸되고, 가산할 일시적차이는 2018년 이후에 소멸될 것으로 예상된다. 법인세율은 2016년에 30% 이고, 개정된 세법에 따라 2017년에 25%, 2018년 이후에는 20%가 적용된다. 2016년 말 회계처리로 옳은 것은? (단, 이연법인세자산은 미래 과세소득의 발생가능성이 높다)　　　2016. 국가직 7급

	차변		대변	
①	법인세비용	₩140,000	미지급법인세	₩135,000
	이연법인세자산	₩25,000	이연법인세부채	₩30,000
②	법인세비용	₩130,000	미지급법인세	₩135,000
	이연법인세자산	₩30,000	이연법인세부채	₩25,000
③	법인세비용	₩170,000	미지급법인세	₩165,000
	이연법인세자산	₩25,000	이연법인세부채	₩30,000
④	법인세비용	₩160,000	미지급법인세	₩165,000
	이연법인세자산	₩30,000	이연법인세부채	₩25,000

02 ㈜한국의 2012년 법인세비용차감전순이익은 ₩30,000이다. 2011년 말 이연법인세부채는 ₩2,000이며, 2012년 말 현재 장래의 과세소득을 증가시키는 가산할 일시적 차이는 ₩10,000이다. 법인세율은 매년 30%로 일정하고, 법인세에 부가되는 세액은 없다고 가정한다. 2012년 법인세부담액이 ₩7,000일 경우 ㈜한국의 2012년 당기순이익과 2012년 말 이연법인세자산(또는 이연법인세부채)은?　　　2012. 국가직 9급

	당기순이익	이연법인세자산(부채)
①	₩22,000	이연법인세부채 ₩3,000
②	₩22,000	이연법인세자산 ₩3,000
③	₩24,000	이연법인세부채 ₩3,000
④	₩24,000	이연법인세자산 ₩3,000

연습문제
Practice Questions

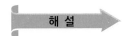

01. 답 ①

	16(30%)	17(25%)	18~(20%)
EBT	500,000		
차감할 일시적 차이	100,000	(100,000)	
가산할 일시적 차이	(150,000)		150,000
과세소득	450,000		
법인세부담액	135,000	(25,000)	30,000

미지급법인세 : 450,000×30% = 135,000
이연법인세자산 : 100,000×25% = 25,000
이연법인세부채 : 150,000×20% = 30,000
법인세비용 : 135,000 + 30,000−25,000 = 140,000

02. 답 ①

	12(30%)	13~(30%)
EBT	30,000	
유보	XXX	10,000
과세소득	XXX	
법인세부담액	7,000	3,000(부채)

기말 이연법인세부채 : 10,000 × 30% = **3,000**
법인세비용 : 7,000 + 3,000−2,000 = 8,000
당기순이익 : 30,000−8,000 = **22,000**

회계처리

(차) 이연법인세부채(기초)	2,000	(대) 이연법인세부채(기말)	3,000
법인세비용	8,000	당기법인세부채	7,000

패턴

66 영업권

1 영업권 계산하기

> 영업권 = 이전대가-피투자기업의 순자산 공정가치 × 지분율
> (영업권이 음수인 경우 당기손익인 '염가매수차익' 인식)

(1) 이전대가: **공정가치 평가**

이전대가로 현금이 아니라 주식을 지급하는 경우가 있다. 주식 지급 시에는 반드시 **공정가치**로 평가해야 한다. 보통 문제에서 액면가액을 같이 제시해주는데, 이는 함정이다.

(2) 피투자기업의 순자산 공정가치 = 순자산 장부금액 + 장부금액과 공정가치의 차이

영업권 계산 시 피투자기업의 순자산은 공정가치로 평가해야 하는데, 공정가치를 직접 제시해주는 것이 아니라, 장부금액을 제시해준 뒤, 공정가치와의 차이를 제시해주는 경우가 있다. 이 때는 장부금액에 공정가치와의 차이를 가산하여 공정가치를 직접 구해야 한다.

(3) 합병 시 지분율: 100%

문제에 '합병'이라는 표현이 등장하면서 지분율을 제시하지 않는 경우는 지분율을 100%로 보면 된다. 합병이란 두 회사가 하나의 회사가 되는 것을 의미하기 때문이다.

2 영업권의 회계처리

(1) 영업권은 **상각 X,** 매년 손상검사만 수행 (= 내용연수가 비한정인 무형자산)
(2) 영업권의 **손상차손환입은 인식할 수 없다.**

66 · 연습문제
Practice Questions

01 ㈜한국은 ㈜민국을 합병하고 합병대가로 ₩20,000,000의 현금을 지급하였다. 합병 시점의 ㈜민국의 재무상태표상 자산총액은 ₩15,000,000이고 부채총액은 ₩9,000,000이다. ㈜민국의 재무상태표상 장부가치는 토지를 제외하고는 공정가치와 같다. 토지는 장부상 ₩5,000,000으로 기록되어 있으나, 공정가치는 합병 시점에 ₩10,000,000인 것으로 평가되었다. 이 합병으로 ㈜한국이 영업권으로 계상하여야 할 금액은? 2015. 국가직 9급

① ₩0   ② ₩4,000,000   ③ ₩9,000,000   ④ ₩14,000,000

02 2015년 초에 ㈜서울은 ㈜한양에게 보통주 50주(주당 액면금액 ₩5,000, 주당 공정가치 ₩7,000)를 교부하고 ㈜한양을 흡수합병하였다. 합병 직전에 ㈜한양의 식별가능한 순자산 장부금액과 공정가치가 다음과 같을 때 합병 시 ㈜서울이 인식할 영업권 또는 염가매수차익은 얼마인가? 2016. 서울시 7급

[합병 직전 ㈜한양의 재무상태표]

	장부금액	공정가치		장부금액	공정가치
재고자산	₩200,000	₩250,000	비유동부채	₩100,000	₩100,000
비유동자산	₩300,000	₩300,000	자본금	₩350,000	
			이익잉여금	₩50,000	
합계	₩500,000		합계	₩500,000	

① 영업권 ₩150,000   ② 영업권 ₩100,000
③ 염가매수차익 ₩150,000   ④ 염가매수차익 ₩100,000

해 설

01. 답 ③
순자산 장부금액 : 15,000,000-9,000,000 = 6,000,000
공정가치와 장부금액 차이 : 10,000,000-5,000,000 = 5,000,000
순자산 공정가치 : 6,000,000 + 5,000,000 = 11,000,000
영업권 : 20,000,000-11,000,000 = 9,000,000

02. 답 ④
순자산 공정가치 : 250,000 + 300,000-100,000 = 450,000
이전대가 : 50주 × @7,000 = 350,000
염가매수차익 : 350,000-450,000 = 100,000

67 지분법 심화

1 지분법 회계처리

(1) 취득: 영업권 인식 X

(차) 관계기업투자	1,000,000	(대) 현금		1,000,000

- 관계기업투자 취득 시에는 취득원가로 기록
- **영업권 상당액은 관계기업투자와 별도 자산으로 인식X** (관계기업투자 장부금액에 포함)

(2) 배당: 지분율 곱해야 함!

(차) 현금	50,000	(대) 관계기업투자		50,000

> 배당금 수령액 = 배당 × 지분율

- **배당 수령액을 수익이 아닌 관계기업투자의 감소로 처리**
- 문제에서 제시한 배당액은 전체 배당액을 의미. 반드시 **배당액에 지분율을 곱해야 함!**

(3) 지분법이익과 지분법 자본변동

(차) 관계기업투자	150,000	(대) 지분법이익		150,000
(차) 관계기업투자	25,000	(대) 지분법자본변동		25,000

> 지분법이익 = 관계기업의 당기순이익 × 지분율
> 지분법자본변동 = 관계기업의 기타포괄손익 × 지분율

- 관계기업투자는 관계기업의 순자산과 비례한다.
- 관계기업의 **당기순이익**과 **기타포괄손익**에 지분율을 곱한 이익을 각각 **지분법이익, 지분법자본변동** 이라고 부른다.

2 관계기업투자의 변동

관계기업투자 잔액 = 취득원가-배당 수령액 + 지분법이익 + 지분법자본변동

이 패턴의 핵심 Key

취득원가		관계기업투자 취득원가
배당	×지분율 =	(배당 수령액)
NI	×지분율 =	**지분법이익**
OCI	×지분율 =	지분법자본변동
계		**관계기업투자 장부금액**

지분법 문제에서 가장 많이 묻는 것은 관계기업투자 장부금액이고, 그 다음으로 많이 묻는 것이 지분법이익이다. 위 표를 채워서 계산되는 잔액이 관계기업투자 장부금액이고, 관계기업의 당기순이익에 지분율을 곱해서 계산되는 금액이 지분법이익이다.

01 ㈜한국은 2008년 12월 31일 ㈜소한의 의결권주식의 20%(20주)를 ₩20,000에 취득하여 유의적인 영향력을 행사하게 되었다. 취득 당시 ㈜소한의 자산과 부채의 장부가액은 공정가치와 일치하였으며 투자차액은 없었다. ㈜소한은 2009년 8월 20일 중간배당금으로 현금 ₩10,000을 지급하였다. ㈜소한의 2009년도 순자산변동은 당기순이익 ₩40,000과 FVOCI 금융자산평가손실 ₩10,000에 의해 발생하였다. ㈜한국의 2009년도 지분법이익과 2009년 말 지분법적용투자주식은? (단, ㈜한국과 ㈜소한의 결산일은 12월 31일이다) 2010. 국가직 7급

	지분법이익	지분법적용투자주식
①	₩8,000	₩24,000
②	₩6,000	₩28,000
③	₩10,000	₩26,000
④	₩8,000	₩26,000

02 ㈜한국은 2016년 4월 1일에 ㈜대한의 의결권 있는 주식 25%를 ₩1,000,000에 취득하였다. 취득 당시 ㈜대한의 자산과 부채의 공정가치는 각각 ₩15,000,000, ₩12,000,000이다. ㈜대한은 2016년 당기순이익으로 ₩600,000을 보고하였으며 2017년 3월 1일에 ₩200,000의 현금배당을 지급하였다. 2017년 9월 1일에 ㈜한국은 ㈜대한의 주식 전부를 ₩930,000에 처분하였다. 위의 관계기업투자에 대한 설명으로 옳은 것은? 2018. 지방직 9급

① ㈜대한의 순자산 공정가치는 ₩3,000,000이므로 ㈜한국은 ㈜대한의 주식 취득 시 ₩250,000의 영업권을 별도로 기록한다.

② ㈜대한의 2016년 당기순이익은 ㈜한국의 관계기업투자 장부금액을 ₩150,000만큼 증가시킨다.

③ ㈜대한의 현금배당은 ㈜한국의 당기순이익을 ₩50,000만큼 증가시킨다.

④ ㈜한국의 관계기업투자 처분손실은 ₩70,000이다.

67. 연습문제
Practice Questions

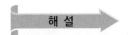

01. 답 ①

취득원가		20,000
배당	(10,000) × 20% =	(2,000)
NI	40,000 × 20% =	**8,000**
OCI	(10,000) × 20% =	(2,000)
계		**24,000**

(차)	**관계기업투자주식**	**20,000**	(대)	현금	20,000
	현금	2,000		**관계기업투자주식**	**2,000**
	관계기업투자주식	**8,000**		지분법이익	8,000
	지분법자본변동	2,000		**관계기업투자주식**	**2,000**

02. 답 ②

취득원가		1,000,000
배당	(200,000) × 25% =	(50,000)
당기순이익	600,000 × 25% =	②150,000
계		④1,100,000

① 관계기업투자는 영업권을 별도로 계상하지 않고 관계기업투자에 포함시킨다. (X)

> **참고**
>
> 영업권 상당액 : 1,000,000-(15,000,000-12,000,000) × 25% = 250,000 (금액은 일치함)
> ② 지분법이익 : 600,000 × 25% = 150,000 (O)
> ③ 관계기업의 현금배당은 당기순이익을 증가시키는 것이 아니라 관계기업투자의 장부금액을 감소시킨다. (X)
> ④ 관계기업투자 처분손실 : 930,000-1,100,000 = (−)170,000 (X)

Part 02

원가관리회계

패턴

68 제조원가의 흐름 ★중요!

1 원가의 구분

제조원가		
직접재료원가(DM)	직접노무원가(DL)	제조간접원가(OH)
기본원가, 기초원가		
	가공원가, 전환원가	

(1) 기본원가, 기초원가 vs 가공원가, 전환원가

  ① 기본원가, 기초원가 = DM + DL
  ② 가공원가, 전환원가 = DL + OH
    - 직접노무원가는 기본원가와 가공원가에 모두 포함

  김수석의 꿀팁 'A는 B의 60%이다.' → A = 0.6, B = 1

  회계학 문제에서는 두 금액을 서로의 비율로 제시하는 경우가 많다. 이때는 B를 1로 보자. 그렇다면 A는 자동으로 0.6이 된다. 미지수를 숫자로 변환해놓고 계산하면 금액을 쉽게 구할 수 있다.

(2) 제조간접원가(OH)

OH = 간접재료원가 + 간접노무원가 + 제조경비

(3) 제조간접원가 vs 비제조원가 : 공장과 관련이 있으면 OH, 공장과 무관하면 비제조원가

  ① 생산시설(공장)에서 발생한 비용 : **제조간접원가**
  ② **본사 건물, 영업**과 관련하여 발생한 비용 : **비제조원가**(판관비)

2 제조원가의 흐름 도식화 풀이법 ★ 중요!

	가산		차감		결과값
원재료	기초 매입액	XXX XXX	기말	XXX	⌐ DM
가공원가	DL OH	XXX XXX			⌐ 당기총제조원가
재공품	기초	XXX	기말	XXX	⌐ 당기제품제조원가
제품	기초	XXX	기말	XXX	⌐ 매출원가

(1) 직접재료원가(DM) = 기초 원재료 + 매입액 – 기말 원재료
(2) 당기총제조원가 = DM + DL + OH
(3) 당기제품제조원가 = 기초 재공품 + 당기총제조원가-기말 재공품
(4) 매출원가 = 기초 제품 + 당기제품제조원가-기말 제품

김수석의 꿀팁 **문제의 요구사항을 바로 구할 것!**

모든 결과값(DM, 당기총제조원가, 당기제품제조원가)을 구하면서 하나씩 내려오지 말고, 차변에 있는 모든 금액을 다 더하고, 대변에 있는 모든 금액을 다 빼서 문제에서 요구하는 결과값을 바로 구하자.

김수석의 꿀팁 **임금 지급액이 제시된 경우 직접노무원가 구하기**

CF	=	NI	–	△자산	+	△부채
(직접노무원가 지급액)		(직접노무원가)		선급임금		미지급임금

DL은 현금지급액이 아니라, 발생액이므로 현금으로 지급한 임금에 선급임금과 미지급임금의 증감을 반영해야 함.
→영업CF 직접법 공식에 따라 선급임금의 증감은 반대로, 미지급임금의 증감은 그대로 반영

01 다음은 (주)관세의 4월 중 영업자료에서 추출한 정보이다.

직접노무원가	₩600
감가상각비-공장설비	50
감가상각비-본사사옥	100
보험료-공장설비	100
보험료-본사사옥	200
기타 제조경비	300
재료재고(기초)	200
재료재고(기말)	100
재공품재고(기초)	1,200
재공품재고(기말)	1,000

4월 중 재료의 매입액이 ₩400일 때, 4월 당기제품제조원가는 얼마인가? 2010. 관세사

① ₩1,450   ② ₩1,550

③ ₩1,650   ④ ₩1,750

02 다음은 ㈜한국의 2010년 7월의 원가자료이다.

	2010년 7월 1일	2010년 7월 31일
직접재료	₩10,000	₩20,000
재공품	₩100,000	₩200,000
제품	₩100,000	₩50,000

㈜한국의 2010년 7월의 직접재료 매입액이 ₩610,000이고, 매출원가는 ₩2,050,000이다. 가공원가가 직접노무원가의 300%라고 할 때, ㈜한국의 2010년 7월의 제조간접원가는? 2010. 지방직 9급

① ₩800,000   ② ₩1,000,000

③ ₩1,600,000   ④ ₩2,000,000

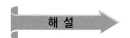

68. 연습문제
Practice Questions

해설

01. 답 ④

감가상각비-공장설비	50
보험료-공장설비	100
기타 제조경비	300
OH 계	450

감가상각비와 보험료 중 '공장'에서 발생한 원가만 OH로 분류하고, 본사에서 발생한 원가는 판관비로 처리한다.

	가산		차감		
원재료	기초	200	기말	100	┐
	매입액	400			┘ DM
가공원가	DL	600			┐
	OH	450			┘ 당기총제조원가
재공품	기초	1,200	기말	1,000	┘ 당기제품제조원가 **1,750**
제품	기초		기말		┘ 매출원가

02. 답 ②

	가산		차감		
원재료	기초	10,000	기말	20,000	┐
	매입액	610,000			┘ DM : 600,000
가공원가	DL	③500,000			┐
	OH	④1,000,000			┘ 당기총제조원가 : ②2,100,000
재공품	기초	100,000	기말	200,000	┘ 당기제품제조원가 : ①2,000,000
제품	기초	100,000	기말	50,000	┘ 매출원가 : 2,050,000

가공원가 = 2,100,000 − 600,000 = 1,500,000

가공원가가 직접노무원가의 300%이므로 가공원가가 3, 직접노무원가가 1이다.

직접노무원가 = 1,500,000/3 = 500,000

제조간접원가 = 1,500,000 − 500,000 = 1,000,000

69 이중배부율법

보조부문원가의 배부 방법

보조부문 1개	보조부문 2개
단일배부율법	직접배부법
이중배부율법	**단계배부법**
	상호배부법

보조부문원가의 배부 방법에는 위와 같이 5가지가 있다. 이 중 **이중배부율법과 단계배부법이 가장 많이 출제된다.** 패턴 79에서 이중배부율법을, 패턴 80에서 단계배부법을 다룰 것이다.

단일배부율법은 계산을 한 번만 하면 문제가 풀려서 거의 출제되지 않는다.

반대로, 상호배부법은 연립방정식을 풀어야 하므로 계산기를 사용하지 못하는 공무원 시험 특성상 출제되더라도 풀지 않는 것이 낫다.

1 단일배부율법

보조부문원가를 변동원가와 고정원가로 구분하지 않고, 하나의 기준으로 **한꺼번에 배부**

2 이중배부율법

보조부문원가를 변동원가와 고정원가로 나누어 각기 다른 기준을 적용하여 **배부**

변동원가	실제사용량
고정원가	최대사용가능량

	제조부문1	제조부문2	계
변동원가	XXX	XXX	변동원가 계
고정원가	XXX	XXX	고정원가 계
계	**XXX**	**XXX**	

고정원가는 최대사용가능량을 기준으로 배부하는 이유

스마트폰 요금제를 생각해보자. 스마트폰 요금은 데이터를 몇 기가 쓸지에 따라 '사전에' 결정된다. 100기가 요금제에 가입했다면 실제로 몇 기가를 쓰든 상관없이 통신 요금은 고정이다. 최대로 사용할 수 있는 데이터 량에 따라 통신 요금도 결정되는 것이므로 고정원가는 최대사용가능량을 기준으로 배부한다.

연습문제
Practice Questions

01 ㈜한국은 제조부문인 조립부문과 도장부문이 있으며, 보조부문으로 전력부문이 있다. 20X1년 3월 중에 부문별로 발생한 제조간접원가와 제조부문이 사용한 전력의 실제사용량과 최대사용가능량은 다음과 같다. 한편, 전력부문에서 발생한 제조간접원가 ₩325,000은 변동원가가 ₩100,000이고, 고정원가는 ₩225,000이다.

구분	전력부문	조립부문	도장부문	합계
제조간접원가	₩325,000	₩250,000	₩400,000	₩975,000
실제사용량		300kW	700kW	1,000kW
최대사용가능량		500kW	1,000kW	1,500kW

㈜한국이 이중배분율법을 적용하여 보조부문원가를 제조부문에 배부할 때, 조립부문에 배분되는 전력부문의 원가는?

2019. 국가직 9급

① ₩97,500
② ₩105,000
③ ₩108,330
④ ₩120,000

02 ㈜한국은 보조부문인 동력부와 제조부문인 절단부, 조립부가 있다. 동력부는 절단부와 조립부에 전력을 공급하고 있으며, 각 제조부문의 월간 전력 최대사용가능량과 3월의 전력 실제사용량은 다음과 같다.

	절단부	조립부	합계
최대사용가능량	500kw	500kw	1,000kw
실제사용량	300kw	200kw	500kw

한편, 3월 중 각 부문에서 발생한 제조간접원가는 다음과 같다.

	동력부	절단부	조립부	합계
변동원가	₩50,000	₩80,000	₩70,000	₩200,000
고정원가	₩100,000	₩150,000	₩50,000	₩300,000
합계	₩150,000	₩230,000	₩120,000	₩500,000

이중배부율법을 적용할 경우 절단부와 조립부에 배부될 동력부의 원가는?

2017. 국가직 9급

	절단부	조립부
①	₩75,000	₩75,000
②	₩80,000	₩70,000
③	₩90,000	₩60,000
④	₩100,000	₩50,000

69. 연습문제
Practice Questions

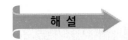
해 설

01. 답 ②

	조립부문	도장부문	계
변동원가	30,000(0.3)	70,000(0.7)	100,000
고정원가	75,000(1/3)	150,000(2/3)	225,000
계	**105,000**	220,000	325,000

간편법 : 100,000 × 0.3 + 225,000 × 1/3 = **105,000**
부문 간의 용역 수수관계를 고려하여 식 하나만으로도 손쉽게 답을 구할 수 있다.

02. 답 ②

	절단부	조립부	계
변동원가	30,000(3/5)	20,000(2/5)	50,000
고정원가	50,000(0.5)	50,000(0.5)	100,000
계	**80,000**	**70,000**	150,000

패턴 70 단계배부법 ★중요!

1 단계배부법 : 보조부문 간의 용역 제공을 '일부만' 인식하는 방법

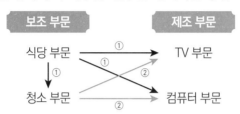

이 패턴의 핵심 Key 단계배부법 풀이법

	식당부문	청소부문	제조부문A	제조부문B
배부 전	20,000	10,000		
식당부문	(20,000)	8,000	6,000	6,000
배부 후	–	18,000		
청소부문		(18,000)	13,500	4,500
배부 후		–	**19,500**	10,500

Step 1. 보조부문원가 배부순서를 확인하고, 1순위 보조부문원가를 배부하기
문제에서 설정한 배부 순서를 확인하여 문제에서 제시한 **배부순서에 맞추어 표 그리기**

▼주의 자료 제시 순서와 배부순서가 다를 수 있음!
상호 용역수수관계를 표시한 자료 제시 순서가 아닌 배부순서에 맞추어 표를 그려야 한다.

Step 2. Step 1에서 배부받은 보조부문원가를 포함하여, 2순위 보조부문원가를 배부하기
Step 1에서 배부받은 보조부문 원가를 가산하여 제조부문에 배부한다. **이때, 1순위 보조부문에는 배부하지 않는다.** 2순위 보조부문원가는 제조부문에만 배부한다.

01 ㈜한국에는 보조부문에 수선부와 전력부가 있고, 제조부문에 A와 B가 있다. 수선부의 변동원가 당기 발생액은 ₩10,000이며, 전력부와 두 제조부문에 1,000시간의 수선 용역을 제공하였다. 전력부의 변동원가 당기 발생액은 ₩7,000이며, 수선부와 두 제조부문에 2,000kwh의 전력을 제공하였다. ㈜한국이 보조부문원가 중 수선부 원가를 먼저 배부하는 단계배부법을 사용할 경우, 제조부문 A에 배부되는 보조부문의 원가는? 2016. 국가직 9급

제공 \ 사용	수선부	전력부	제조부문A	제조부문B
수선부(시간)	–	200	500	300
전력부(kwh)	500	–	1,000	500

① ₩11,000 ② ₩12,000

③ ₩13,000 ④ ₩14,000

02 ㈜한국은 두 개의 보조부문(S1, S2)과 두 개의 제조부문 (P1, P2)을 통하여 제품을 생산하고 있다. ㈜한국이 각 부문에서 20X1년 5월 중 발생할 것으로 예상되는 원가와 각 보조부문이 타 부문에 제공할 용역제공비율은 다음과 같다.

구분	보조부문		제조부문	
	S1	S2	P1	P2
부문원가	₩2,000,000	₩8,000,000	₩24,000,000	₩16,000,000
S1의 용역제공비율	–	40%	30%	30%
S2의 용역제공비율	20%	–	30%	50%

㈜한국은 보조부문원가를 제조부문에 배부함에 있어 단계배부법을 적용한다. 다음 설명 중 옳은 것은? 2015. 계리사 수정

① S1의 원가를 먼저 배부하는 경우가 S2의 원가를 먼저 배부하는 경우보다 보조부문원가가 P1에 ₩300,000 더 많이 배부된다.

② S2의 원가를 먼저 배부하는 경우가 S1의 원가를 먼저 배부하는 경우보다 보조부문원가가 P1에 ₩300,000 더 많이 배부된다.

③ S1의 원가를 먼저 배부하는 경우가 S2의 원가를 먼저 배부하는 경우보다 보조부문원가가 P1에 ₩100,000 더 많이 배부된다.

④ S2의 원가를 먼저 배부하는 경우가 S1의 원가를 먼저 배부하는 경우보다 보조부문원가가 P1에 ₩100,000 더 많이 배부된다.

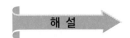

해 설

01. 답 ①

	수선부	전력부	제조부문A	제조부문B
배부 전	10,000	7,000		
수선부	(10,000)	2,000	5,000	3,000
배부 후	-	9,000		
전력부		(9,000)	6,000	3,000
배부 후		-	**11,000**	6,000

2. 답 ②

(1) S1의 원가를 먼저 배부

	S1	S2	P1	P2
배부 전	2,000,000	8,000,000		
S1	(2,000,000)	800,000	600,000	600,000
배부 후	-	8,800,000		
S2		(8,800,000)	3,300,000	5,500,000
배부 후		-	**3,900,000**	6,100,000

(2) S2의 원가를 먼저 배부

	S2	S1	P1	P2
배부 전	8,000,000	2,000,000		
S2	(8,000,000)	1,600,000	2,400,000	4,000,000
배부 후	-	3,600,000		
S1		(3,600,000)	1,800,000	1,800,000
배부 후		-	**4,200,000**	5,800,000

→ S2의 원가를 먼저 배부하는 경우 P1에 300,000 더 많이 배부된다.

보조부문원가 말문제

배부법	보조부문간 상호 용역수수 관계 인식 정도	원가계산의 정확도(=난이도)
직접배부법	전혀 인식X	하
단계배부법	부분적으로 인식	중
상호배부법	완전히 인식	상

보조부문 간의 용역 제공이 중요할수록 표의 하단부에 있는 방법을 사용하는 것이 적합하다. 표에서 아래로 내려갈수록 상호 용역수수 관계를 인식하는 정도가 높아지기 때문이다.

상호 용역수수 관계를 인식하는 정도가 높을수록 원가계산이 어려워지는 대신, 정확도는 제고된다. **상호배부법의 경우 연립방정식**을 이용하여 원가계산은 어렵지만 가장 정확하다.

71. 연습문제
Practice Questions

01 보조부문의 원가를 제조부문에 배부하는 방법에 대한 설명으로 가장 옳은 것은? 2018. 서울시 9급

① 상호배부법은 보조부문 상호 간의 용역수수관계를 완전히 무시하고, 보조부문원가를 제조부문에만 배부하는 방법이다.

② 단계배부법은 보조부문 간의 용역수수관계를 부분적으로 고려하는 방법으로 보조부문의 배부순서가 달라지면 배부 후의 결과가 달라진다.

③ 이중배부율법은 보조부문원가를 변동원가와 고정원가로 구분하지 않고, 하나의 배부기준을 이용하여 총원가를 배부하는 방법이다.

④ 직접배부법은 보조부문 상호 간의 용역수수관계를 완전히 고려하여 각 보조부문원가를 제조부문과 다른 보조부문에도 배부하는 방법으로, 가장 논리적이고 정확한 정보를 제공해주는 방법이다.

02 다음은 보조부문의 원가배분과 관련된 설명들이다. 적절하지 않은 설명은? 2013. 계리사 수정

① 보조부문 상호간 용역수수가 전혀 없다면 직접배부법, 단계배부법, 상호배부법에 의한 총원가 계산결과는 차이가 없다.

② 직접배부법은 보조부문 상호간의 용역제공이 별로 중요하지 않을 때 사용하는 것이 합리적이다.

③ 단계배부법은 다른 보조부문에 적은 금액(또는 비율)의 용역을 제공하는 보조부문부터 배분한다.

④ 상호배부법은 연립방정식을 이용하여 보조부문간의 용역제공관계를 모두 고려하는 방법으로서 가장 정확한 방법이다.

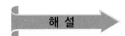
해 설

01. 답 ②
① 직접배부법에 대한 설명이다.
③ 단일배부율법에 대한 설명이다.
④ 상호배부법에 대한 설명이다.

02. 답 ③
단계배부법의 배분 순서는 정해져 있지 않다.

① 세 배부 방법은 보조부문 간의 용역수수 관계를 얼마만큼 인식하는지에 따라 달라진다. 보조부문 상호간 용역수수가 전혀 없다면 계산 결과는 차이가 없다. (O)
② 직접배부법은 보조부문 간의 용역수수 관계를 전혀 인식하지 않기 때문에 상호간의 용역제공이 별로 중요하지 않을 때 사용하는 것이 합리적이다. (O)
④ 상호배부법은 연립방정식을 이용하고, 가장 정확한 방법이다. (O)

Day 22. 변동원가

패턴 72 변동원가계산

1 원가계산의 구분

		전부원가계산	변동원가계산	초변동원가계산
DM				제품원가
변동 가공원가	DL	제품원가	제품원가	기간원가
	변동OH			
고정OH			기간원가	
변동, 고정 판관비		기간원가		

2 변동원가계산

(1) 공헌이익 = (판매가격-단위당 변동제조원가-단위당 변동판관비)×판매량

(2) 영업이익 = 공헌이익-고정제조간접원가-고정판관비

(3) 기말 제품원가 : 기말 재고량×단위당 변동제조원가

3 생산량 증가가 원가계산방법별 이익에 미치는 영향

	전부원가	변동원가
당기 이익	↑	−
차기 이익	↓	−

(1) 전부원가계산 : 생산량 증가 시 이익 증가!

고정OH	
비용	자산

−생산량 증가 →

고정OH	
비용	자산

전부원가계산 하에서는 고정OH가 판매량과 기말 재고량을 기준으로 배부된다. 생산량이 증가하면 기말 재고량이 증가하므로 자산화되는 고정OH가 증가하는 반면 비용이 줄어들어 이익이 증가한다.

(2) 변동원가계산 : 생산량 증가 시 이익 불변!

고정OH
비용

−생산량 증가 →

고정OH
비용

변동원가계산에서는 고정OH가 자산에 포함되지 않으므로 생산량과 무관하게 고정OH는 전부 비용 처리된다.

4 전부원가계산 vs 변동원가계산

	전부원가계산	변동원가계산
의의	회계기준에서 인정함	의사결정 및 성과평가에 유용
한계	생산량 변동을 통한 이익 조작 가능	회계기준에서 인정하지 않음
생산량 증가 시	이익 증가	이익 불변

01 신설법인인 ㈜한국의 기말 제품 재고는 1,000개, 기말 재공품 재고는 없다. 다음 자료를 근거로 변동원가계산 방법에 의한 공헌이익은?

2018. 국가직 9급

• 판매량	4,000개
• 단위당 판매가격	₩1,000
• 생산량	5,000개
• 단위당 직접재료원가	₩300
• 단위당 직접노무원가	₩200
• 단위당 변동제조간접원가	₩100
• 총고정제조간접비	₩1,000,000
• 단위당 변동판매관리비	₩150
• 총고정판매관리비	₩800,000

① ₩1,000,000
② ₩1,250,000
③ ₩1,600,000
④ ₩2,000,000

02 원가계산방법에 대한 다음 설명 중 옳은 것은?

① 변동원가계산은 전부원가계산의 경우보다 이익조작 가능성이 높다.

② 고정제조간접원가가 발생하는 기업에서 전부원가계산을 채택하면 생산량이 많아질수록 영업이익은 크게 보고된다.

③ 변동원가계산은 외부 재무보고 목적으로 주로 이용된다.

④ 초변동원가계산에서는 직접재료원가와 직접노무원가를 제품원가로 재고화하고 제조간접원가는 모두 기간비용으로 처리한다.

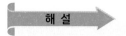

해 설

01. 답 ①
공헌이익 : (1,000-300-200-100-150) × 4,000개 = 1,000,000

02. 답 ②
① 이익조작 가능성이 높은 것은 전부원가계산이다.
③ 외부 재무보고 목적으로 주로 이용되는 것은 전부원가계산이다.
④ 초변동원가계산에서는 직접재료원가만 제품원가로 재고화한다.

패턴 73 원가계산 방법별 이익 차이 조정 ★중요!

1 원가계산 방법별 이익 차이 조정 ★중요!

변동원가계산의 이익

(1) + 기말 재고자산에 포함된 고정OH

(2) − 기초 재고자산에 포함된 고정OH

= 전부원가계산의 이익

· 기말 재고자산에 포함된 고정OH
= 고정OH 배부율 × 기말 재고량
· 고정OH 배부율(=단위당 고정OH)
= 고정OH ÷ **생산량**

(1) 기말 재고자산에 포함된 고정OH : 가산

전부원가계산은 변동원가계산과 달리 고정OH를 자산화하기 때문에 그만큼 기말 재고자산이 크다. 자산과 이익은 비례하기 때문에, 기말 재고자산이 큰 만큼 이익도 증가한다.

(2) 기초 재고자산에 포함된 고정OH : 차감

전기말 재고자산은 당기초 재고자산이 된다. 기초 재고자산은 당기에 팔리면서 매출원가가 되기 때문에 비용을 증가시킨다. 따라서 기초 재고자산이 큰 만큼 이익은 감소한다.

(3) 고정OH 배부율(=단위당 고정OH): 고정OH ÷ 생산량

고정OH 배부율은 고정OH를 생산량으로 나눠서 계산한다. 고정OH 배부율 계산 시 판매량으로 나누지 않도록 주의하자. 고정OH 중 판매량에 해당하는 비율만큼은 매출원가에, 기말 재고수량에 해당하는 비율만큼은 기말 재고자산에 배부되어야 한다.

▼주의 '신설법인인 ㈜한국은~', '당기에 영업을 개시한 ㈜한국은~'

→ **기초 재고자산은 없다.**

→ 기말 재고 = 생산량−판매량〉0

→ **무조건 전부원가 이익〉변동원가 이익!**

01 ㈜한국은 20X1년 전부원가계산을 사용하여 ₩250,000의 영업이익을 보고하였다. 20X1년 1월 1일의 재고는 4,000단위, 20X1년 12월 31일의 재고는 5,000단위였다. 제품 단위당 고정제조간접원가 배부율은 전기에 ₩5, 당기에 ₩6이었다. 변동원가계산에 의한 영업이익은 얼마인가? 단, 기초재고는 당기에 모두 판매되었다고 가정한다. 2019. 계리사

① ₩230,000 　　　　② ₩240,000 　　　　③ ₩250,000 　　　　④ ₩260,000

02 ㈜한국은 2015년에 영업을 시작하였으며, 당해 연도의 생산 및 판매와 관련된 자료는 다음과 같다. ㈜한국이 실제원가계산에 의한 전부원가계산방법과 변동원가계산방법을 사용할 경우, 영업이익이 더 높은 방법과 두 방법 간 영업이익의 차이는? 2016. 지방직 9급

• 제품생산량	1,000개	• 제품판매량	800개
• 고정제조간접원가	₩1,000,000	• 고정판매비와 관리비	₩1,100,000
• 기말 재공품은 없음			

	영업이익이 더 높은 방법	영업이익의 차이
①	전부원가계산	₩200,000
②	변동원가계산	₩200,000
③	전부원가계산	₩220,000
④	변동원가계산	₩220,000

> **해 설**

01. 답 ②

변동	**240,000**
+ 기말 〉 고정OH	5,000개 × @6 = 30,000
− 기초	4,000개 × @5 = (20,000)
= 전부	250,000

02. 답 ①

변동	
+ 기말 〉 고정OH	+ 200 × 1,000 = 200,000
− 기초	
= 전부	

고정OH 배부율 = 1,000,000 ÷ 1,000(생산량) = 1,000
당기에 영업을 시작한 경우 기초 재고자산이 없기 때문에 무조건 전부원가계산의 영업이익이 더 크다.

패턴 74 CVP분석과 손익분기점 ★중요!

1 공헌이익률, 변동비율

(1) 단위당 공헌이익 = 단위당 판매가격-단위당 변동원가

(2) 공헌이익 = 단위당 공헌이익×판매량

(3) 공헌이익률 : 공헌이익/매출액 = 단위당 공헌이익 ÷ 판매가격

(4) 변동비율 : 변동원가/매출액

(5) 공헌이익률 + 변동비율 = 1

2 손익분기점 : 수익과 비용이 일치하여, **영업이익이 0인 상태** ★중요!

영업이익 = 매출액-변동원가-고정원가 = 0
            공헌이익

→ **공헌이익 = 고정원가**

판매량	매출액
공헌이익 = 판매량×단위당 공헌이익 = 고정원가	공헌이익 = 매출액×공헌이익률 = 고정원가
손익분기점 판매량 = 고정원가 ÷ 단위당 공헌이익	**손익분기점 매출액 = 고정원가 ÷ 공헌이익률**

• **판매량**은 **이익**으로 나누어야 구할 수 있고, **매출액**은 **비율**로 나누어야 구할 수 있다!

<u>01</u> ㈜서울의 2018년 매출이 ₩18,000,000이고, 총비용은 ₩15,000,000이다. 총비용 중 고정비와 변동비의 비율은 2 : 3이다. ㈜서울의 손익분기점이 되는 매출액은? 　　2018. 서울시 7급

　　① ₩6,000,000　　　　　　　　　　　　② ₩9,000,000

　　③ ₩12,000,000　　　　　　　　　　　④ ₩15,000,000

<u>02</u> ㈜한국은 개당 ₩100에 호빵을 팔고 있으며, 사업 첫 달의 매출액은 ₩10,000, 총변동비는 ₩6,000, 총고정비는 ₩2,000이다. 이에 대한 설명으로 옳지 않은 것은? (단, 기초재고와 기말재고는 동일하다) 　　2011. 지방직 9급 수정

　　① 공헌이익률은 60%이다.

　　② 단위당 공헌이익은 ₩40이다.

　　③ 손익분기점 판매량은 50개이다.

　　④ 매출이 ₩8,000이라면 이익은 ₩1,200이다.

해 설

01. 답 ③

고정비 : 15,000,000×2/5 = 6,000,000
변동비 : 15,000,000×3/5 = 9,000,000
공헌이익 : 18,000,000 − 9,000,000 = 9,000,000
공헌이익률 : 9,000,000/18,000,000 = 50%
손익분기점 매출액 : 고정비/공헌이익률 = 6,000,000/50% = 12,000,000

02. 답 ①

① 공헌이익 : 10,000−6,000 = 4,000
　공헌이익률 : 4,000/10,000 = 40% (X)
② 판매량 : 10,000/100 = 100개
　단위당 공헌이익 : 4,000/100개 = 40 (O)
③ 손익분기점 매출액 : 2,000/40 = 50개 (O)
④ 이익 : 8,000 × 40%−2,000 = 1,200 (O)
현재 매출은 10,000인데, 매출이 8,000으로 바뀌더라도 공헌이익률은 40%로 고정이다.
변동원가는 매출에 비례하여 발생하는 원가이므로 매출이 감소하면 변동원가도 감소하며, 단위당 변동원가는 불변이다. 호빵의 개당 판매가격은 100, 단위당 변동원가는 60인 상태로 100개를 판매하고 있는데, 이를 80개를 팔더라도 개당 판매가격과 단위당 변동원가는 각각 100과 60으로 불변이다. 따라서 공헌이익률은 (100 − 60)/100 = 40%로 불변이다.

패턴 75 목표이익 CVP분석 ★중요!

손익분기점 : 공헌이익 = 고정원가
목표이익이 있는 경우 : 공헌이익 = 고정원가 + 목표이익

손익분기점에서는 영업이익이 0이므로 공헌이익이 고정원가만큼만 커버하면 된다. 하지만 목표이익이 있는 경우에는 고정원가를 차감하더라도 목표이익이 남아야 하므로 공헌이익이 고정원가에 목표이익까지 가산한 만큼이 되어야 한다.

이 패턴의 핵심 Key 손익분기점과 목표이익 달성을 위한 판매량, 매출액 ★중요!

손익분기점 공식에서 고정원가 자리를 '고정원가 + 목표이익'으로 대체하면 목표이익 달성을 위한 판매량과 매출액을 구할 수 있다. 다음 공식만 외우면 CVP분석의 문제 대부분을 풀 수 있으므로 반드시 외우자.

	판매량	매출액
손익분기점	고정원가 ÷ 단위당 공헌이익	고정원가 ÷ 공헌이익률
목표이익 달성을 위한	(고정원가 + 목표이익) ÷ 단위당 공헌이익	(고정원가 + 목표이익) ÷ 공헌이익률

75. 연습문제
Practice Questions

01 ㈜서울은 단일 제품을 생산하여 판매하고 있다. 제품의 단위당 판매가격은 ₩2,000이며, 단위당 변동제조원가는 ₩1,000이고, 단위당 변동판매관리비는 ₩250이다. 연간 고정제조간접원가는 ₩1,000,000이며, 고정판매관리비는 ₩500,000이 발생하였다. 목표이익 ₩3,000,000을 달성하기 위한 제품의 판매량은 몇 단위인가?

2016. 서울시 9급

① 3,000단위   ② 4,000단위

③ 4,500단위   ④ 6,000단위

02 단일제품 P를 생산·판매하는 ㈜한국의 20X1년 영업활동에 관한 자료는 다음과 같다.

> • 단위당 변동원가 : ₩3
> • 공헌이익률 : 40%
> • 손익분기점 매출액 : ₩200,000

20X2년 단위당 판매가격, 단위당 변동원가 및 총고정원가가 20X1년과 동일하다고 가정할 때, ㈜한국이 20X2년에 ₩10,000의 영업이익을 달성하기 위해서는 몇 단위를 판매하여야 하는가? 2015. 계리사

① 10,000개   ② 30,000개   ③ 45,000개   ④ 55,000개

해 설

01. 답 ④
단위당 공헌이익 : 2,000 – 1,000 – 250 = 750
총 고정원가 : 1,000,000 + 500,000 = 1,500,000
목표 판매량 : (1,500,000 + 3,000,000) / 750 = 6,000단위

02. 답 ③
손익분기점 매출액 = 고정원가/공헌이익률
고정원가: 200,000 × 40% = 80,000

목표 영업이익 판매량 = (고정원가 + 목표이익) / 단위당 공헌이익
변동비율 : 1 – 40% = 60%
단위당 판매가격 : 3 / 60% = 5
단위당 공헌이익 : 5 × 40% = 2

목표 영업이익 판매량 = (80,000 + 10,000) / 2 = **45,000**

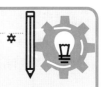

76 목표이익 CVP분석 -법인세가 존재하는 경우

이 패턴의 핵심 Key 세후이익을 세전이익으로 변환해서 공식에 대입!

세후 이익 = 세전 이익×(1-세율)

세후 이익/(1-세율) = 세전 이익

세후이익을 구하기 위해서는 세전이익에 (1-세율)을 곱한다. 역으로 세전이익을 구하기 위해서는 세후이익을 (1-세율)로 나눈다. **문제에서 제시하는 목표이익은 세후이익이므로 이를 세전이익으로 변환하여, 패턴 85에서 배운 목표이익 CVP분석 공식에 대입하면 된다.**

▼주의 **법인세가 있더라도 손익분기점을 물었다면 법인세 무시!**

법인세는 '이익×세율'의 방식으로 계산한다. 하지만 손익분기점 상태에서는 이익이 0이므로 법인세도 0이다. 따라서 문제에서 '세율이 10%이다.'와 같이 법인세가 있다고 제시하더라도 **손익분기점을 물었다면 법인세를 무시하고, 손익분기점 공식을 이용하여 손익분기점을 구하자.**

76. 연습문제
Practice Questions

01. 단일제품 A를 제조하는 ㈜한국의 제품생산 및 판매와 관련된 자료는 다음과 같다.

• 총판매량	200개
• 총공헌이익	₩200,000
• 총고정원가	₩150,000

법인세율이 20%일 경우, 세후 순이익 ₩120,000을 달성하기 위한 제품 A의 판매수량은?
(단, 제품 A의 단위당 공헌이익은 동일하다)

2020. 국가직 9급

① 120개   ② 150개   ③ 270개   ④ 300개

02 ㈜한국은 단일 제품을 생산하여 판매하고 있다. 제품단위당 판매가격은 ₩500이며, 20X1년 매출 및 원가자료는 다음과 같다. 법인세율이 30%라고 할 때, (가) 손익분기점 판매량과 (나) 세후목표 이익 ₩70,000을 달성하기 위한 매출액은? (단, 기초재고와 기말재고는 없다)

2019. 지방직 9급

• 매출액	₩600,000
• 변동원가	₩360,000
• 고정원가	₩200,000

	(가)	(나)		(가)	(나)
①	1,000개	₩675,000	②	1,000개	₩750,000
③	1,200개	₩675,000	④	1,200개	₩750,000

해 설

01. 답 ④
목표 세전이익 : 120,000/(1-20%) = 150,000
단위당 공헌이익 : 200,000/200 = 1,000
목표 판매수량 : (150,000 + 150,000)/1,000 = 300개

02. 답 ②
(가) 공헌이익 : 600,000-360,000 = 240,000
　　판매량 : 600,000 ÷ 500 = 1,200개
　　단위당 공헌이익 : 240,000 ÷ 1,200개 = 200
　　손익분기점 판매량 : 200,000 ÷ 200 = 1,000개
　　법인세가 있지만 손익분기점 계산 시에는 고려하지 않는다.
(나) 세전목표이익 : 70,000 ÷ (1-30%) = 100,000
　　공헌이익률 : 200 ÷ 500 = 40%
　　목표 매출액 : (100,000 + 200,000) ÷ 40% = 750,000

안전한계와 영업레버리지도

안전한계 : 현재 매출액-손익분기점 매출액

안전한계 판매량 : 현재 판매량-손익분기점 판매량

안전한계율 : 안전한계 판매량 ÷ 현재 판매량 = 안전한계 ÷ 현재 매출액

영업레버리지도 = △영업이익/△매출액 = 공헌이익/영업이익 = **1/안전한계율**

---

1 안전한계

: 현재 판매 성과가 손익분기점을 초과하는 부분

> **▼주의 '안전한계'는 매출액을 의미함**
> 손익분기점은 '매출액' 혹은 '판매량'을 명시하는 반면, 안전한계는 뒤에 붙는 수식어 없이 문제에서 '안전한계'라고 제시한다. 수식어가 없다고 당황하지 말자. 이때 **안전한계는 매출액을 의미한다.** 판매량을 의미할 때는 '안전한계 판매량'이라고 제시한다.

Step 1. 손익분기점 구하기

안전한계는 손익분기점을 초과하는 부분이므로 손익분기점을 먼저 구해야 한다. 안전한계를 물었다면 손익분기점 매출액을, 안전한계 판매량을 물었다면 손익분기점 판매량을 구하자.

Step 2. 안전한계 구하기

안전한계 (or 판매량) = 현재 매출액 (or 판매량) - 손익분기점 매출액 (or 판매량)

현재 판매 성과에서 Step 1에서 구한 손익분기점을 차감하면 안전한계가 계산된다.

2 영업레버리지도 : 매출액 증가율 대비 영업이익 증가율.

증가율을 계산하는 것은 복잡하기 때문에 다음의 두 가지 공식 중 하나를 사용한다.

영업레버리지도 = 공헌이익/영업이익 = **1/안전한계율**

왜 위 공식이 성립하는지는 수험 목적상 생략한다. 특히, 두 번째 공식인 **영업레버리지도는 안전한계율의 역수**라는 성질을 기억하자. 영업레버리지도를 단독으로 묻기보다는 계산형 말문제에서 안전한계율과 같이 등장하는 경우가 많아서 안전한계율의 역수를 취하면 영업레버리지도를 쉽게 구할 수 있다.

01 A제품의 매출액이 ₩500,000이고, 제품 단위당 변동원가가 ₩6, 판매가격이 ₩8이다. 고정원가가 ₩100,000일 경우 안전한계는?

2011. 국가직 9급

① ₩25,000

② ₩100,000

③ ₩125,000

④ ₩275,000

02 ㈜한국의 자료가 다음과 같을 때, 옳지 않은 것은?

2017. 지방직 9급

• 상품 단위당 판매가격	₩100	• 당기 판매량	100개
• 당기총고정원가	₩500	• 공헌이익률	10%
• 법인세율	50%		

① 세후이익은 ₩250이다.

② 손익분기점 매출액은 ₩5,000이다.

③ 안전한계는 ₩5,000이다.

④ 영업레버리지도는 3이다.

해 설

01. 답 ②
단위당 공헌이익 : 8 − 6 = 2
공헌이익률 : 2/8 = 25%
손익분기점 매출액 : 100,000/25% = 400,000
안전한계 : 500,000 − 400,000 = 100,000

02. 답 ④
① 세후이익 : (100 × 10% × 100개 − 500) × (1 − 50%) = 250 (O)
② 손익분기점 매출액 : 500 ÷ 10% = 5,000 (O)
③ 안전한계 : 100개 × @100(현재 매출액) − 5,000(손익분기점 매출액) = 5,000 (O)
④ 안전한계율 : 5,000(안전한계) ÷ 10,000(현재 매출액) = 0.5
　영업레버리지도 : 1/0.5 = 2 (X)

Day 24. 종합원가

패턴 78 완성품환산량 ★중요!

이 패턴의 핵심 Key 종합원가 풀이법

Step 1. 재공품 T계정 그리기
Step 2. T계정에 완성도 표시하기
Step 3. **완성품 환산량 구하기**
Step 4. 완환량 단위당 원가 구하기
Step 5. **완성품 원가 및 기말 재공품 원가 구하기**

종합원가는 상당히 자주 출제되는 주제이다. 종합원가는 풀이과정이 굉장히 길어서 공무원 회계학에서는 전체 과정을 묻기보다는 일부 과정만 따로 묻는 경우가 대부분이다. 패턴 78~패턴 82에 걸쳐 종합원가 풀이과정을 설명할 것이므로 하나의 커다란 흐름을 따라가면서 공부하자.

Step 1. 재공품 T계정 그리기 : 기초 + 착수 = 완성 + 기말

재공품(FIFO)				재공품(평균법)			
기초	80	완성	200	기초	80	완성	200
		〈 80					
		120					
착수	160	기말	40	착수	160	기말	40

(1) 문제에서 완성품 or 기말 재공품 수량 제시 X : '기초 + 착수 = 완성 + 기말'을 이용하여 구하기
(2) **선입선출법 : 기초 재공품이 완성된 물량과 당기에 투입해서 완성된 물량을 구분 표시**

김수석의 꿀팁 T계정을 그릴 때 '재공품(FIFO or 평균법)' 쓰기!

종합원가계산은 FIFO인지, 평균법인지에 따라 풀이법이 달라진다. 원가흐름의 가정을 놓치는 실수를 줄이기 위해, **T계정을 그릴 때 재공품 뒤에 괄호 열고 원가흐름의 가정을 쓰자.** 이런 사소한 습관 하나가 당락을 가를 수도 있다.

Step 2. T계정에 완성도 표시하기

앞에 있는 숫자가 재료원가 완성도, 뒤에 있는 숫자가 가공원가 완성도 의미

재공품(FIFO)				재공품(평균법)			
기초	80 (1)(0.5)	완성	200	기초	80 (1)(0.5)	완성	200 (1)(1)
		〈 80 (0)(0.5)					
		120 (1)(1)					
착수		기말 40 (1)(0.5)		착수		기말	40 (1)(0.5)

(1) 재공품의 완성도 표시하기

    ① "재료원가는 공정 초기에 투입되고, 가공원가는 전 공정을 통해 균등하게 투입"

      : **재료원가 완성도 = 1, 가공원가 완성도 = 재공품 완성도**

    ② "모든 원가는 전 공정을 통해 균등하게 투입"

      : **모든 원가 완성도 = 재공품 완성도**

(2) 완성품의 완성도 표시하기

    ① **선입선출법 : 기초 재공품이 완성된 부분은 '1-기초 재공품 완성도'**

    ② **평균법 : 완성품의 완성도 = 1**

Step 3. 완성품 환산량 구하기 ★중요!

완성품 환산량 = 수량×완성도

	재공품(FIFO)			완성품환산량	
				재료원가	가공원가
기초	80 (1)(0.5)	완성	200		
		⟨	80 (0)(0.5)	-	40
			120 (1)(1)	120	120
착수		기말	40 (1)(0.5)	40	20
				160	180

	재공품(평균법)			완성품환산량	
				재료원가	가공원가
기초	80 (1)(0.5)	완성	200 (1)(1)	200	200
착수		기말	40 (1)(0.5)	40	20
				240	220

종합원가 문제에서 가장 많이 물어보는 것이 완성품 환산량이다. 수량에 완성도를 곱한 뒤, 합하면 된다.

연습문제
Practice Questions

01 ㈜한국은 종합원가계산방법을 적용하고 있으며, 원가 관련 자료는 다음과 같다. ㈜한국의 완성품환산량에 대한 설명으로 옳은 것은? 2016. 국가직 9급

- 직접재료는 공정의 초기에 전량 투입되고, 전환원가는 공정의 진행에 따라 균일하게 발생된다.
- 기초재공품의 완성도는 50%, 기말재공품의 완성도는 10%이다.
- 기초재공품은 2,000개, 당기착수 13,000개, 기말재공품 3,000개이다.

① 평균법의 직접재료원가 완성품환산량은 13,000개이다.

② 평균법의 전환원가 완성품환산량은 10,300개이다.

③ 선입선출법의 직접재료원가 완성품환산량은 15,000개이다.

④ 선입선출법의 전환원가 완성품환산량은 11,300개이다.

02 ㈜한국은 선입선출법에 의한 종합원가계산을 채택하고 있다. 직접재료는 공정초에 전량 투입되며, 전환원가(가공원가 : conversion costs)는 전체 공정에 걸쳐 균등하게 발생한다. 20X1년 4월 월초재공품은 3,000단위(전환원가 완성도 : 20%), 당월완성품은 18,000단위, 월말재공품은 2,000단위(전환원가 완성도 : 40%)이다. 20X1년 4월 직접재료원가와 전환원가의 완성품환산량은 각각 얼마인가? (단, 공손 및 감손은 없다고 가정한다.) 2017. 계리사

	직접재료원가	전환원가
①	17,000단위	16,400단위
②	17,000단위	18,200단위
③	20,000단위	16,400단위
④	20,000단위	20,000단위

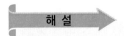

해 설

01. 탑 ④

재공품(평균법)				완성품환산량	
				재료원가	가공원가
기초	2,000 (1)(0.5)	완성	12,000 (1)(1)	12,000	12,000
착수	13,000	기말	3,000 (1)(0.1)	3,000	300
				①15,000	②12,300

재공품(FIFO)				완성품환산량	
				재료원가	가공원가
기초	2,000 (1)(0.5)	완성	12,000		
		<	2,000 (0)(0.5)	–	1,000
			10,000 (1)(1)	10,000	10,000
착수	13,000	기말	3,000 (1)(0.1)	3,000	300
				③13,000	④11,300

78. 연습문제
Practice Questions

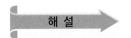
해 설

02. 답 ②

Step 1. 재공품 T계정 그리기 : 기초 + 착수 = 완성 + 기말

	재공품(FIFO)			완성품환산량	
				재료원가	가공원가
기초	3,000	완성	18,000		
		<	3,000		
			15,000		
착수		기말	2,000		

선입선출법이므로 기초 재공품이 완성된 3,000개를 분리해서 적자.

Step 2. T계정에 완성도 표시하기

	재공품(FIFO)			완성품환산량	
				재료원가	가공원가
기초	3,000 (1)(0.2)	완성	18,000		
		<	3,000 (0)(0.8)		
			15,000 (1)(1)		
착수		기말	2,000 (1)(0.4)		

기초 재공품의 완성도가 (1)(0.2)이기 때문에 3,000개의 완성도는 1에서 기초 재공품의 완성도를 차감한 (0)(0.8)이 된다.

Step 3. **완성품 환산량 구하기** ★중요!

	재공품(FIFO)			완성품환산량	
				재료원가	가공원가
기초	3,000 (1)(0.2)	완성	18,000		
		<	3,000 (0)(0.8)	–	2,400
			15,000 (1)(1)	15,000	15,000
착수		기말	2,000 (1)(0.4)	2,000	800
				17,000	**18,200**

Step 4. 완환량 단위당 원가 구하기

FIFO : 당기제조원가 ÷ 완성품환산량
평균법 : **(기초 재공품원가** + 당기제조원가) ÷ 완성품환산량

Step 3까지 표를 그려서 완성품환산량을 구한 뒤, 제조원가를 완성품환산량으로 나누면 완환량 단위
당 원가를 구할 수 있다. 이때 FIFO는 분자에 당기제조원가만 있지만, 평균법의 경우 기초 재공품원
가도 분자에 포함된다는 점을 주의하자.

01 다음은 2015년 ㈜서울의 원가계산과 관련된 자료이다. 2015년 직접재료원가와 가공원가의 완성품환산량 단위당 원가는 각각 얼마인가? (단, ㈜서울은 선입선출법에 의한 종합원가계산시스템을 도입하고 있다.)

2016. 서울시 7급

구분	수량	직접재료원가 완성도	가공원가 완성도
기초재공품	1,000	100%	40%
기말재공품	2,000	100%	20%
기초재공품 재료원가	₩10,000		
기초재공품 가공원가	₩6,000		
당기착수량	20,000		
당기완성품 수량	19,000		
당기투입 재료원가	₩240,000		
당기투입 가공원가	₩380,000		

	직접재료원가	가공원가		직접재료원가	가공원가
①	₩10	₩15	②	₩10	₩20
③	₩12	₩15	④	₩12	₩20

02 ㈜한국은 단일 제품을 생산하고 있으며, 가중평균법에 의한 종합원가계산을 적용하여 제품원가를 계산하고 있다. 직접재료는 공정 초에 전량 투입되며, 전환원가는 공정 전반에 걸쳐 균등하게 발생한다. ㈜한국의 20X1년 4월 생산 및 원가자료는 다음과 같다.

구분	물량단위	전환원가 완성도	직접재료 원가	전환원가
기초재공품	200단위	60%	₩120,000	₩40,000
당기착수	1,000단위	?	₩360,000	₩132,800
당기완성품	?	?		
기말재공품	400단위	40%		

㈜한국의 20X1년 4월의 원가요소별 완성품환산량 단위당 원가는? 단, 공손 및 감손은 없다. 2018. 계리사

	직접재료원가	전환원가
①	₩300	₩128
②	₩400	₩128
③	₩400	₩180
④	₩300	₩180

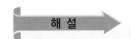

79. 연습문제
Practice Questions

해 설

01. 답 ④

재공품(FIFO)			완성품환산량	
			재료원가	가공원가
기초 1,000 (1)(0.4)	완성	19,000		
	<	1,000 (0)(0.6)	–	600
		18,000 (1)(1)	18,000	18,000
착수 20,000	기말	2,000 (1)(0.2)	2,000	400
			20,000	19,000
			@12	**@20**

완환량 단위당 원가
- 재료원가 : 240,000/20,000 = 12
- 가공원가 : 380,000/19,000 = 20

02. 답 ③

재공품(평균법)			완성품환산량	
			재료원가	전환원가
기초 200 (1)(0.6)	완성	800 (1)(1)	800	800
착수 1,000	기말	400 (1)(0.4)	400	160
			1,200	960
			@400	**@180**

완환량 단위당 원가
(1) 재료원가 : (120,000 + 360,000)/1,200 = 400
(2) 전환원가 : (40,000 + 132,800)/960 = 180

평균법을 적용하므로 완환량 단위당 원가 계산 시 분자에 기초 재공품 원가가 포함되어야 한다.

패턴 80 완성도 ★중요!

1 일반적인 풀이 순서 : 완성도 → 완환량 → 완환량 단위당 원가

(1) 수량×완성도 = 완환량

(2) 완환량 단위당 원가

　① 평균법 : (기초 재공품 원가 + 당기제조원가)/완환량
　② FIFO : 당기제조원가/완환량

2 완성도를 묻는 문제의 풀이 순서: 완환량 단위당 원가 → 완환량 → 완성도

완성품환산량을 구한 뒤, 완환량 단위당 원가를 구하는 것이 종합원가계산의 순서이다. 하지만 문제에서 완환량 단위당 원가를 제시해준 뒤, 완성도를 묻는 문제에서는 이 순서와 반대로 풀어야 한다. 완환량 단위당 원가 공식을 이용하여 완환량을 구한뒤, 완환량을 수량으로 나누면 완성도를 구할 수 있다.

(1) 완환량 단위당 원가를 이용하여 완환량 구하기

　① 평균법: (기초 재공품 원가+당기제조원가)/**완환량**
　② FIFO: 당기제조원가/**완환량**

(2) **완성도** = 완환량/수량

01 ㈜서울은 종합원가계산방법을 적용하고 있으며, 당기 생산활동 관련 자료는 〈보기〉와 같다. 모든 제조원가는 공정진척정도에 따라 투입되는 것으로 할 때, 완성품환산량 단위당 원가가 ₩200이면 기말 재공품의 완성도는?

2019. 서울시 7급

보기

기초재공품 : 없음
당기착수량 : 1,600단위
당기 투입원가 : ₩240,000
당기 완성품 수량 : 800단위

① 30% ② 40%
③ 50% ④ 60%

02 ㈜한국은 가중평균법을 이용한 종합원가계산을 적용하고 있다. 모든 원가는 공정 전반에 걸쳐 균등하게 발생하고, 기초재공품원가는 ₩2,000, 당기에 투입된 직접재료원가와 가공원가의 합계는 ₩10,000이다. 생산 활동에 관한 자료가 다음과 같고, 완성품환산량 단위당 원가가 ₩30이라면 기말재공품의 완성도는?

2017. 지방직 9급

구분	수량	완성도
기말재공품	200개	?
완성품	300개	100%

① 30% ② 35%
③ 45% ④ 50%

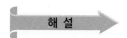

80. 연습문제
Practice Questions

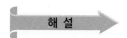
해 설

01. 답 ③

재공품(-)				완성품환산량
기초	–	완성	800 (1)	800
착수	1,600	기말	800 ③(0.5)	②400
				①1,200
				@200

(1) 완환량 단위당 원가 : 240,000/완환량 계 = 200
    → 완환량 계 = 1,200

(2) 완성도 = 완환량/수량
    기말 재공품의 완환량 : 400개
    완성도 : 400/800 = 50%
    문제에서 원가흐름의 가정을 제시하지 않았는데, 이는 기초 재공품이 없기 때문이다.

02. 답 ④

재공품(평균법)				완성품환산량
기초		완성	300 (1)	300
착수		기말	200 ③(0.5)	②100
				①400
				@30

(1) 완환량 단위당 원가 = (2,000 + 10,000)/완환량 = 30
    → 완환량 계 = 400

(2) 완성도 = 완환량/수량
    기말 재공품의 완환량 : 100개
    완성도 : 100/200 = 50%

기말재공품원가 및 완성품원가

Step 5. 완성품 원가 및 기말 재공품 원가 구하기

(1) 완성품 원가

　FIFO : 재료원가와 가공원가의 단위당 원가×완환량 **+ 기초 재공품원가**

　평균법 : 재료원가와 가공원가의 단위당 원가×완환량

(2) 기말 재공품 원가

　= 재료원가의 단위당 원가×기말 재공품의 재료원가 완환량

　+ 가공원가의 단위당 원가×기말 재공품의 가공원가 완환량

김수석의 Why　선입선출법과 평균법의 완성품 원가 계산 방법이 다른 이유

: 기초 재공품 원가 배부 방법의 차이

	기초 재공품 원가 배부	기초 재공품 원가 처리 방법
FIFO	완성품에만 배부	바로 완성품 원가에 가산
평균법	완성품과 기말 재공품에 배부	(1) 완환량 단위당 원가에 가산한 뒤, (2) 완성품과 기말 재공품에 배부

▼주의　FIFO 적용 시 완성품원가 : 기초 재공품 원가 포함!

수험생 때의 김수석을 포함해서, 많은 수험생들이 FIFO 적용 시 완성품원가 계산을 하면서 자주 실수를 한다. 평균법과 달리 **FIFO는 단위당 원가에 완환량을 곱한 뒤, 기초 재공품 원가를 가산해주어야 한다.** 기초 재공품 원가를 빼먹지 않도록 주의하자.

김수석의 핵심콕　종합원가계산 시 선입선출법과 평균법의 비교　★중요!

	선입선출법	평균법
재공품 T계정 그리기	기초 + 착수 = 완성 + 기말	
T계정에 완성도 표시하기	**기초 재공품이 완성된 부분은 '1-기초 재공품 완성도'**	**완성품의 완성도 = 1**
완성품 환산량 ★중요!	완성품 환산량 = 수량×완성도	
완환량 단위당 원가	당기제조원가 ÷ 완성품환산량	**(기초 재공품원가** + 당기제조원가) ÷ 완성품환산량
완성품 원가	재료, 가공원가 단위당 원가×완환량 **+ 기초 재공품원가**	재료, 가공원가 단위당 원가×완환량
기말 재공품 원가	재료원가의 단위당 원가×기말 재공품의 재료원가 완환량 + 가공원가의 단위당 원가×기말 재공품의 가공원가 완환량	

01 ㈜대한전자의 5월 중 제조활동에 투입된 생산자료와 원가자료는 다음과 같다.

- 기초재공품 : 수량 100개(완성도 : 50%), 가공원가 ₩2,000
- 당기투입 : 수량 340개, 가공원가 ₩17,500
- 당기완성품 : 수량 390개
- 기말재공품 : 수량 50개(완성도 : 20%)

재료는 공정 초기에 전량 투입되었으며, 가공원가는 전 공정에 걸쳐 평균적으로 발생한다. 선입선출법을 적용할 때, 완성품의 가공원가는?

2012. 지방직 9급

① ₩17,000   ② ₩17,500

③ ₩19,000   ④ ₩19,500

02 ㈜한국은 평균법에 의한 종합원가계산을 채택하고 있다. 기초재공품이 75,000단위이고 당기착수량이 225,000단위이다. 기말재공품이 50,000단위이며 직접재료는 전량 투입되었고, 가공원가 완성도는 70%이다. 기초재공품에 포함된 가공원가가 ₩14,000이고 당기발생 가공원가가 ₩100,000인 경우 기말재공품에 배부되는 가공원가는?

2015. 지방직 9급

① ₩12,000   ② ₩14,000

③ ₩18,000   ④ ₩20,000

81. 연습문제
Practice Questions

01. 답 ③

	재공품(FIFO)		완성품환산량	
			재료원가	가공원가
기초	100 (1)(0.5)	완성 390		
		100 (0)(0.5)	–	50
		290 (1)(1)	290	290
착수	340	기말 50 (1)(0.2)	50	10
			340	350
				@50

가공원가 완환량 단위당 원가 : 17,500 ÷ 350 = @50

완성품의 가공원가 : **2,000** + 340 × @50 = 19,000

FIFO이므로 완성품원가 계산 시 기초 재공품 원가를 빼먹지 않도록 주의하자.

2. 답 ②

	재공품(평균법)		완성품환산량	
			재료원가	가공원가
기초	75,000	완성 250,000 (1)(1)	250,000	250,000
착수	225,000	기말 50,000 (1)(0.7)	50,000	35,000
			300,000	285,000
				@0.4

가공원가 완환량 단위당 원가 : (14,000 + 100,000)/285,000 = 0.4

기말재공품에 배부되는 가공원가 : 0.4 × 35,000 = 14,000

패턴 82

평균법과 선입선출법의 완성품환산량 차이

이 패턴의 핵심 Key 평균법과 선입선출법의 완성품환산량 차이

> **평균법 완성품환산량-선입선출법 완성품환산량 = 기초 재공품의 완성품환산량**
> → 평균법과 선입선출법의 완성품환산량이 일치할 조건 : **기초 재공품 없음!**

평균법과 선입선출법의 완환량이 차이가 나는 이유는 선입선출법 적용 시에는 완성품 물량을 둘로 나누어, 기초 재공품이 완성된 물량은 완성도를 '1-기초 재공품의 완성도'로 표시하기 때문이다. 기초 재공품의 완성도를 차감해서 표시하기 때문에 기초 재공품의 완환량만큼 차이가 난다.

만약 기초 재공품이 없다면 평균법을 적용하든, 선입선출법을 적용하든 계산 과정이 동일하다. 패턴 80의 1번을 보면 원가흐름의 가정을 아예 제시하지 않았다. 기초 재공품이 없기 때문에 어느 것을 적용하든 똑같기 때문이다.

01 종합원가계산에서 완성품환산량 산출 시 선입선출법이나 평균법 어느 것을 적용하든지 완성품환산량의 단위당 원가가 동일한 경우는? 2013. 국가직 9급

① 기초재고가 전혀 없는 경우

② 표준원가계산 방법을 사용하는 경우

③ 기말재고가 전혀 없는 경우

④ 기초재고와 기말재고의 완성도가 50%로 동일한 경우

02 ㈜한국은 2010년 10월 1일 현재 완성도가 60%인 월초재공품 8,000개를 보유하고 있다. 직접재료원가는 공정 초기에 투입되고, 가공원가는 전 공정을 통해 균등하게 투입된다. 10월 중에 34,000개가 생산에 착수되었고, 36,000개가 완성되었다. 10월 말 현재 월말재공품은 완성도가 80%인 6,000개이다. 10월의 완성품환산량 단위당 원가를 계산할 때 가중평균법에 의한 완성품환산량이 선입선출법에 의한 완성품환산량보다 더 많은 개수는? 2010. 지방직 9급

	직접재료원가	가공원가
①	0개	3,200개
②	0개	4,800개
③	8,000개	3,200개
④	8,000개	4,800개

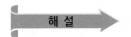

82. 연습문제
Practice Questions

해 설

01. 답 ①
선입선출법과 평균법이 차이가 나는 것은 기초 재공품 때문이다. 기초재고가 없다면 선입선출법이나 평균법 어느 것을 적용하든 완벽히 똑같다.

02. 답 ④
평균법은 선입선출법에 비해 기초재공품의 완성품환산량만큼 더 많다.

재료원가 : 8,000개×100% = 8,000개
가공원가 : 8,000개×60% = 4,800개

참고

	재공품(평균법)			완성품환산량 재료원가	완성품환산량 가공원가
기초	8,000 (1)(0.6)	완성	36,000 (1)(1)	36,000	36,000
착수	34,000	기말	6,000 (1)(0.8)	6,000	4,800
				42,000	40,800

	재공품(FIFO)			완성품환산량 재료원가	완성품환산량 가공원가
기초	8,000 (1)(0.6)	완성	36,000		
		<	8,000 (0)(0.4)	–	3,200
			28,000 (1)(1)	28,000	28,000
착수	34,000	기말	6,000 (1)(0.8)	6,000	4,800
				34,000	36,000

완성품환산량 차이
– 재료원가 : 42,000–34,000 = 8,000
– 가공원가 : 40,800–36,000 = 4,800

Day 25. 공손 및 결합원가

패턴
83 공손 심화

이 패턴의 출제 경향

공손은 정상공손과 비정상공손으로 나뉜다. 타 시험에서는 정상공손원가와 비정상공손원가의 처리 방법까지 요구하지만, 공무원 회계학에서는 주로 **비정상공손수량**을 묻는 것에 그친다.

1 정상공손수량을 먼저 계산

비정상공손수량을 구하기 위해서는 정상공손수량 먼저 구해야 한다. 정상공손수량은 문제의 가정에 따라 계산해야 한다. 대부분의 문제에서 검사시점 통과기준에 따라 정상공손수량을 계산한다. **검사시점 통과기준이란, 당기 중 검사를 통과한 물량의 일정 비율을 정상공손수량으로 보는 기준**을 의미한다. 검사시점 통과기준에 따르면, 정상공손수량은 다음과 같이 계산한다.

> 검사시점 통과기준에 따른 정상공손수량 = 당기 중 검사를 **통과한** 물량×정상공손허용률

(1) 물량 구분

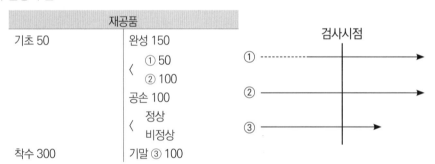

당기 중 검사를 통과한 물량을 파악하기 위해, 물량을 다음과 같이 셋으로 구분한다.

> ① 기초 재공품이 완성된 물량 : '기초 재공품의 완성도<검사 시점의 완성도'이면 통과
> ② 당기에 착수하여 완성된 물량 : 무조건 통과
> ③ 기말 재공품 : '기말 재공품의 완성도>검사 시점의 완성도'이면 통과

위 세 물량 중 '당기 중 검사를 통과한' 물량에 ×(별표) 표시하자.
②번 물량 : 무조건 ×표시
①,③번 물량 : 완성도와 검사시점을 비교해서 ×표시 여부 판단

(2) 정상공손수량 계산

$$정상공손수량 = \times 표시한\ 물량 \times 정상공손허용률$$

2 비정상공손수량 계산

$$비정상공손수량 = 전체\ 공손수량 - 정상공손수량$$

전체 공손수량에서 정상공손수량을 차감하여 비정상공손수량을 구한다. 문제에서 '정상'공손허용률을 제시하기 때문에 정상공손수량 먼저, 비정상공손수량을 나중에 구한다.

▼주의 정상공손수량은 평균법, 선입선출법 적용과 관계없이 동일

평균법과 선입선출법은 기초 재공품 원가의 배부 방법을 정한 것이지, 정상공손수량, 비정상공손수량 안분과 무관하다. 이해가 가지 않는다면 이유는 중요하지 않으니 결론만 외우자. 원가흐름의 가정은 무시하고 위 방법대로 정상공손수량을 구하면 된다.

01 다음은 A사의 제조활동에 관한 자료이다. 공손은 공정의 70% 시점에서 발견되었고, 정상공손은 당기 중 검사를 통과한 정상품의 10%이다. A사가 가중평균법에 의한 종합원가계산을 적용한다면, 당기 중에 발생한 비정상공손의 수량은?

기초재공품	600개 (완성도 20%)
기말재공품	150개 (완성도 50%)
당기착수량	2,400개
당기완성수량	2,400개

① 150개   ② 180개

③ 210개   ④ 240개

02 ㈜한국은 선입선출법에 의한 종합원가계산을 채택하고 있으며, 당기의 생산 관련 자료는 다음과 같다.

	물량(개)	가공비 완성도
기초재공품	1,000	(완성도 30%)
당기착수량	4,300	
당기완성량	4,300	
공손품	300	
기말재공품	700	(완성도 50%)

원재료는 공정 초기에 전량 투입되며, 가공비는 공정 전반에 걸쳐 균등하게 발생한다. 품질검사는 가공비 완성도 40% 시점에서 이루어지며, 당기 검사를 통과한 정상품의 5%에 해당하는 공손수량은 정상공손으로 간주한다. 당기의 비정상공손수량은?

2016. 지방직 9급

① 50개   ② 85개

③ 215개   ④ 250개

83. 연습문제
Practice Questions

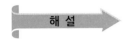
01. 답 ③

재공품(평균법)			
기초	600 (0.2)	완성	2,400
		< 600*	
		1,800*	
		공손	450 (0.7)
		< 240	
		210	
착수	2,400	기말	150 (0.5)

*정상공손수량 : 600 + 2,400 − 2,400 − 150 = 450개

정상공손수량 : (600 + 1,800) × 10% = 240개

비정상공손수량 : 450 − 240 = **210개**

02. 답 ①

재공품(FIFO)			
기초	1,000 (1)(0.3)	완성	4,300
		< 1,000* (0)(0.7)	
		3,300* (1)(1)	
		공손	300
		< 250 (1)(0.4)	
		50 (1)(0.4)	
착수	4,300	기말	700* (1)(0.5)

*정상공손수량 : (1,000 + 3,300 + 700) × 5% = 250

비정상공손수량 : 300 − 250 = 50개

예제 1번은 평균법, 2번은 FIFO를 적용하고 있지만 정상공손수량을 계산하는 방법은 원가흐름의 가정과 관계없이 같다.

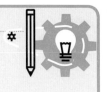

순실현가치법(NRV법)은 결합제품의 **순실현가치(NRV)의 비율대로** 결합원가를 배부하는 방법을 의미한다.

이 패턴의 핵심 Key 순실현가치법 풀이법

	① 매출액	② NRV	⑤ 결합원가	⑥ 제조원가
A	공정가치 ×생산량	매출액 −추가가공원가	④ 총 결합원가 × $\dfrac{②NRVa}{③NRV합계}$	A 결합원가 **+ 추가가공원가**
B	XXX	XXX		
계		③ **NRV 합계**	④ 총 결합원가	

Step 1. 매출액 구하기

> ①매출액 = 공정가치 × 생산량

NRV를 구하기 위해서는 먼저 매출액을 구해야 한다.

Step 2. 순실현가치(NRV) 구하기

> ②NRV = 매출액 − 추가가공원가

위 식을 이용하여 ②제품별 NRV를 계산한 뒤, ③NRV 합계를 구한다.

> **▼주의 매출액 및 NRV 계산 시 판매량이 아닌 생산량을 이용할 것!**
>
> 판매량을 기준으로 매출액 및 NRV를 계산한다면 원가가 판매량을 기준으로 배부된다. 이 경우 판매가 저조한 제품은 원가를 배부받지 못하는 문제가 생긴다. 원가는 판매과정에서 발생하는 것이 아니라, 생산과정에서 발생하는 것이므로 생산량을 기준으로 배부한다.

Step 3. 결합원가 배분하기

문제에 제시된 ④총 결합원가를 Step 2에서 구한 NRV의 비율대로 ⑤각 결합제품에 배부한다.

Step 4. 제품별 제조원가 구하기

대부분의 문제는 각 제품에 배부될 결합원가를 묻는다. 이 경우 Step 3까지만 계산하면 된다. 하지만 '결합원가'가 아닌 '**제조원가**'를 물었다면 결합원가 이후의 ⑥추가가공원가까지 가산해야 한다.

> **김수석의 꿀팁** 요구사항을 잘 읽고, 결합원가부터는 문제에서 묻는 제품만 계산하자!
>
> 문제에서 모든 결합제품에 대해 묻는 경우는 거의 없다. 보통 하나, 많으면 두 결합제품에 대해서만 묻기 때문에 요구사항을 잘 읽고, 문제에서 묻는 제품만 계산하자. 이때, **NRV까지는 모든 제품을 계산해야 한다.** 결합원가를 배부하기 위해서는 NRV 합계를 알아야 하기 때문이다. 위 이 패턴의 핵심 key에서 'XXX' 표시해놓은 칸은 채워야 한다. 결합원가 배부 과정부터 문제에서 묻는 제품만 계산하면 된다.

01 다음은 제품A~C에 대한 자료이다. 이 중에서 제품A에 대한 설명으로 옳지 않은 것은? (단, 결합원가 ₩70,000의 배분은 순실현가치기준법을 사용한다)   2015. 국가직 9급

제품	생산량	각 연산품 추가가공비	단위당 공정가치
A	100kg	₩15,000	₩500
B	150kg	₩8,000	₩300
C	200kg	₩12,000	₩200

① 매출액은 ₩50,000이다.

② 순실현가치는 ₩35,000이다.

③ 단위당 제조원가는 ₩245이다.

④ 결합원가의 배분액은 ₩24,500이다.

02 ㈜한국은 단일의 원재료를 결합공정에 투입하여 두 가지 결합제품 A와 B를 생산하고 있다. 결합제품 A는 분리점에서 즉시 판매되나, 결합제품 B는 분리점에서 시장이 존재하지 않아 추가가공을 거친 후 판매된다. ㈜한국의 20X1년도 제품별 생산 및 판매관련 자료는 다음과 같다. 단, 각 제품의 기초재고와 기말재공품은 없었다.

제품	생산량	추가 가공원가	판매량	단위당 최종 판매가격
A	800단위	-	600단위	₩10
B	500단위	₩3,500	400단위	₩15

20X1년 중 실제 발생한 결합원가는 ₩6,000이었으며, ㈜한국은 순실현가능가치를 기준으로 결합원가를 배부하고 있다. 20X1년 중 결합제품 A와 B에 배부되는 결합원가는 각각 얼마인가? 2017. 계리사

	결합제품 A	결합제품 B
①	₩2,000	₩4,000
②	₩3,000	₩3,000
③	₩4,000	₩2,000
④	₩5,000	₩1,000

84. 연습문제
Practice Questions

해 설

01. 답 ③

	매출액	NRV	결합원가	제조원가
A	①50,000	50,000−15,000 = ②35,000	70,000 × 35% = ④24,500	24,500 + 15,000 = 39,500
B	45,000	45,000−8,000 = 37,000	70,000 × 37% = 25,900	25,900 + 8,000 = 33,900
C	40,000	40,000−12,000 = 28,000	70,000 × 28% = 19,600	19,600 + 12,000 = 31,600
계		100,000	70,000	

③ 단위당 제조원가 = 39,500/100 = **395** (X)

설명을 위해 문제에서 묻지 않은 B와 C에 대해서도 결합원가를 배부하고 제조원가를 구했지만, 실전이었다면 A의 결합원가와 제조원가만 계산했으면 된다. 음영 처리한 부분은 구할 필요가 없었다.

02. 답 ③

	매출액	NRV	결합원가	제조원가
A	8,000	8,000	6,000 × 2/3 = 4,000	
B	7,500	7,500−3,500 = 4,000	6,000 × 1/3 = 2,000	
계		12,000	6,000	

NRV 계산 시 '판매량'을 사용하는 것이 아니라 '생산량'을 사용한다는 점을 주의하자.

85 균등이익률법

균등이익률법은 모든 결합제품의 이익률이 동일하도록 결합원가를 배부하는 방법을 의미한다.

이 패턴의 핵심 Key 균등이익률법 풀이법

	매출액	제조원가	결합원가
A	①공정가치×생산량	③각 제품의 매출액 ×기업 전체의 매출원가율	④A 제조원가 **-추가가공원가**
B	XXX		
계	**②매출액 합계**		

Step 1. 기업 전체의 매출액 구하기

①각 결합제품의 매출액을 구한 뒤, ②기업 전체의 매출액을 계산한다.

Step 2. 기업 전체의 매출원가율 구하기

> 기업 전체의 매출원가율 = 기업 전체의 제조원가/기업 전체의 매출액
> = **(총 결합원가** + 총 추가가공원가)/기업 전체의 매출액

기업 전체의 매출원가율을 계산할 때 총 결합원가를 빼 놓지 않도록 주의하자. 추가가공원가는 표로 제시하기 때문에 실수하지 않지만, 결합원가는 문장으로 제시하기 때문에 빼고 계산하기 쉽다.

Step 3. 각 제품의 제조원가 구하기

> 각 제품의 제조원가 = 각 제품의 매출액 × 기업 전체의 매출원가율

Step 4. 개별제품의 결합원가 구하기

> 각 제품의 결합원가 = 각 제품의 제조원가 - 추가가공원가

김수석의 핵심콕 순실현가치법과 균등이익률법의 계산 순서 비교

NRV법	균등이익률법
①결합원가	①제조원가
+ 추가가공원가	- 추가가공원가
②제조원가	②결합원가

NRV법은 결합원가를 먼저 구한 뒤, 추가가공원가를 가산하여 제조원가를 구하는 반면, 균등이익률법은 제조원가를 먼저 구한 뒤, 추가가공원가를 차감하여 결합원가를 구한다. 둘의 계산 순서 차이를 기억하자.

85. 연습문제
Practice Questions

01 ㈜한국은 단일의 공정을 거쳐 A, B 두 종류의 결합제품을 생산하고 있으며, 사업 첫 해인 당기에 발생한 결합원가는 ₩200이다. 다음의 자료를 이용하여 결합원가를 균등이익률법으로 배부할 경우 제품 A와 B에 배부될 결합원가로 옳은 것은?

2017. 국가직 9급

	추가가공 후 최종가치(매출액)	추가가공원가
제품 A	₩100	₩50
제품 B	₩300	₩50

	제품 A	제품 B
①	₩25	₩175
②	₩50	₩150
③	₩150	₩50
④	₩175	₩25

02 (주)한국은 당기에 제1공정에서 결합원가 ₩120,000을 투입하여 결합제품 A, B, C를 생산하였다. A와 B는 분리점에서 각각 ₩100,000과 ₩80,000에 판매 가능하며, C는 분리점에서 판매 불가능하므로 추가가공원가 ₩60,000을 투입하여 ₩120,000에 판매한다. (주)한국이 균등이익률법으로 결합원가를 배부할 경우, C에 배부될 결합원가는?

2022. 지방직 9급

① ₩12,000 　　　　　　　② ₩48,000

③ ₩60,000 　　　　　　　④ ₩72,000

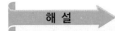 해 설

01. 답 ①

	매출액	총원가	제조원가	결합원가
A	100	50 + 50 + 200 (결합원가)	100 × 75% = 75	75−50 = 25
B	300		300 × 75% = 225	225−50 = 175
계	400	300 (75%)		200

02. 답 ①

	매출액	총원가	제조원가	결합원가
A	100,000		100,000 × 60% = 60,000	60,000
B	80,000	120,000 + 60,000	80,000 × 60% = 48,000	48,000
C	120,000		120,000 × 60% = 72,000	72,000 − 60,000 = **12,000**
계	300,000	180,000(60%)	180,000	120,000

 **표준원가**

패턴 86 직접재료원가 차이분석 ★중요!

이 패턴의 핵심 Key 차이분석 방법

1 용어 설명

	A(Actual)−실제	S(Standard)−표준
P(Price)−가격	AP : 투입요소의 단위당 **실제가격**	SP : 투입요소의 단위당 **표준가격**
Q(Quantity)−수량	AQ : 투입요소의 **실제투입량**	SQ : **실제생산량**에 허용된 투입요소의 **표준투입량**

2 원가 계산 방법

(1) AQ×AP (실제원가) = 실제 투입량×단위당 실제가격

 - 문제에서 실제 총액을 직접 제시해주는 경우에는 계산할 필요 없이 그 금액 사용

(2) AQ×SP = **실제 투입량**×단위당 표준가격

(3) SQ×SP = 표준 투입량×단위당 표준가격

 -SQ = **실제 산출량**(생산량)×단위당 표준투입량 ★중요!

김수석의 Why **SQ 계산 시 '실제' 산출량을 곱하는 이유**

SQ가 표준투입량이라는 것은 대부분의 수험생이 기억한다. 하지만 SQ 계산 시 실제 산출량을 곱하는 것은 많이들 기억하지 못한다.

차이분석은 실제원가(AQ×AP)와 표준원가(SQ×SP)를 비교하는 것이다. 산출량을 같게 맞춰주어야 비교가 정확할 것이다. 가령, 실제로 200개를 생산했는데 표준 생산량인 100개의 표준원가를 비교하는 것은 논리적이지 않다. 실제로 200개를 생산했다면 SQ도 200개로 환산해서 계산해야 한다. **SQ는 '표준' 투입량이지만 '실제' 생산량을 곱한다**는 것을 정확히 기억하자.

3 차이 계산방법

(1) 가격차이 : AQ×AP(왼쪽 줄)와 AQ×SP(가운데 줄)의 차이 = AQ×(AP−SP)

(2) 능률차이 : AQ×SP(가운데 줄)와 SQ×SP(오른쪽 줄)의 차이 = SP×(AQ−SQ)

> **김수석의 꿀팁** **가격차이와 능률차이 순서 : 가능**
>
> 차이분석을 하면 두 종류의 차이가 발생한다. 왼쪽에서부터 '가격차이'와 '능률차이'이다. 앞 글자를 따서 '가능'이라고 외우면 쉽게 기억할 수 있을 것이다.

(3) 유리한 차이와 불리한 차이 : 왼쪽이 크면 불리!

유리한 차이	실제 원가 〈 예산 원가
불리한 차이	실제 원가 〉 예산 원가

연습문제
Practice Questions

01 표준원가계산제도를 도입하고 있는 ㈜대한의 재료원가에 대한 표준과 제품 1,000단위를 생산한 지난 달의 실제재료원가 발생액이 다음과 같다. 재료가격차이와 재료수량차이는? 2011. 국가직 9급

- 제품 단위당 표준재료원가 : 수량 10단위, 재료단위당 가격 ₩100
- 실제발생 재료원가 : 재료소비량 12,000단위, 재료원가 ₩1,080,000

	재료가격차이	재료수량차이
①	₩100,000(불리한 차이)	₩180,000(유리한 차이)
②	₩100,000(유리한 차이)	₩180,000(불리한 차이)
③	₩120,000(불리한 차이)	₩200,000(유리한 차이)
④	₩120,000(유리한 차이)	₩200,000(불리한 차이)

02 ㈜세무는 당기에 영업을 개시하였으며 표준원가계산제도를 채택하고 있다. 직접재료와 관련된 자료는 다음과 같다.

- 제품 단위당 직접재료 표준원가 : 3kg × ₩10/kg = ₩30
- 직접재료 가격차이 : ₩11,000(불리)
- 직접재료 능률차이 : ₩5,000(유리)

당기 실제 제품 생산량이 2,000단위일 때 직접재료 kg당 실제 구입가격은? (단, 기말 재공품은 없다) 2019. 세무사 수정

① ₩8　　　　　② ₩10　　　　　③ ₩12　　　　　④ ₩14

> **해 설**

01. 답 ④

	AQ × AP		AQ × SP		SQ × SP
DM	= 1,080,000	가격차이 ②120,000 유	12,000 × 100 = ①1,200,000	수량차이 ⑤200,000 불	③10,000 × 100 = ④1,000,000

SQ : 1,000 × 10단위 = 10,000

02. 답 ③

	AQ × AP		AQ × SP		SQ × SP
DM	5,500 × ⑥12 = ⑤66,000	가격차이 11,000 불	④5,500 × 10 = ③55,000	능률차이 5,000 유	①6,000 × 10 = ②60,000

SQ = 3kg × 2,000단위 = 6,000kg
가격차이가 11,000(불리)이므로 SP ₩10에 '11,000/5,500 = ₩2'을 가산해서 AP를 ₩12로 계산하는 것이 더 간단하다.

87 직접노무원가 차이분석

직접노무원가 차이분석은 직접재료원가 차이분석과 내용이 동일하다. 본 패턴에서는 구체적인 문제 유형별 풀이법에 대해 설명한다. 아래 유형 말고도 다른 것을 묻는 유형이 출제될 수도 있다. 김수석이 늘 강조하듯, 1)요구사항을 보고, 2)어떤 것을 구해야 할지 판단한 다음, 3)답으로 향하는 길이 보이면 풀자.

1 능률차이를 묻는 유형

	AQ × AP			AQ × SP			SQ × SP
DL	= 실제 발생액	임률차이 XXX		AQ × ②SP = ①XXX	능률차이 ⑤XXX		SQ × ③SP = ④XXX

① 실제 발생액에서 임률차이를 반영하여 가운데 줄 금액을 구한다.
② 가운데 줄 금액을 AQ로 나누어 SP를 구한다.
③ SP는 동일하므로 ②의 SP를 오른쪽 줄에 쓴다.
④ SP에 SQ를 곱해서 오른쪽 줄 금액을 구한다.
⑤ 오른쪽 줄과 가운데 줄의 차이가 능률차이이다.

2 실제 임률(AP)을 묻는 유형

	AQ × AP			AQ × SP			SQ × SP
DL	③AQ × ⑤AP = ④XXX	임률차이 XXX		③AQ × SP = ②XXX	능률차이 XXX		SQ × SP = ①XXX

① SQ에 SP를 곱하여 오른쪽 줄 금액을 구한다.
② 오른쪽 줄 금액에서 능률차이를 반영하여 가운데 줄 금액을 구한다.
③ 가운데 줄 금액을 SP로 나누어 AQ를 구한다.
④ 가운데 줄 금액에서 임률차이를 반영하여 왼쪽 줄 금액을 구한다.
⑤ 왼쪽 줄 금액을 ③에서 구한 AQ로 나누어 AP를 구한다.

87. 연습문제
Practice Questions

01 ㈜한국은 표준원가계산을 사용하고 있다. 다음 자료를 근거로 한 직접노무원가의 능률차이는?

2018. 국가직 9급

• 실제 직접노동시간	7,000시간
• 표준 직접노동시간	8,000시간
• 직접노무원가 임률차이	₩3,500(불리)
• 실제 노무원가 총액	₩24,500

① ₩3,000(유리) 　　　　　② ₩3,000(불리)

③ ₩4,000(유리) 　　　　　④ ₩4,000(불리)

02 ㈜한국의 2012년 11월 중 원가 관련 자료가 다음과 같을 때, 11월 중 실제임률은? 2012. 국가직 9급

표준직접노동시간 1,450시간	표준임률 ₩400/시간
직접노무원가차이	₩30,000(유리)
직접노무원가 능률차이	₩20,000(불리)

① ₩365/시간 　　　　　② ₩370/시간

③ ₩375/시간 　　　　　④ ₩380/시간

➤ **해 설**

01. 답 ①

	AQ × AP		AQ × SP		SQ × SP
DL	= 24,500	임률차이 3,500 불	7,000 × ②3 = ①21,000	능률차이 ⑤3,000 유	8,000 × ③3 = ④24,000

02. 답 ④

문제에서 직접노무원가 능률차이를 제시했으므로, 자료에 제시된 '직접노무원가차이'는 임률차이를 의미한다.

	AQ × AP		AQ × SP		SQ × SP
DL	③1,500 × ⑤380 = ④570,000	임률차이 30,000 유	③1,500 × 400 = ②600,000	능률차이 20,000 유	1,450 × 400 = ①580,000

88 고정제조간접원가 차이분석 ★중요!

이 패턴의 핵심 Key 고정제조간접원가 차이분석 방법

	실제		예산		배부액
고정OH	실제 발생액	예산차이	고정OH 예산액	조업도차이	SQ×SP

Step 1. 왼쪽 줄 채우기: 실제 발생액

Step 2. 가운데 줄 채우기: 예산액

(1) 문제에서 예산액을 제시해주는 경우

문제에서 고정OH 예산을 줬다면 그 금액을 가운데 줄에 채워 넣는다.

(2) 문제에서 예산액을 제시해주지 않는 경우

$$고정OH\ 예산 = SP × 기준조업도$$

Step 3. 오른쪽 줄 채우기: 배부액 계산하기

(1) SP(시간당 고정OH) = 고정OH 예산 ÷ 기준조업도

SP는 고정OH 예산을 기준조업도로 나누어서 계산한다. 기준조업도는 주로 시간(직접노무시간, 기계작업시간 등)으로 제시된다. SP는 고정OH 예산을 기준시간으로 나누어 계산하므로, '시간당 고정OH'와 같은 개념이다.

(2) SQ = 실제생산량 × 단위당 표준 투입시간

SQ는 '실제 생산량 × 단위당 표준 투입량'이다. 고정OH와 관련된 투입요소는 시간이므로 SQ는 시간이 되어야 하며, 실제 생산량에 단위당 표준 투입시간을 곱하면 된다.

Step 4. 차이 계산하기

(1) 예산차이 = 고정OH 실제발생액 – 고정OH 예산액
(2) 조업도차이 = 고정OH 예산액 – 배부액 = SP × (기준조업도 – SQ)

01 ㈜한국은 내부관리 목적으로 표준원가계산시스템을 채택하고 있고, 표준노무시간은 제품 단위당 5시간이다. 제품의 실제생산량은 2,100단위이고 고정제조간접원가 실제발생액은 ₩900,000이다. 이 회사는 고정제조간접원가를 노무시간을 기준으로 배부하며 기준조업도는 10,000노무시간이다. 고정제조간접원가 예산차이가 ₩100,000 유리하다면 조업도차이는? 2017. 지방직 9급

① ₩40,000 불리   ② ₩40,000 유리   ③ ₩50,000 불리   ④ ₩50,000 유리

02 ㈜대한은 표준원가계산제도를 채택하고 있으며, 기계작업시간을 기준으로 고정제조간접원가를 제품에 배부한다. 다음 자료에 의할 경우 기준조업도는? 2014. 감평사

• 기계작업시간당 고정제조간접원가 표준배부율   ₩10
• 유리한 조업도차이   ₩10,000
• 실제생산량   1,000단위
• 제품 단위당 표준기계작업시간   2시간

① 500시간   ② 700시간   ③ 800시간

④ 1,000시간   ⑤ 1,100시간

> **해 설**

01. 답 ④

	실제		예산		배부액
고정OH	= 900,000	예산차이 100,000 유	= ①1,000,000	조업도차이 = ⑤50,000 유	②10,500 × ③100 = ④1,050,000

SQ : 2,100 × 5시간 = 10,500
SP : 1,000,000(예산액) ÷ 10,000(기준조업도) = 100

02. 답 ④

	실제		예산		배부액
고정OH		예산차이	= 10,000	조업도차이 10,000 유리	2,000 × 10 = 20,000

SQ: 1,000단위 × 2시간 = 2,000시간
SQ × SP: 2,000시간 × @10 = 20,000
예산액: 20,000 − 10,000 = 10,000
기준조업도: 예산액/SP = 10,000/@10 = **1,000시간**

패턴
89 정상개별원가계산 ★중요!

이 패턴의 출제 경향

개별원가계산에는 실제개별원가계산과 정상개별원가계산이 있다. 개별원가계산은 대부분 정상개별원가계산으로 출제된다. 정상개별원가계산에서는 주로 'Step 3. 배부차이'를 물었으나, 최근에는 한 단계 나아가서 'Step 4. 배부차이 조정'을 묻는 경향이 있다.

이 패턴의 핵심 Key **정상개별원가 풀이법**

Step 1. 제조간접원가 예정 배부율 = 예정 제조간접원가 ÷ 예정(기준) 조업도

Step 2. 제조간접원가 배부액 = 실제 조업도×예정 배부율

Step 3. 배부차이 = 배부액−실제 제조간접원가

(1) 배부액 〉실제 발생액 : **과대 배부**

(2) 배부액 〈실제 발생액 : **과소 배부**

Step 4. 배부차이 조정

(1) 매출원가 조정법

- 배부차이를 전부 **매출원가**에 반영
- 대부분의 문제가 매출원가 조정법으로 제시

(2) 총원가비례법

- 배부차이를 재공품, 제품, 매출원가에 집계된 **총원가의 비율**에 따라 반영.
- 실제원가계산을 적용한 것과 '유사한' 결과

	#101	#102	#103	합계
직접재료원가	₩13,000	₩6,000	₩1,000	₩20,000
직접노무원가	₩8,000	₩6,000	₩6,000	₩20,000
제조간접원가	₩4,000	₩3,000	₩3,000	₩10,000
조정 전	**₩25,000**	**₩15,000**	**₩10,000**	**₩50,000**
배부차이	2,500	1,500	1,000	5,000과소배부
조정 후	27,500	16,500	11,000	55,000

(3) 원가요소법

- 배부차이를 재공품, 제품, 매출원가에 집계된 **제조간접원가의 비율**에 따라 반영.
- 실제원가계산을 적용한 것과 '동일한' 결과

	#101	#102	#103	합계
직접재료원가	₩13,000	₩6,000	₩1,000	₩20,000
직접노무원가	₩8,000	₩6,000	₩6,000	₩20,000
제조간접원가	**₩4,000**	**₩3,000**	**₩3,000**	**₩10,000**
조정 전	₩25,000	₩15,000	₩10,000	₩50,000
배부차이	2,000	1,500	1,500	5,000과소배부
조정 후	27,000	16,500	11,500	55,000

Step 5. 배부차이 조정 회계처리

(1) 과소배부 : OH 차변 잔액, 대변으로 제거

(차) 재공품	XXX	(대) 제조간접원가	배부차이
제품	XXX		
매출원가	XXX		

(2) 과대배부 : OH 대변 잔액, 차변으로 제거

(차) 제조간접원가	배부차이	(대) 재공품	XXX
		제품	XXX
		매출원가	XXX

01 ㈜한국은 개별원가계산제도를 사용하고 있으며 직접노무비를 기준으로 제조간접비를 예정배부하고 있다. 2013년 6월의 제조원가 관련 정보가 다음과 같을 때, 과소 또는 과대 배부된 제조간접비에 대한 수정분개로 옳은 것은? (단, 과소 또는 과대 배부된 금액은 매출원가로 조정한다) 2013. 지방직 9급

- 직접노무비와 제조간접비에 대한 예산은 각각 ₩200,000과 ₩250,000이다.
- 직접재료비 ₩520,000과 직접노무비 ₩180,000이 발생되었다.
- 실제 발생한 총제조간접비는 ₩233,000이다.

	차변		대변	
①	제조간접비	8,000	매출원가	8,000
②	매출원가	8,000	제조간접비	8,000
③	매출원가	17,000	제조간접비	17,000
④	제조간접비	17,000	매출원가	17,000

02 ㈜한국은 정상원가계산을 적용하여 제조간접원가 배부차이 금액을 재공품, 제품, 매출원가의 조정 전 기말잔액의 크기에 비례하여 배분한다. 다음 자료를 이용하여 제조간접원가 배부차이 조정 전후 설명으로 옳지 않은 것은? 2020. 국가직 9급

	조정 전 기말잔액
재공품	₩500,000
제품	₩300,000
매출원가	₩1,200,000
합계	₩2,000,000

- 실제발생 제조간접비 ₩1,000,000
- 예정배부된 제조간접비 ₩1,100,000
- 재공품과 제품의 기초재고는 없는 것으로 가정한다.

① 조정 전 기말잔액에 제조간접원가가 과대배부되었다.

② 제조간접원가 배부차이 금액 중 기말 재공품에 ₩25,000이 조정된다.

③ 제조간접원가 배부차이 조정 후 기말 제품은 ₩315,000이다.

④ 제조간접원가 배부차이 조정 후 매출원가 ₩60,000이 감소된다.

89. 연습문제
Practice Questions

01. 답 ②

Step 1. 제조간접원가 예정배부율 = 예정 제조간접원가 ÷ 예정(기준) 조업도

　　　OH 예정배부율 : 250,000/200,000 = 1.25

Step 2. 제조간접원가 배부액 = 실제조업도 × 예정배부율

　　　OH 배부액 : 180,000 × 1.25 = 225,000

Step 3. 배부차이 = 배부액-실제 제조간접원가

　　　배부차이 : 225,000-233,000 = (-)8,000 과소배부

Step 4. 배부차이 조정

　　　배부차이를 매출원가로 조정하므로 과소배부된 OH 8,000을 매출원가에 반영한다.

참고

회계처리

비용 발생 시	(차)	제조간접원가	233,000	(대)	현금	233,000
예정 배부	(차)	재공품 제품 매출원가	225,000	(대)	제조간접원가	225,000
배부차이 조정	(차)	매출원가	8,000	(대)	제조간접원가	8,000

02. 답 ③

	재공품	제품	매출원가	계
조정 전 기말잔액	₩500,000	₩300,000	₩1,200,000	₩2,000,000
조정	②(25,000)	(15,000)	④(60,000)	(100,000)
조정 후	₩475,000	③₩285,000	₩1,140,000	₩1,900,000

① '예정 배부액〉실제 발생액'이므로 과대배부되었다. (O)

② 제조간접원가 배부차이 금액 중 기말 재공품에 ₩25,000이 조정된다. (O)

③ 제조간접원가 배부차이 조정 후 기말 제품은 ₩285,000이다. (X)

④ 제조간접원가 배부차이 조정 후 매출원가 ₩60,000이 감소된다. (O)

90 활동기준원가계산

1 ABC의 특징 : 고성능, 고비용

(1) 장점 : 원가계산 정확성이 높음

　-다품종 소량 생산을 할수록 ABC 도입의 실익이 커짐 ex〉김밥천국

(2) 단점 : 많은 시간과 비용 소요

> **이 패턴의 핵심 Key**　**ABC 풀이법**

Step 1. 제조간접원가 배부율 = 제조간접원가 ÷ 원가 동인 수

Step 2. 제품별 제조간접원가 배부액 = 제조간접원가 배부율×제품별 원가 동인 수

> **김수석의 꿀팁**　**ABC 빠른 계산법**

제품별 제조간접원가 배부액 = 제조간접원가×제품별 원가 동인 수/원가 동인 수

ABC는 제조간접원가를 원가 동인에 비례하게 각 제품에 배부하면 끝이다. 배부율을 먼저 구한 뒤, 각 제품에 배부해도 되지만, 빠른 계산법을 이용하여 한 번에 배부해도 된다.

01 ㈜대한은 각 작업에 대해서 활동기준원가를 계산하기 위하여 〈보기〉의 자료를 수집하였다. 활동기준원가계산을 이용하여 계산한 제품 A의 총원가는?

2019. 서울시 7급

보기

활동	원가	원가동인	최대활동량
생산준비	₩30,000	생산준비시간	1,000시간
재료처리	₩30,000	재료처리횟수	3,000회
기계사용	₩500,000	기계작업시간	20,000시간

제품	기초원가	생산수량	생산준비	재료처리	기계작업
A	₩300,000	12,000단위	50시간	100회	2,000시간

① ₩352,500

② ₩362,500

③ ₩372,500

④ ₩382,500

02 ㈜한국은 제품 A와 제품 B를 생산하고 있으며, 최근 최고경영자는 활동기준원가계산제도의 도입을 검토하고 있다. 활동기준원가계산 관점에서 분석한 결과가 다음과 같을 때, 옳지 않은 것은?

2017. 국가직 9급

활동	제조간접비	원가동인	제품 A	제품 B
제품설계	₩400	부품 수	2개	2개
생산준비	₩600	준비횟수	1회	5회

① 제품설계활동의 원가동인은 부품 수, 생산준비활동의 원가동인은 준비횟수이다.

② 활동기준원가계산하에서 제품 A에 배부되는 제조간접비는 ₩300, 제품 B에 배부되는 제조간접비는 ₩700이다.

③ 만약 ㈜한국의 제품종류가 더 다양해지고 각 제품별 생산 수량이 줄어든다면 활동기준원가계산제도를 도입할 실익이 없다.

④ 기존의 제품별 원가와 이익수치가 비현실적이어서 원가계산의 왜곡이 의심되는 상황이면 활동기준원가계산제도의 도입을 적극 고려해 볼 수 있다.

90. 연습문제

Practice Questions

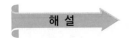 해 설

01. 답 ①

기초원가		300,000
생산준비원가	$30,000 \times 50/1,000$	= 1,500
재료처리원가	$30,000 \times 100/3,000$	= 1,000
기계사용원가	$500,000 \times 2,000/20,000$	= 50,000
총 제조원가		352,500

02. 답 ③

② 제품별 제조간접비 배부액

활동	제품 A	제품 B
제품설계	200	200
생산준비	100	500
계	300	700

③ 만약 제품종류가 더 다양해지고 각 제품별 생산 수량이 줄어든다면 활동기준원가계산제도의 실익이 커진다.

Part 03

정부회계

본 교재는 핵심 요약 교재이기 때문에 출제 가능성이 높은 주제 위주로 선정하게 되면서 정부회계의 모든 내용을 싣지 못했다. 조금 더 상세한 설명, 더 많은 문제가 필요한 수험생은 코어 공무원 회계학 정부회계편을 참고하길 바란다. 교재 분량도 짧고, 강의도 간략하게 구성했기 때문에 시험 직전에 보기에도 부담되지 않을 것이다.

모든 내용을 싣지는 못했지만, 본 교재에 있는 주제들은 정말 중요한 주제들이다. 한 주제도 빠짐없이 모두 중요한 주제이다. 10개 패턴밖에 안 되기 때문에 여기 있는 패턴은 모두 잘 숙지하길 바란다.

패턴

91 재정운영표 계산문제 ★중요!

이 패턴의 핵심 Key 국가회계의 재정운영표와 지자체회계의 재정운영표

정부회계에서 가장 중요한 패턴이기에 가장 먼저 배치했다. 각 재정운영표의 형태를 반드시 기억하자.

국가회계		지자체회계
행정형 회계 : 일반회계, 기타특별	**사업형 회계 : 기금, 기업특별**	
프로그램총원가 (프로그램수익)	프로그램총원가 (프로그램수익)	사업총원가 (사업수익)
프로그램순원가 관리운영비 비배분비용 (비배분수익)	프로그램순원가 관리운영비 비배분비용 (비배분수익)	사업순원가 관리운영비 비배분비용 (비배분수익)
재정운영순원가 –	재정운영순원가 **(비교환수익)**	재정운영순원가 **(수익)**
재정운영결과	재정운영결과	재정운영결과

1 국가회계의 재정운영표

국가회계는 행정형 회계인지, 사업형 회계인지에 따라 재정운영결과가 달라진다.

(1) 행정형 회계 : **재정운영결과 = 재정운영순원가**

행정형 회계(일반회계 및 기타특별회계)에서 발생하는 비교환수익은 재정운영표가 아닌 **순자산변동표의 재원의 조달 및 이전란에 표시**한다. 따라서 **행정형 회계의 경우** 비교환수익을 차감하지 않기 때문에 **재정운영결과가 재정운영순원가와 일치하게 된다.**

(2) 사업형 회계 : **재정운영결과 = 재정운영순원가–비교환수익**

행정형 회계와 달리 사업형 회계는 재정운영순원가에서 비교환수익을 차감한다. 사업형 회계는 재정운영순원가와 재정운영결과가 다르므로 어느 것을 물었는지 주의하자.

김수석의 꿀팁 행정형 회계 vs 사업형 회계 : 일반회계 vs 기금

비교환수익 차감 여부로 인해 재정운영표 문제에서는 반드시 사업형인지, 행정형인지 따져보아야 한다. 특별회계는 기업특별회계인지, 기타특별회계인지에 따라 분류가 달라지므로 일반적으로 **일반회계(행정형)**나 **기금(사업형)**으로 출제하는 편이다.

2번은 2020년 국가직 9급 기출문제인데, 원래 발문은 '중앙부처 A의 다음 재정운영표 자료에 근거하여 산출한 재정운영결과는?'이었다. '중앙부처 A'만 가지고는 행정형인지, 사업형인지 알 수 없기 때문에 복수정답 논란이 있는 문제였다. 하지만 복수정답은 인정되지 않았고, 최초 정답인 ②번으로 확정되었다. 출제자는 사업형 회계를 가정하고 낸 것이다. 앞으로도 **문제에서 언급이 없다면 사업형 회계를 가정하고 문제를 풀자.**

2 지자체회계의 재정운영표

지자체의 재정운영표는 국가회계의 재정운영표와 형태가 동일하고, 명칭만 다르다. 국가회계의 재정운영표를 중심으로 외우고, 명칭만 비교하면서 기억하자.

3 비교환수익 및 (일반)수익

과거에는 문제에서 비교환수익 및 (일반)수익을 직접 제시하였지만, 최근에는 구체적인 수익 계정과목을 제시하고 있다. 이 경우 다음 계정과목을 보고 비교환수익 및 (일반)수익인지 비배분수익(ex)이자수익, 유형자산처분이익)인지 구분하자.

국가회계: 비교환수익	지자체회계: (일반)수익
부담금수익, 채무면제이익, 제재금수익, **무상이전수입**, 사회보험수익, 기부금수익	**지방세수익**, 교부금수익, 보조금수익, 전입금수익, 기부금수익

01 「국가회계기준에 관한 규칙」에 따른 재정운영표의 재정운영순원가는?   2013. 국가직 9급

프로그램총원가	₩350,000
프로그램수익	₩200,000
관리운영비	₩100,000
비배분비용	₩50,000
비배분수익	₩20,000
비교환수익	₩10,000

① ₩150,000   ② ₩270,000

③ ₩280,000   ④ ₩500,000

02 다음의 자료를 이용하여 중앙관서 A의 재정운영표를 작성하는 경우 재정운영순원가는?   2019. 국가직 9급

• 프로그램순원가	₩300,000	• 관리운영비	₩150,000
• 이자비용	₩130,000	• 유형자산처분이익	₩150,000
• 부담금수익	₩30,000	• 채무면제이익	₩300,000

① ₩150,000   ② ₩220,000

③ ₩380,000   ④ ₩430,000

03 다음은 지방자치단체 A의 20×1년 재무제표 작성을 위한 자료이다. (단, 아래 이외의 다른 거래는 없다)

- 20×1년 지방자치단체 A가 운영한 사업의 총원가는 ₩500,000이며, 사용료수익은 ₩200,000이다.
- 20×1년 관리운영비 ₩100,000이 발생하였다.
- 20×1년 사업과 관련이 없는 자산처분이익 ₩50,000과 이자비용 ₩10,000이 발생하였다.
- 20×1년 지방세수익은 ₩200,000이다.

20×1년 지방자치단체 A의 재정운영표상 재정운영순원가와 재정운영결과를 바르게 연결한 것은?   2022. 국가직 9급

	재정운영순원가	재정운영결과
①	₩100,000	₩360,000
②	₩160,000	₩360,000
③	₩360,000	₩100,000
④	₩360,000	₩160,000

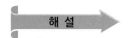

91. 연습문제
Practice Questions

해 설

01. 目 ③

프로그램총원가	350,000
(−) 프로그램수익	(200,000)
프로그램순원가	150,000
(+) 관리운영비	100,000
(+) 비배분비용	50,000
(−) 비배분수익	(20,000)
재정운영순원가	**280,000**
(−) 비교환수익	(10,000)
재정운영결과	270,000

문제에서 재정운영'순원가'를 물어보았다. 비교환수익을 차감한 재정운영'결과'가 아님에 주의하자. 출제자는 재정운영결과인 ②번도 선지로 끼워놓았다.

02. 目 ④

프로그램순원가	300,000
(+) 관리운영비	150,000
(+) 비배분비용	130,000
(−) 비배분수익	(150,000)
재정운영순원가	**430,000**

이자비용은 비배분비용에, 유형자산처분이익은 비배분수익에 해당한다. 부담금수익과 채무면제이익은 비교환수익이므로 재정운영순원가 계산 시 반영하지 않는다.

03. 目 ④

사업총원가	500,000
사업수익	(200,000)
사업순원가	300,000
관리운영비	100,000
비배분비용	10,000
비배분수익	(50,000)
재정운영순원가	**360,000**
수익	(200,000)
재정운영결과	**160,000**

수익, 비용별 구분〉
사용료수익 : 사업수익
사업과 관련이 없는 자산처분이익 : 비배분수익
이자비용 : 비배분비용
지방세수익 : 수익

1 교환수익 vs 비교환수익

교환수익	**수익창출활동이 끝나고** 그 금액을 합리적으로 측정할 수 있을 때
비교환수익	수익에 대한 **청구권이 발생하고** 그 금액을 합리적으로 측정할 수 있을 때

교환수익은 대가성이 있으므로 수익창출활동이 있지만, 비교환수익은 대가성이 없으므로 별도 활동 없이 저절로 청구권이 발생한다고 기억하자.

2 비교환수익의 유형별 수익 인식기준

김수석의 꿀팁 비교환수익 인식기준 암기 팁 ★중요!

(1) **발생주의**를 따른다고 기억 (↔현금주의)

(2) **'청구권이 발생할 때'**, **'납부할 세액 전체'**를 수익으로 인식 (↔현금이 납부된 만큼)

비교환수익의 각 유형별로 수익 인식 시점과 인식 금액이 다르다. 구체적으로는 다르지만 전체를 아우르는 공통점이 있다. 현금주의가 아닌 **발생주의**를 따르며, 그에 따라 '현금이 납부된 시점'에, '현금이 납부된 만큼'이 아니라 **'청구권이 발생할 때'**, **'납부할 세액 전체'**를 수익으로 인식한다.

신고 · 납부하는 방식의 국세	납세의무자가 세액을 **자진신고할 때**	(not 국가가 수납할 때)
정부가 부과하는 방식의 국세	국가가 고지하는 때	
원천징수하는 국세	원천징수의무자가 원천징수한 금액을 **신고 · 납부할 때** (not 원천징수의무자가 원천징수할 때)	
연부연납(年賦延納) 또는 분납	징수할 세금이 확정된 때에 그 **납부할 세액 전체** (not 납부하는 금액만)	
부담금수익, 기부금수익, 무상이전수입, 제재금수익	청구권 등이 확정된 때에 그 확정된 금액 (= 비교환수익의 원칙)	
(예외) 벌금, 과료, 범칙금 또는 몰수품으로서 그 금액을 확정하기 어려운 경우	벌금, 과료 또는 범칙금이 납부되거나 몰수품이 처분된 때	

01 「국가회계기준에 관한 규칙」의 수익 인식에 관한 설명으로 옳지 않은 것은? 2014. 국가직 9급

① 정부가 부과하는 방식의 국세는 국가가 국세를 수납하는 때에 수익으로 인식한다.

② 원천징수하는 국세는 원천징수의무자가 원천징수한 금액을 신고·납부하는 때에 수익으로 인식한다.

③ 분납이 가능한 국세는 징수할 세금이 확정된 때에 그 납부할 세액 전체를 수익으로 인식한다.

④ 기부금 수익은 청구권이 확정된 때에 그 확정된 금액을 수익으로 인식한다.

02 국가회계기준에 관한 규칙상 비교환수익의 유형에 따른 수익인식기준에 대한 설명으로 옳지 않은 것은? 2015. 지방직 9급

① 신고·납부하는 방식의 국세 : 납세의무자가 세액을 자진신고 하는 때에 수익으로 인식

② 정부가 부과하는 방식의 국세 : 국가가 고지하는 때에 수익으로 인식

③ 연부연납 또는 분납이 가능한 국세 : 납세의무자가 납부한 때에 납부한 세액을 수익으로 인식

④ 부담금수익 : 청구권이 확정된 때에 그 확정된 금액을 수익으로 인식

해 설

01. 답 ①
부과하는 방식의 국세는 국가가 고지하는 때에 수익으로 인식한다.

02. 답 ③
연부연납 또는 분납 가능한 국세는 일부만 납부하더라도 납부할 세액 전체를 수익으로 인식한다. 1,2번 문제 모두 수익 인식기준이 현금주의가 아니라는 것을 기억하면 쉽게 맞힐 수 있다.

패턴 93 재정상태표 ★중요!

1 재정상태표의 특징

(1) 유동성 순서 배열법 강제 (↔기업회계 : 선택 가능) ★중요!

자산과 부채는 유동성이 **높은** 항목부터 배열한다.

참고 기업회계 : 유동성 순서 배열법이 더욱 목적적합한 경우를 제외하고 유동·비유동 배열법 적용한다. 기업회계는 원칙적으로 선택이 가능하나, 정부회계는 유동성 순서 배열법만 적용 가능하다.

(2) 총액 표시 ★중요!

자산, 부채 및 순자산은 **총액으로 표시**한다. 이 경우 자산 항목과 부채 또는 순자산 항목을 **상계**함으로써 그 전부 또는 일부를 재정상태표에서 제외**해서는 아니 된다.** '상계해도 된다'고 제시되면 틀린 문장이다.

(3) 미결산항목의 정리 (지자체에만 존재)

가지급금이나 가수금 등의 미결산항목은 그 내용을 나타내는 적절한 과목으로 표시하고, 비망계정은 재정상태표의 자산 또는 부채항목으로 표시하지 않는다.

해당 규정은 지자체에만 존재하는 규정이며, 가끔 출제된 적이 있는 문장이므로 알아두자.

이 패턴의 핵심 Key **국가회계와 지자체회계의 재정상태표 구성요소** ★중요!

	국가회계(6/4/3)	지자체회계(6/3/3)
자산	1. 유동자산 2. 투자자산 3. 일반유형자산 4. 사회기반시설 **5. 무형자산** 6. 기타 비유동자산	1. 유동자산 2. 투자자산 3. 일반유형자산 4. 사회기반시설 **5. 주민편의시설** 6. 기타 비유동자산
부채	1. 유동부채 2. 장기차입부채 **3. 장기충당부채** 4. 기타비유동부채	1. 유동부채 2. 장기차입부채 – 3. 기타비유동부채
순자산	1. 기본순자산 2. 적립금 및 잉여금 3. 순자산조정	1. 고정순자산 2. 특정순자산 3. 일반순자산

2 자산

(1) 자산의 분류 : 국가, 지자체 모두 6개!
(2) 지자체에 없는 자산 분류 : 무형자산
(3) 국가에 없는 자산 분류 : 주민편의시설 (not '국민'편의시설)

> **▼주의 유산자산 : 재정상태표 상 자산 X**
> 유산자산은 **필수보충정보**로 표시되는 정보이지, 재정상태표 상에 계상되는 자산이 아니다.

김수석의 핵심콕 일반유형자산 vs 사회기반시설 vs 주민편의시설

	일반유형자산	사회기반시설	주민편의시설 (국가 B/S X)
사용 주체	**정부**가 사용	**같이** 사용 (대규모 인프라)	**주민이** 사용 (소규모 시설)
사례	건물, 차량운반구	도로, 공항	도서관, 주차장, 공원

3 부채 : 국가 4개, 지자체 3개

(1) 지자체에 없는 부채 분류 : **장기충당부채**

4 순자산

국가회계 : 기적순		지자체회계 : 고특일	
기본순자산 (잔여액)	순자산-적립금 및 잉여금 -순자산조정	일반순자산 (잔여액)	순자산-고정순자산-특정순자산
적립금 및 잉여금	이익잉여금	고정순자산	**고정** 자산 투자액-관련 부채
순자산조정	OCI	특정순자산	재원의 목적이 **특정**된 순자산

김수석의 꿀팁 지자체의 순자산 : 고특일

지자체의 순자산은 고정순자산, 특정순자산 및 일반순자산 세 종류로 구분된다. 앞글자를 따서 '고특일'이라고 외우자. 기준서 상 순서이므로 문제도 고특일의 순서로 출제될 것이다.

(1) 지자체회계 : 순자산조정(OCI) 없음!

순자산조정은 기업회계의 기타포괄손익(OCI)에 해당하는 순자산 항목이다. 지자체의 경우 공정가치
평가 규정이 없기 때문에 순자산조정이 없다.

(2) 잔여액 : 기본순자산(국가) VS 일반순자산(지자체)

국가와 지자체 모두 순자산 중 잔여액에 해당하는 분류가 있는데, 이를 국가는 '기본순자산'이라 부르고, 지자체는 '일반순자산'이라 부른다.

01 『국가회계기준에 관한 규칙』에서 정한 재정상태표 요소의 구분과 표시에 대한 설명으로 옳지 않은 것은?

2016. 국가직 9급

① 재정상태표는 자산, 부채, 순자산으로 구성되며, 자산 항목과 부채 또는 순자산 항목을 상계하지 않고 총액으로 표시한다.

② 자산은 유동자산, 투자자산, 일반유형자산, 유산자산, 무형자산 및 기타 비유동자산으로 구분한다.

③ 부채는 유동부채, 장기차입부채, 장기충당부채 및 기타 비유동부채로 구분한다.

④ 순자산은 기본순자산, 적립금 및 잉여금, 순자산조정으로 구분한다.

02 다음은 「국가회계기준에 관한 규칙」과 「지방자치단체 회계기준에 관한 규칙」에 대한 설명이다. 가장 옳지 않은 것은?

① 「지방자치단체 회계기준에 관한 규칙」에서는 「국가회계기준에 관한 규칙」과 달리 부채의 분류에 장기충당부채가 포함된다.

② 「지방자치단체 회계기준에 관한 규칙」에서는 「국가회계기준에 관한 규칙」과 달리 자산의 분류에 주민편의시설이 포함된다.

③ 「지방자치단체 회계기준에 관한 규칙」에서는 「국가회계기준에 관한 규칙」과 달리 현금흐름표가 재무제표에 포함된다.

④ 「국가회계기준에 관한 규칙」에서 순자산은 기본순자산, 적립금 및 잉여금, 순자산조정으로 구분되나, 「지방자치단체 회계기준에 관한 규칙」에서는 고정순자산, 특정순자산 및 일반순자산으로 분류하고 있다.

해 설

01. 답 ②
② 유산자산 대신 사회기반시설로 고쳐야 한다. 유산자산은 자산으로 계상하지 않고 필수보충정보에 공시한다.

① 재정상태표는 총액 표시가 원칙이다. (O)
③ '국가' 회계이므로 부채는 4개로 구분된다. (O)
④ 순자산은 3개로 구분된다. 지자체의 '고특일'로 제시되지 않았는지 주의하자. (O)

02. 답 ①
국가에는 지자체와 달리 장기충당부채가 포함된다. 국가와 지자체의 위치가 서로 바뀌었다.

Day 29. 자산, 부채의 평가 1

패턴

94 자산, 부채의 평가–공정가액 평가

1 **자산 평가의 원칙 :** 취득원가 ★중요!

재정상태표에 표시하는 자산의 가액은 **취득원가**를 기초로 하여 인식한다

2 **예외 :** 공정가액 ★중요!

		국가회계	지자체회계
관리전환	무상	**장부가액**	회계 간의 자산 이관, 물품 소관의 전환: **장부가액**
	유상	공정가액	
교환		공정가액	
기부채납		공정가액 (사용수익권: 자산의 감소)	
무상취득		무주부동산: 공정가액	무상취득: 공정가액

(1) 관리전환

관리전환이란 국가 내의 각 관리청 간에, 혹은 각 지방자치단체 간에 자산의 소관을 이전하는 것을 의미한다. 지자체에서는 이를 '회계 간의 재산 이관', '물품 소관의 전환'이라고 부른다. **국가는** 관리전환을 유상과 무상으로 구분하여 **유상의 경우만 공정가액**으로 측정하는 반면, **지자체는 구분 없이 모두 장부가액**으로 인식한다.

(2) 교환(국가=지자체)

교환으로 취득한 자산은 취득 당시의 공정가액을 취득원가로 한다. 이는 국가와 지자체 모두 동일하게 적용된다.

(3) 기부채납

기부채납이란 기부를 통해 정부가 자산을 무상으로 취득하는 것을 말한다. 국가와 지자체 모두 **기부채납으로 취득한 자산을 공정가액**으로 평가한다. 단, 기부채납으로 지급하는 **사용수익권은 자산의 감소**로 표시한다. (not 부채)

(4) 무주부동산 취득(국가) 및 무상취득(지자체)

무주부동산이란 소유주가 없는 부동산을 의미한다. 국가가 무주부동산을 취득하는 경우 **공정가액**으로 평가한다. 한편, 지자체가 무상으로 취득한 자산은 **공정가액**으로 평가한다.

01 국가회계기준에 대한 설명으로 옳지 않은 것은? 2020. 국가직 9급

① 재무제표는 재정상태표, 재정운영표, 순자산변동표로 구성하되, 재무제표에 대한 주석도 포함된다.

② 자산은 유동자산, 투자자산, 일반유형자산, 사회기반시설, 무형자산 및 기타 비유동자산으로 구분하여 재정상태표에 표시한다.

③ 순자산은 자산에서 부채를 뺀 금액을 말하며, 기본순자산, 적립금 및 잉여금, 순자산조정으로 구분한다.

④ 재정상태표에 표시하는 자산의 가액은 해당 자산의 공정가액을 기초로 하여 계상한다.

02 다음 자료를 이용하여 국가회계실체인 A부의 재정상태표에 표시할 자산의 장부가액은? 2018. 국가직 9급

- 국가회계실체인 B부가 ₩200,000,000으로 계상하고 있던 토지를 관리전환 받아 공정가액 ₩300,000,000을 지급하고 취득함
- 국가 외의 상대방으로부터 공정가액 ₩1,000,000,000인 건물을 무상으로 기부받고 동시에 건물에 대하여 10년에 걸쳐 사용수익권 ₩500,000,000을 기부자에게 제공하기로 함
- 공정가액 ₩700,000,000인 무주토지를 발굴하여 자산에 등재함

① ₩1,400,000,000

② ₩1,500,000,000

③ ₩2,000,000,000

④ ₩2,500,000,000

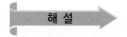 해 설

01. 답 ④

④ 자산의 평가는 공정가액으로 하는 예외를 제외하고는 원칙적으로 취득원가로 한다.

① 주석도 재무제표에 포함된다. 국가의 재무제표에는 지자체와 달리 현금흐름표가 빠져있다는 것을 기억하자. (O)

② 자산은 6개로 분류한다. '국가'회계이므로 주민편의시설이 포함되어 있지는 않은지 주의하자. (O)

02. 답 ②

유상관리 전환 : FV	300,000,000
기부채납 : FV	1,000,000,000
사용수익권 : 자산의 차감	(500,000,000)
무주부동산 : FV	700,000,000
	1,500,000,000

패턴 95 유산자산과 국가안보자산 ★중요!

1 유산자산(= 지자체의 '관리책임자산')

현재 세대와 미래 세대를 위하여 정부가 영구히 보존하여야 할 자산으로서 역사적, 자연적, 문화적, 교육적 및 예술적으로 중요한 가치를 갖는 자산(유산자산)은 **자산으로 인식하지 아니하고** 그 종류와 현황 등을 **필수보충정보로 공시**한다.

한편, 지자체의 유산자산은 '**관리책임자산**'이라고 부른다. 문화재, 예술작품, 역사적 문건 및 자연자원은 **자산으로 인식하지 아니하고 필수보충정보**의 관리책임자산으로 보고한다. 모든 규정은 유산자산과 동일하게 적용된다.

김수석의 Why 유산자산 및 관리책임자산을 자산으로 인식하지 않는 이유 : 측정 불가!

광화문이나 남산 등이 각각 유산자산과 관리책임자산에 속하는데, 이들은 **신뢰성 있는 측정이 불가능하다.** 광화문을 얼마로 평가하겠는가. 과거에서부터 내려오던 것이므로 '취득원가'의 개념이 없기 때문이다. 따라서 **재정상태표에 자산으로 인식하지 않고, 필수보충정보에 현황 등을 공시**하는 것이다.

2 국가안보자산

국가안보와 관련된 자산은 기획재정부장관과 협의하여 **자산으로 인식하지 아니할 수 있다.** 이 경우 해당 중앙관서의 장은 해당 자산의 종류, 취득시기 및 관리현황 등을 **별도의 장부에 기록**하여야 한다.

이 패턴의 핵심 Key 유산자산 vs 국가안보자산

	유산자산(= 관리책임자산)	국가안보자산
재정상태표	자산 X (신뢰성 있는 측정 불가)	자산으로 인식하지 않을 수 있음
공시	필수보충정보	별도 장부에 기록 (외부에 공시 X)

▼주의 국가안보자산은 필수보충정보에 공시하지 않음!

'국가안보자산은 필수보충정보에 공시한다.'라고 오답이 제시된 적이 있었다. 국가안보자산은 '**적에게 숨기기 위해서**' 자산으로 인식하지 않을 수 있도록 예외 규정을 둔 것이다. 자산으로 인식하지 않고 필수보충정보로 공시하면 예외 규정의 실익이 없어진다.

01 『국가회계기준에 관한 규칙』에 대한 설명으로 옳지 않은 것은?

2015. 국가직 9급 수정

① 재무제표는 재정상태표, 재정운영표, 순자산변동표로 구성하되 재무제표에 대한 주석을 포함한다.

② 현재 세대와 미래 세대를 위하여 정부가 영구히 보존하여야 할 자산으로서 역사적, 자연적, 문화적, 교육적 및 예술적으로 중요한 가치를 갖는 자산(유산자산)은 자산으로 인식하지 아니하고 그 종류와 현황 등을 필수보충정보로 공시한다.

③ 국가안보와 관련된 자산, 부채는 기획재정부장관과 협의하여 자산으로 인식하지 않는 대신, 해당 자산의 종류, 취득시기 및 관리현황 등을 부속명세서에 공시할 수 있다.

④ 사회기반시설 중 관리·유지 노력에 따라 취득 당시의 용역 잠재력을 그대로 유지할 수 있는 시설에 대해서는 감가상각하지 아니하고 관리·유지에 투입되는 비용으로 감가상각비용을 대체할 수 있다.

02 「국가회계기준에 관한 규칙」상 자산의 인식기준으로 옳지 않은 것은?

2015. 국가직 7급

① 자산은 공용 또는 공공용으로 사용되는 등 공공서비스를 제공할 수 있거나 직접적 또는 간접적으로 경제적 효익을 창출하거나 창출에 기여할 가능성이 매우 높아야 한다.

② 자산은 그 가액을 신뢰성 있게 측정할 수 있어야 한다.

③ 국가안보와 관련된 자산은 기획재정부장관과 협의하여 자산으로 인식하지 아니할 수 있다.

④ 현재 세대와 미래 세대를 위하여 정부가 영구히 보존하여야 할 자산으로서 역사적, 자연적, 문화적, 교육적 및 예술적으로 중요한 가치를 갖는 유산자산은 재정상태표상 자산으로 인식한다.

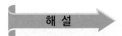

해 설

01. 답 ③

국가안보자산은 **'적에게 숨기기 위해서'** 자산으로 인식하지 않을 수 있도록 예외 규정을 둔 것이다. 다른 서류를 통해 공시하면 예외 규정의 실익이 없어진다.

02. 답 ④

유산자산은 재정상태표상 자산으로 인식하는 것이 아니라 필수보충정보로 공시한다.

96 자산, 부채의 평가-일반유형자산 및 사회기반시설 ★중요!

1 일반유형자산 및 사회기반시설 (+ 지자체 : 주민편의시설)의 평가

(1) 취득원가 = 건설원가 또는 매입가액 + 부대비용

(2) 감가상각방법

국가	정액법 '등'을 적용
지자체	정액법을 원칙으로 함

국가는 정액법 외의 다른 감가상각방법을 인정하지만, 지자체는 정액법을 원칙으로 한다.

(3) 사회기반시설 중 감가상각의 예외 : 도로, 철도 등 ★중요!

	국가	지자체
예외 대상	사회기반시설 중 관리·유지 노력에 따라 취득 당시의 용역 잠재력을 그대로 유지할 수 있는 시설	사회기반시설 중 유지보수를 통하여 현상이 유지되는 도로, 도시철도 등
감가 상각비	감가상각하지 않는 대신, 관리·유지 비용으로 감가상각비용을 대체할 수 있다.	

구체적인 예외대상을 외울 필요는 없으며, 국가와 지자체 모두 **사회기반시설 중 감가상각하지 않을 수 있는 예외가 있다**는 것만 기억하면 된다.

(4) 사용수익권 : 자산 차감항목! (not 부채) ★중요!

일반유형자산 및 사회기반시설에 대한 사용수익권은 해당 **자산의 차감항목**에 표시한다.

사용수익권이란, 국가 및 지자체가 민간으로부터 건물, 도로 등을 기부받는 대신에 기부한 주체에게 일정 기간동안 사용할 수 있는 권리를 주는 것이다. 기출에서 '사용수익권은 부채로 분류한다.'와 같이 틀린 선지로 제시된 적이 있으므로 유의하자.

(5) 재평가 : 지자체 X

국가 : '오르면 OCI, 내려가면 PL, 상대방 것이 있다면 제거 후 초과분만 인식'(= 기업회계)
지자체 : **유형자산의 재평가 X** (지자체는 순자산조정(OCI)이 없음)

96. 연습문제
Practice Questions

01 「국가회계기준에 관한 규칙」과 「지방자치단체 회계기준에 관한 규칙」상 자산, 부채의 평가에 대한 설명으로 옳지 않은 것은? 2020. 지방직 9급 수정

① 국가의 도로는 관리, 유지 노력에 따라 취득 당시의 용역 잠재력을 그대로 유지할 수 있는 경우 감가상각 대상에서 제외할 수 있다.

② 재정상태표에 기록하는 자산의 가액은 해당 자산의 취득원가를 기초로 하여 계상함을 원칙으로 한다.

③ 일반유형자산에 대한 사용수익권은 해당 자산의 차감항목에 표시한다.

④ 국가외 지방자치단체의 일반유형자산과 사회기반시설은 공정가액으로 재평가하여야 한다.

02 「국가회계기준에 관한 규칙」상 자산과 부채의 평가에 대한 설명으로 옳지 않은 것은? 2021. 지방직 9급

① 재정상태표에 표시하는 자산의 가액은 해당 자산의 취득원가를 기초로 하여 계상한다.

② 국채는 국채발행수수료 및 발행과 관련하여 직접 발생한 비용을 뺀 발행가액으로 평가한다.

③ 일반유형자산은 해당 자산의 건설원가 또는 매입가액에 부대비용을 더한 금액을 취득원가로 하고, 객관적이고 합리적인 방법으로 추정한 기간에 정액법 등을 적용하여 감가상각한다.

④ 국가회계실체 사이에 발생하는 관리전환은 무상거래일 경우에는 자산의 공정가액을 취득원가로 하고, 유상거래일 경우에는 자산의 장부가액을 취득원가로 한다.

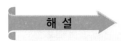
해 설

01. 🔑 ④
'국가외'가 '국가와'의 오타가 아니다. '국가를 뺀 나머지 지자체'라는 의미이다. 지자체는 국가와 달리 일반유형자산과 사회기반시설을 공정가액으로 재평가하지 않는다.

① 도로 등은 감가상각 대상에서 제외할 수 있다. 가운데 세부 요건은 주의깊게 읽을 필요가 없다. (O)
② 정부회계는 취득원가 평가를 원칙으로 한다. (O)
③ 사용수익권은 자산의 차감항목이다. 부채가 아니라는 것을 기억하자. (O)

02. 🔑 ④
무상관리전환은 '장부가액'을, 유상관리전환은 '공정가액'을 취득원가로 한다. 장부가액과 공정가액의 위치를 서로 바꾸어야 한다.

Day 30. 자산, 부채의 평가 2 & 정부회계 기타사항

패턴 97 자산, 부채의 평가-유가증권 및 재고자산

1 유가증권의 평가

(1) 취득원가 = 매입가액 + 부대비용, 총평균법 등 적용

취득원가 계산 시 매입가액에 부대비용을 더하는 것은 기업회계에서 배운 것과 동일하다. 기출문제에서 부대비용을 '제외'한다고 틀린 문장을 제시한 적이 있었다.

(2) 평가 : 지자체는 공정가액 평가 X 중요!

채무증권은 **상각후취득원가**로 평가하고, 지분증권과 기타 장·단기투자증권은 **취득원가**로 평가한다. 다만, **투자목적**의 장·단기투자증권인 경우에는 신뢰성 있게 공정가액을 측정할 수 있으면 그 **공정가액**으로 평가하며, 장부가액과 공정가액의 차이금액은 **순자산변동표에 조정항목**으로 표시한다.

	투자목적	이외
채무증권(채권)	공정가액	상각후취득원가 (AC)
지분증권(주식)	(평가손익 : 순자산조정)	취득원가

위 규정은 국가에 해당하는 규정이며, 지자체는 본 규정이 없다. 지자체는 유가증권을 **취득원가**로 평가한다.

(3) 손상 : 재정운영순원가에 반영 (↔평가손익 : 순자산조정)

2 재고자산의 평가

(1) 취득원가 = 제조원가 or 매입가액 + 부대비용

(2) 원가흐름의 가정

원칙	선입선출법
예외	다른 방법을 적용하는 것이 보다 합리적이라고 인정되는 경우에는 개별법, 이동평균법 등을 적용하고 그 내용을 주석으로 표시

(3) 저가법 (= 기업회계) : 지자체는 저가법 적용 X

원재료 외의 재고자산	순실현가능가액
원재료	현행대체원가

김수석의 핵심콕 **유가증권 vs 재고자산** 중요!

	유가증권	재고자산
취득원가	매입가액 + 부대비용	
원가흐름의 가정	총평균법 등	선입선출법 (다른 방법 적용 시 주석 공시)

01 「국가회계기준에 관한 규칙」상 유가증권 평가에 대한 설명으로 옳지 않은 것은? 2016. 서울시 7급

① 유가증권은 자산의 분류기준에 따라 단기투자증권과 장기투자증권으로 구분한다.

② 유가증권은 매입가액에 부대비용을 더하고 종목별로 총평균법 등을 적용하여 산정한 가액을 취득원가로 한다.

③ 채무증권, 지분증권 및 기타 장·단기투자증권은 취득원가로 평가한다.

④ 유가증권의 회수가능가액이 장부가액 미만으로 하락하고 그 하락이 장기간 계속되어 회복될 가능성이 없을 경우에는 장부가액과의 차액을 감액손실로 인식하고 재정운영순원가에 반영한다.

02 『지방자치단체 회계기준에 관한 규칙』에서 규정하는 자산의 회계처리에 대한 설명으로 옳은 것은? 2017. 국가직 9급

① 재고자산은 구입가액에 부대비용을 더하고 이에 총평균법을 적용하여 산정한 가액을 취득원가로 평가함을 원칙으로 한다.

② 장기투자증권은 매입가격에 부대비용을 더하고 이에 종목별로 선입선출법을 적용하여 산정한 취득원가로 평가함을 원칙으로 한다.

③ 주민편의시설 중 상각대상 자산에 대한 감가상각은 정액법을 원칙으로 한다.

④ 사회기반시설 중 유지보수를 통하여 현상이 유지되는 도로, 도시철도, 하천부속시설 등에 대한 감가상각은 사용량비례법을 원칙으로 한다.

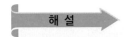
해 설

01. 답 ③
채무증권은 상각후원가로 평가한다. 지분증권 및 기타 장·단기투자증권은 취득원가 평가가 맞다. '투자목적'의 장·단기투자증권만 공정가액 평가를 한다.

④ 유가증권의 손상차손은 재정운영순원가에 반영한다. 기업회계에서 손상차손을 PL로 인식한 것과 같다. (O)

02. 답 ③
① 재고자산은 '선입선출법'을 적용하여 평가함을 원칙으로 한다. (X)
② 장기투자증권은 종목별로 '총평균법'을 적용하여 지자체의 경우 공정가치 평가하지 않고 취득원가로 계상하는 것이 원칙이다. ①과 ②의 선입선출법과 총평균법을 서로 바꾸어 출제하였다. (X)
③ 국가는 정액법 '등'을 적용할 수 있지만, 지자체는 정액법을 원칙으로 한다. (O)
④ 사회기반시설 중 유지보수를 통하여 현상이 유지되는 도로 등은 감가상각 대상에서 제외할 수 있다. (X)

패턴 98 자산, 부채의 평가-부채의 평가

이 패턴의 핵심 Key 부채의 평가 : 원칙-만기상환가액, 예외-현재가치 ★중요!

1 원칙 : **만기상환가액** (not 현재가치, 상각후원가)

재정상태표에 표시하는 부채의 가액은 이 규칙에서 따로 정한 경우를 제외하고는 원칙적으로 **만기상환가액**으로 평가한다.

정말 자주 나오는 문장이다. 반드시 기억하자. 오답으로 '현재가치', '상각후원가' 등이 제시된 적이 있다. 만기상환가액은 현재가치가 아닌 만기에 지불하는 원리금 자체를 의미한다.

2 예외 : **명목가액과 현재가치의 차이가 중요한 경우 현재가치 평가**

장기연불조건의 거래, 장기금전대차거래 또는 이와 유사한 거래에서 발생하는 채권·채무로서 명목가액과 현재가치의 차이가 중요한 경우에는 **현재가치**로 평가한다.

꽤 자주 나왔던 문장이다. '명목가액과 현재가치의 차이가 중요한 경우에도 현재가치 평가하지 않는다.'와 같이 오답으로 제시된 적이 있었다. **차이가 중요한 경우에는 현재가치 평가해야 한다**는 것을 기억하자.

98· 연습문제
Practice Questions

01 「국가회계기준에 관한 규칙」에서 정한 자산과 부채의 평가에 대한 내용으로 옳지 않은 것은?

2016. 국가직 9급 수정

① 일반유형자산에 대한 사용수익권은 해당 자산의 차감항목에 표시한다.

② 사회기반시설 중 관리·유지 노력에 따라 취득당시 용역 잠재력을 그대로 유지할 수 있는 시설에 대해서는 감가상각하지 아니하고 관리·유지에 투입되는 비용으로 감가상각 비용을 대체할 수 있다.

③ 유가증권은 부대비용을 포함한 매입가액에 종목별로 총평균법 등을 적용하여 산정한 가액을 취득원가로 한다.

④ 재정상태표에 표시하는 부채의 가액은 『국가회계기준에 관한 규칙』에 따로 정한 경우를 제외하고는 원칙적으로 현재가치로 평가한다.

02 「국가회계기준에 관한 규칙」상 '부채의 분류 및 평가'에 대한 설명으로 옳지 않은 것은? 2019. 국가직 7급

① 재정상태표상 부채는 유동부채, 장기차입부채 및 기타유동부채로 분류한다.

② 장기연불조건의 거래, 장기금전대차거래 또는 이와 유사한 거래에서 발생하는 채권·채무로서 명목가액과 현재가치의 차이가 중요한 경우에는 현재가치로 평가한다.

③ 화폐성 외화부채는 재정상태표일 현재의 적절한 환율로 평가한다.

④ 재정상태표에서 표시되는 부채의 가액은 「국가회계기준에 관한 규칙」에서 따로 정한 경우를 제외하고는 원칙적으로 만기상환가액으로 평가한다.

해 설

01. 답 ④
재정상태표에 표시하는 부채의 가액은 원칙적으로 만기상환가액으로 평가한다.

① 사용수익권은 자산의 차감항목이다. 부채가 아니라는 것을 기억하자. (O)
② 도로 등은 감가상각 대상에서 제외할 수 있다. 정말 많이 출제되었던 문장이니 꼭 기억하자. (O)
③ 유가증권은 총평균법을 적용한다. 선입선출법을 적용하는 재고자산과 헷갈리지 말자. (O)

02. 답 ①
국가회계의 부채는 유동부채, 장기차입부채, **장기충당부채** 및 기타유동부채로 분류한다. ①번은 지자체회계에 해당하는 설명이다. '국가회계는 부채를 4개로 구분한다'만 기억해도 충분히 풀 수 있는 문제였다.

②, ④ 부채는 원칙적으로 만기상환가액으로 평가한다. 단, 명목가액과 현재가치의 차이가 중요한 경우에는 현재가치 평가한다.(O)
③ 맞는 문장이다. 가끔 출제되는 문장이므로 기억해두자. (O)

99 지자체 재무제표 작성 과정

이 패턴의 핵심 Key　**지자체 재무제표 작성 시 내부거래 제거**

　: 상위 단계 재무제표 작성 시 하위 단계 내부거래 제거! 중요!

내부거래는 '**상위 단계 재무제표 작성 시 하위 단계의 내부거래**'를 제거하는 것이다. 유형별 회계실체의 재무제표 (2단계) 작성 시에 유형별 회계실체 '안에서의' 내부거래를 제거하는 것이다. 개별 회계실체의 재무제표 (1단계) 작성 시에는 어떠한 내부거래도 상계하지 않는다.

구분	내부거래 상계
지방자치단체의 재무제표 (3단계)	(모든) 내부거래 상계 O
유형별 회계실체의 재무제표 (2단계)	유형별 회계실체 '안'의 내부거래 상계 O
개별 회계실체의 재무제표 (1단계)	내부거래 상계 X

1 지방자치단체의 재무제표 (3단계) : (모든) 내부거래 상계 O

지방자치단체의 재무제표는 **일반회계·기타특별회계·기금회계 및 지방공기업특별회계**의 유형별 재무제표를 통합하여 작성한다. 이 경우 **내부거래는 상계하고 작성**한다.

2 유형별 회계실체의 재무제표 (2단계) : 유형별 회계실체 '안'의 내부거래 상계 O

유형별 회계실체의 재무제표를 작성할 때에는 해당 유형에 속한 개별 회계실체의 재무제표를 합산하여 작성한다. 이 경우 **유형별 회계실체 안에서의 내부거래는 상계**하고 작성한다.

3 개별 회계실체의 재무제표 (1단계) : 내부거래 상계 X

개별 회계실체의 재무제표를 작성할 때에는 지방자치단체 안의 **다른 개별 회계실체와의 내부거래를 상계하지 아니한다.** 이 경우 내부거래는 해당 지방자치단체에 속하지 아니한 다른 회계실체 등과의 거래와 동일한 방식으로 회계처리한다.

01 「지방자치단체 회계기준에 관한 규칙」에서 규정하고 있는 재무제표 작성원칙이 아닌 것은?

2019. 서울시 9급

① 유형별 회계실체의 재무제표를 작성할 때에는 해당 유형에 속한 개별 회계실체의 재무제표를 합산하여 작성한다.

② 지방자치단체의 재무제표는 일반회계·기타특별회계·기금회계 및 지방공기업특별회계의 유형별 재무제표를 통합하여 작성한다. 이 경우 내부거래는 상계하여 작성한다.

③ 개별 회계실체의 재무제표를 작성할 때에는 지방자치단체 안의 다른 개별 회계실체와의 내부거래를 상계하여 작성한다.

④ 재무제표는 당해 회계연도분과 직전 회계연도분을 비교하는 형식으로 작성되어야 한다.

02 「지방자치단체 회계기준에 관한 규칙」상 재무제표의 작성원칙으로 옳은 것은?   2019. 지방직 9급

① 지방자치단체의 재무제표는 기금회계의 유형별 재무제표를 제외한 일반회계, 기타특별회계 및 지방공기업특별회계의 유형별 재무제표를 통합하여 작성한다.

② 유형별 회계실체의 재무제표를 작성할 때에는 해당 유형에 속한 개별 회계실체의 재무제표를 합산하여 작성한다. 이 경우 유형별 회계실체 안에서의 내부거래는 상계하고 작성한다.

③ 개별 회계실체의 재무제표를 작성할 때에는 지방자치단체 안의 다른 개별 회계실체와의 내부거래를 상계하고 작성한다. 이 경우 내부거래는 해당 지방자치단체에 속하지 아니한 다른 회계실체 등과의 거래와 다르기 때문이다.

④ 재무제표는 당해 회계연도분과 직전 회계연도분을 비교하는 형식으로 작성되어야 한다. 이 경우 비교식으로 작성되는 양 회계연도의 재무제표는 계속성의 원칙에 따라 작성되어야 하며 회계변경은 허용되지 않는다.

해 설

01. 답 ③
개별 회계실체의 재무제표(1단계) 작성 시 다른 개별 회계실체와의 내부거래(1단계)를 상계하지 않고 작성한다.

02. 답 ②
① 지방자치단체의 재무제표는 일반회계, 기타특별회계, 기금회계 및 지방공기업특별회계의 유형별 재무제표를 통합하여 작성한다. 기금회계의 재무제표를 포함한다. (X)
② 유형별 회계실체의 재무제표(2단계)를 작성할 때에는 유형별 회계실체 '안'에서의 내부거래(1단계)는 상계하고 작성한다. (O)
③ 개별 회계실체의 재무제표(1단계) 작성 시 다른 개별 회계실체와의 내부거래(1단계)를 상계하지 않고 작성한다. (X)
④ 재무제표는 비교식으로 작성되어야 하며, 계속성의 원칙은 지키되 회계변경은 허용된다. (X)

패턴 100 현금흐름표

1 정부회계의 재무제표 : 국가회계에는 현금흐름표 포함 X

기업회계	국가회계	지자체회계
재무상태표 (B/S)	재정상태표	재정상태표
포괄손익계산서 (I/S)	재정운영표	재정운영표
자본변동표	순자산변동표	순자산변동표
현금흐름표	X	**현금흐름표**
주석	주석	주석

2 현금흐름의 구분 : 영업활동 X, 경상활동! **★중요!**

(1) 지자체의 현금흐름은 **경상활동, 투자활동 및 재무활동**으로 구성 (정의는 기업회계와 동일)
(2) 지자체에서는 **영업활동이 아닌 경상활동**으로 분류

3 현금흐름표의 작성기준

다음은 현금흐름표의 작성기준으로, 전부 기업회계와 동일하다.

(1) 총액 및 순액 표시 : 원칙은 총액, 예외적으로 순액 표시 가능

현금의 유입과 유출은 회계연도 중의 증가나 감소를 상계하지 아니하고 각각 **총액**으로 적는다.
다만, 거래가 잦아 총금액이 크고 단기간에 만기가 도래하는 경우에는 **순증감액**으로 적을 수 있다.

(2) 현금흐름이 없는 중요한 거래 : 주석 공시

현물출자로 인한 유형자산 등의 취득, 유형자산의 교환 등 현금의 유입과 유출이 없는 거래 중 중요한
거래에 대하여는 주석(註釋)으로 공시한다.

01 국가회계기준에 관한 규칙과 「지방자치단체 회계기준에 관한 규칙」에 대한 설명으로 옳지 않은 것은?

2016. 지방직 9급

① 국가회계기준의 재무제표에는 현금흐름표가 포함되나, 지방자치단체회계기준의 재무제표에는 현금흐름표가 포함되지 않는다.

② 국가회계기준의 자산 분류에는 주민편의시설이 포함되지 않으나, 지방자치단체회계기준의 자산 분류에는 주민편의시설이 포함된다.

③ 국가회계기준에서는 일반유형자산에 대하여 재평가모형을 적용할 수 있으나, 지방자치단체회계기준에서는 일반유형자산에 대하여 재평가모형을 적용하지 않는다.

④ 국가회계기준과 지방자치단체회계기준 모두 자산과 부채는 유동성이 높은 항목부터 배열하는 것을 원칙으로 한다.

02 「지방자치단체 회계기준에 관한 규칙」상 현금흐름표에 대한 설명으로 옳지 않은 것은?

2020. 지방직 9급

① 현금흐름표는 회계연도 동안의 현금자원의 변동 즉, 자금의 원천과 사용결과를 표시하는 재무제표로서 영업활동, 투자활동, 재무활동으로 구분하여 표시한다.

② 현금의 유입과 유출은 회계연도 중의 증가나 감소를 상계하지 아니하고 각각 총액으로 적는 것이 원칙이지만, 거래가 잦아 총 금액이 크고 단기간에 만기가 도래하는 경우에는 순증감액으로 적을 수 있다.

③ 현물출자로 인한 유형자산 등의 취득, 유형자산의 교환 등 현금의 유입과 유출이 없는 거래 중 중요한 거래에 대하여는 주석으로 공시한다.

④ 투자활동은 자금의 융자와 회수, 장기투자증권·일반유형자산·주민편의시설·사회기반시설 및 무형자산의 취득과 처분 등을 말한다.

해 설

01. 답 ①

지자체에는 현표가 포함되나, 국가에는 현표가 포함되지 않는다.

② 주민편의시설은 지자체의 재정상태표에만 계상된다. (O)
③ 지자체는 순자산조정이 없으므로 공정가치 평가를 하지 않는다. (O)
④ 기업회계와 달리 국가와 지자체 모두 유동성 순서 배열법을 강제한다. (O)

02. 답 ①

① 지자체의 현금흐름표에서 영업활동은 경상활동으로 표시한다.
②, ③ 기업회계기준(IFRS)에서도 동일하게 적용하는 규정이다.